别以为
你会爱孩子

林怡 著

世界图书出版公司

西安　北京　上海　广州

图书在版编目(CIP)数据

别以为你会爱孩子 / 林怡著． -- 西安：世界图书出版
西安有限公司，2018.3
ISBN 978-7-5192-4038-7

Ⅰ．①别… Ⅱ．①林… Ⅲ．①亲子教育 Ⅳ．① G781

中国版本图书馆 CIP 数据核字 (2017) 第 303931 号

本书中文简体字版权由挚信出版有限公司独家授权

书　　名	别以为你会爱孩子	
	Bie Yiwei Ni Hui Ai Haizi	
著　　者	林　怡	
策　　划	奇想国童书	
责任编辑	王　冰	
校　　对	李　瑾	
装帧设计	门乃婷　江秀伟	
出版发行	世界图书出版西安有限公司	
地　　址	西安市北大街 85 号	
邮　　编	710003	
电　　话	029-87214941　87233647（市场营销部）	
	029-87234767（总编室）	
网　　址	http://www.wpcxa.com	
邮　　箱	xast@wpcxa.com	
经　　销	全国各地新华书店	
印　　刷	深圳市福圣印刷有限公司	
开　　本	710mm×1000mm　1/16	
印　　张	17.5	
字　　数	230 千	
版　　次	2018 年 3 月第 1 版　2018 年 3 月第 1 次印刷	
国际书号	ISBN 978-7-5192-4038-7	
定　　价	45.00 元	

序 一

走入孩子的内心

玛利娅·蒙台梭利在提到早教时说：我们能给予孩子最好的早期教育，是发现我们的孩子，看见他们的变化，看到他们身上隐藏着的闪闪发光的地方，并且让我们的孩子毫不疑惑地知道，他们被深深地爱着。我们对儿童所做的一切，都会开花结果，不仅影响他一生，也决定着他的一生。

正如蒙台梭利所说，我们对儿童所做的一切，对他们的一生影响深远。并且，我们的所作所为所产生的作用，也实实在在地体现在我们的日常生活中，在我们可能都没有意识到的地方时时发生着。所以，我们必须意识到科学育儿的重要性。而科学育儿，首要的前提是懂孩子。懂孩子，其实也并不难，可以简单到只有两个字，那就是林怡在本书中提到的"入心"二字。只要家长入了孩子的心，在陪伴孩子的过程中，我们的一言一行，我们处理问题的方式与思路，就会对孩子产生潜移默化的积极的影响。

但每个家庭都千差万别，每个孩子也是。从来也没有一个养育孩子的方法可以简单地套用到所有情况上，从而搞定一切。初为父母的家长们都是在摸索中和孩子一起成长的。而孩子，也是在观察父母、观察日常生活中一切感兴趣的人和事的过程中，在模仿和复制中慢慢积累生活经验，掌握各项技能，提高认知水平，并且养成各种好的、坏的习性的。所以，对于孩子来说，家长的言传身教非常重要，因为总是在我们意识不到的时候，信息就已经传达出去了。

林怡是一位非常有经验的早教专家，《别以为你会爱孩子》一书，总结了她20多年的早教经验，其育儿理念都是建立在实践和经验的基础上，具有很强的实用性和指导性。在这本书中，她给在育儿过程中备受困扰的家长和准父母们提供了指点，并提出了一些解决问题的方法。其中一些方法别出心裁，为我们提供了全新的解决问题的思路。同时，她也帮助我们解构了很多关于孩子的秘密：怎样进入孩子的内心？孩子为什么不乖？……并详尽分析了不同类型的孩子，为家长们提供了不同的应对措施。更告诉家长们要以什么样的心态与方式去和孩子沟通，爱孩子要用对的方法。更重要的是，她指出了问题所在，并提出了一些解决问题的办法。但是，多好的方法都不是万能的，而是要根据不同孩子的成长环境和当下的情境，灵活运用书里提供的指导，这样，才能最终解决问题，让孩子快乐成长。

就让我们跟随书中的指引，走入孩子的内心，真正去理解、去爱孩子吧！

序 二

从心入手，告别烦恼，快乐育儿，成就幸福人生

追求美好，渴盼幸福与快乐，是人的天性。为此，一代又一代人数千年来不断奋斗进取，锐意改革，使得人类逐步趋向文明，并在人类自身不断进化、发展中受益。然而，时至当下，人们还是有很多烦恼。

就拿育儿这件事来说，无论家境如何，家长们都在尽其所能，甚至不惜一切代价地培养自己的儿女，希望他们成才。很多家长朋友辛辛苦苦赚钱，不舍得吃，不舍得穿，甚至放弃自己的生活，花大量的时间、精力、金钱，为孩子报各种补习班、课外班，只希望让孩子好好学习，成为一个优秀的人，劳心劳力，甚是辛苦。也因此，不少年轻父母少了很多年轻人该有的快乐与自由，以至家庭矛盾不断、苦恼烦心，而孩子们也失去了孩子们该有的快乐、童真与自由。然而，遗憾的是，尽管家长如此用心，一些孩子还是不能如父母所愿，乃至出现叛逆、反社会倾向、假性自闭、离家出走等各种问题，使得家长们应接不暇，伤透脑筋，而又无可奈何，甚至痛苦不堪。令人痛心的是，这种现象绝非是一两家的问题。

从准备要孩子，到孩子出生，再到孩子上幼儿园、上学、工作，甚至延续至孩子成家立业，整个过程，我们有快乐，也有苦恼，很多时候，

甚至苦恼多过于快乐。其原因究竟何在？又如何解决呢？林怡在《别以为你会爱孩子》一书中以简单明了的方式，引导家长学会入孩子之心，读懂孩子那些令人烦恼的行为背后的真相，看到生命成长的意义，并给出解决当下面临的育儿问题的方法，指出家长育儿烦恼的根本所在以及如何从根入手，以智慧的方式开启科学育儿之路，轻松育儿，快乐育儿，淡定育儿。此书不仅仅适应于解决与处理幼儿问题，同时也为那些孩子已经长大、贻误养育最佳时机的家长提供弥补策略，所以，它也适应解决其他不同年龄层的孩子们的问题。

不仅如此。无论育儿，还是人生其他事务，从根本上来讲，道理都是相通的。也因此，育儿的智慧可以推而广之，用在其他方面。所以，读到这本书的朋友不仅可以解决当下育儿的问题，也可以以此思考我们自己的人生，让我们的生命发生前所未有的转变。

人人本具智慧，只是被掩盖了。需要合适的外援促成某种改变，智慧才可以凸显。就如鸡蛋与石头的关系——鸡蛋在一定条件下能孵出小鸡，因为它本身具有生命力，而石头则不然。也许，这本书就是促成您智慧凸显的外援。

如果家长们能用心去阅读并体会本书的意境，就会发现，书中的每一个案例都隐含了更深的意蕴，给出的不仅仅是解决某个问题的方法，它还指引了找到方法的路径，并指出育儿过程中的很多问题并不是单一存在的，也不是机械地套用书中的方法就可以解决的，而是要用心去体悟的。如果我们将其拓展，举一反三，不仅能从容处理各类育儿问题，也能延伸到人生的方方面面，继而开启全然不同的人生。希望有缘读到这本书的家长们能从中受益，也祝福天下父母、子女都能够开启智慧之门，幸福、快乐地生活！

目录

Part 1 走进孩子的心 ·······························

孩子虽小，他们的世界却不简单。

他们幼小的心灵有哪些神奇的本能？与家庭成员之间有着怎样微妙的关系？他们语言的内涵有多丰富？他们最需要什么？最害怕什么？走进孩子的心，是**会爱**孩子所需要迈出的第一步。

Part 2 孩子"不乖"的秘密

在孩子成长的过程中，他们总会有些行为让我们抓狂。孩子这些看似"不乖"的行为背后究竟隐藏着怎样的秘密呢？我们只有了解了这些秘密，才可以摒弃焦虑、对抗，从容地面对。这样爱孩子，才更有章法。

Part 3 关注孩子的个性

孩子总是有着各种各样令我们头痛的行为，这与他们的年龄有关，也和他们的个性有着直接的关系。正因为孩子各个不同，这个世界才丰富多彩。不同个性的孩子，要以不同的方式去教养。只有这样，我们对孩子的爱才不会扭曲。

Part 4 爱孩子，要用对方法

爱孩子，殊途可以同归，殊途又绝不同归。方法不对，千头万绪如同乱麻，剪不断，理还乱。方法对了，轻轻松松，一切搞定。是吗？育儿竟可以如此从容？

Part 5 这样去和孩子沟通，孩子知道你爱他们 ············

倾听孩子，让孩子自由说话；站在孩子的立场，以他们愿意接受的方式去表达……

表达不必拘泥于形式，和孩子一起画幅画、打个滚儿、讲个故事……你会在其中感受他们的快乐，他们也会在你的一颦一笑中享受被爱包围的温暖。

Part **6** **好孩子来自好环境** ··

好环境是传递爱的温床。环境的好坏不以物质多寡或档次高低为标准，也不以给予了孩子多少关注与陪伴来衡量，而以"关系"好坏为重心，以是否适合孩子为准绳。爱孩子，就要为他们营造一个温馨的环境。让家为孩子遮风挡雨，成为呵护孩子心灵成长的港湾。

别以为你会爱孩子

入心，你终将"会爱"孩子

虽然我们不惜以生命为代价来爱我们的孩子，但很多时候，我们根本就不**会爱**孩子。我们爱得不得法，爱得自以为是。结果孩子受伤，我们一大家子人跟着烦恼，更有甚者，家庭成员之间渐生嫌隙，引发严重冲突——夫妻冲突、婆媳冲突、亲子冲突……导致本该温暖安宁的家弥漫着火药味。如此，家尚不家，爱又从何说起呢？

那么，怎样才叫**会爱**呢？简单地说，爱得充满智慧，那便是**会爱**。展开一点说，就是要爱得恰到好处，爱得恰是时候，爱得合乎情理，爱得顺乎天性，爱得自在喜悦……

归根结底，其重点不在技术层面，而在观念。很多时候，心念一转，一切就此不同。要做到这一点，我们只要把握两个字——入心。入谁的心呢？毫无疑问，是入孩子的心。入了孩子的心，我们就能与孩子惺惺相惜，共同成长，育儿过程中的烦恼自然冰消雪融。

可是，很多时候，我们入的却不是孩子的那颗心，而是我们自己的私心与妄心。于是，我们与孩子之间同盟、协作、一体的关系便转化为对立、拉扯、分离的关系，一切都别扭起来，爱因而被异化了。我们与孩子都因此而深感沉重、愁苦、动荡、局促……

有的时候，人们处理问题的逻辑是颠倒的。因为颠倒，当孩子某个行为不符合我们的期待时，我们常常将其简单地判定为孩子有"问题"，一心想的是如何去改造孩子，去掉"问题"，而不去反思它投射的究竟是什么，以及它可能带给我们的是什么。就好比我们拼命想要除掉的一棵"草"，偏偏是一株千年古参，我们不识其本来面目，贸然除之，岂不可惜？

因为颠倒，我们把自认为好的东西给予孩子，却忽视了孩子的感受与需求，以致给得不是时候、不是地方、不是方式……就好比他们正饥肠辘辘，迫切需要的只是一个面包，而我们却硬要塞给他们吊环、攀爬架、足球、跑鞋……因为我们认为运动有助于孩子增进食欲。

……

当我们如此去爱孩子的时候，我们如何不累？孩子又如何不累？当孩子累了，恼了，反抗了，我们不去反思自己，却去挑他们的刺儿，这对孩子来说是多么不公平！

反过来，如果我们心念一转，就会发现"问题"本非"问题"，只是在向我们传递某种信息。接收这些信息，准确地解读这些信息，我们就入得了孩子的心。入了孩子的心，我们自然可以化解冲突，消除烦恼，协助孩子成长得更好。于是，一切问题迎刃而解。因此，在孩子饥肠辘辘的时候，我们需要先给他们面包，而不是其他。当孩子的温饱问题解决了，体能恢复了，看到吊环、攀爬架、足球、跑鞋……才会从中选择自己的最爱，并投入其中。

也许我们会慨叹，我们不是孩子肚里的蛔虫，怎么知道他们肚里的沟沟坎坎呢？

事实是，我们可以做到。只要我们开启本自具足的做父母的智慧，就可以透视一切。就会明白，站在道的高度，万法一如，育儿＝管理＝科研＝营销＝艺术＝生活……当我们了解了这一点，就会发现，育儿的智慧我们本自具足，只是，我们的智慧被障蔽，掩盖了其本具的光芒。

《别以为你会爱孩子》试图抛砖引玉，让我们通过孩子行为的表象，透视其本来面目。当我们终于了解了这一切，就会惊讶地发现，原来，入孩子的心是如此简单！入了孩子的心，育儿的智慧便如活泉一眼，汩汩而出，无有穷尽。

如此，我们就能让孩子如其所是，让我们自己如其所是。当我们的心回归本源，我们就可以彻见爱的本质，洞见孩子小头脑里的沟沟坎坎了。反之亦然。

事实上，孩子首先是"人"，然后才是"儿童"。而成人，是"人"，同时也是身体成长了而心理与灵性却没有完全成长的"儿童"——我们内在都有一个没有长大的"小孩"。这个"小孩"常常会"耍耍小脾气"，使我们的生活时不时笼罩上一朵乌云，甚至让一部分人终生愁云惨雾、郁郁寡欢，严重的甚至会走上歧路或者绝路。

成人也好，儿童也罢，那个未被满足、没有获得足够爱的"小孩"不可遏制地都有"耍脾气"的需求，以此来表达自己未被满足的部分，如同掩埋在我们心底深处的一颗可以反复重组的"炸弹"，不定时地重组、爆炸，伤人伤己。几乎人人心底都埋着这么一颗炸弹，只要导火索被点燃，便会轰然爆破，只是威力大小、重组频率、轰炸对象不同而已。从这个层面来讲，这个世界上没有根本意义上的坏人，只有没有成长或者在扭曲中成长的可怜的"大孩子""老顽童"。他们本可以不爆炸。拆除人内在这颗"炸弹"的唯一方式是"入心"——以爱、理解和宽容温暖它，融化它，而不是以暴制暴，以不恰当的方式喂养它、强化它，让它变得更暴力，更具杀伤力。

一个被"入心"养大的孩子活在平和喜乐的世界里，不需要"炸弹"。他有足够的能量圆满自己，利益他人，让生命更有意义。

一个当下正被"入心"养育的孩子，能体验到充盈的幸福感、自我价值感，因而活得幸福自在、如其所是、充满张力，又能善待他人与这个世界。当然，作为孩子的父母，我们的育儿之路也便如处山野，远离雾霾，澄澈明净，自在、平和而喜悦。

一个不曾被"入心"养育而终于被"入心"养育的孩子，他心中的块垒顿消，如拨云见日、光明普照；而我们曾经因为孩子所产生的纠结、愁苦也了无痕迹。

心理咨询的时候，个案的问题几乎都指向儿时的某个时刻、某个事件，或者某些神秘如同隐喻的意象。二者之间这种神奇的关系，让我们看到了解决问题的希望，那便是，一旦这个事实被揭示，我们清楚该如何去面对它，并且勇敢地面对它，问题便迎刃而解了。很多时候，成人的问题需要指向儿时、婴儿时、胎儿时，大孩子的问题需要指向小孩子时、婴儿时、胎儿时，小孩子的问题需要指向婴儿时、胎儿时，懂得这个道理，我们甚至无须凭借外力就可以解决孩子的许多问题，也解决我们自身的很多问题。也因为这样的关系，"入心"的工作，我们需要从孩子一出生就开始做，甚至从孕期就开始做。治病不如防病。治于未病之时是最经济最有效的方法。如果不幸的是我们没有那么早就开始这个工作，那么至少，我们要即刻开始。

事实上，在孩子0～6岁（包括胎儿期）这个阶段（尤其三岁前），如果我们入得了孩子的心，很多问题就可以避免。

对于大孩子来说，他们的很多问题既然来源于小时候，那么，我们就可以通过回溯补偿来帮助他们解决问题。让我们来看三个真实的案例：

一对父母，因为不懂孩子，加上工作繁忙，在孩子小的时候将他交给保姆、老人，很少关注他。结果，孩子大了回到父母身边，与父母格格不入，进入青春期更是出现了严重的问题——逃学、叛逆、反社会倾向……当孩子的父母明白，问题的根源不在孩子身上，而在自己身上时，他们启动了弥补孩子缺失的关爱模式——把这个十几岁的孩子当一个年幼的孩子看待，不再强求他改变，转而去关注他、呵护他、赏识他、温暖他……就这样，持续了几个月，这个孩子儿时的缺失被满足，他才真正"长大"，也才有了力量去面对外面的世界。当然，他那些令父母头痛的诸如逃学、叛逆、反社会倾向等问题也奇迹般地消失了。

另一个男孩，都快上高中了，依然是个爱哭虫，稍不如意就泪眼婆娑，甚至他人一句无心的话语都会让他异常敏感，顷刻间红了眼圈。孩子的这个行为让父母既头痛又难堪。事实上，孩子的问题依然源于他小时候的经历：在孩子小的时候，父母无法接受孩子哭，常常以男子汉不能哭为由，简单粗暴地打压他，结果导致这个孩子长年积压了太多的负面情绪，找不到释放的出口。而在那些负面情绪快把他挤爆时，父母回应的方式不仅没有给他减压、给他释放的机会，反而在原有的基础上给他加了码，就像给一只已经快要爆裂的气球继续打进去更多的空气，不仅解决不了它膨胀的问题，反而会让它加速爆炸。还好，父母在气球爆裂之前弄清楚了真相，做了一些补救的工作：为自己不恰当的做法向孩子道歉，让孩子明白，就算是一个男孩也有哭的权利，也可以通过哭来释放情绪。在父母向孩子道歉的那一刻，这个大男孩哭得稀里哗啦。父母什么都没有说，只是温和地陪在他身边，平静地等待他的情绪平复。

在这个男孩爱哭的"问题"被允许、被接纳之后，他开始转变。从某一天开始，他突然像变了一个人，不再是个爱哭虫了。

七田真在《最新胎教》一书里谈到心理语言学家艾尔弗雷德·托马迪斯的发现时如此写道：

托马迪斯认为："母亲的声音经由水过滤后，可以让我们回想起经由羊水所听见的声音。这是人类和母亲最原始的关系，是母子同心的感觉，也是唤醒了我们和宇宙是一体的感觉。"

他认为，经过过滤后的声音中的高周波具有治疗的效力。他开发了一部精巧的机器，可以通过过滤器来听人的声音，重现了人在出生前听声音的方式。

这种方式治愈了许多有学习障碍、失语症和自闭症的孩子。持续听这种声音，可以大幅改善孩子们的听力和理解力，也能够让孩子获得绝佳的专注力。

并且，经由这样一种方式，托马迪斯奇迹般地治愈了一个十四岁的自闭症儿童。

既然上述回溯补偿的方式可以让孩子回到心灵创伤点，起到疗愈的作用，解决很多问题，那么，就算我们的孩子已经进入青春期，了解孩子幼年时的需求，懂得如何入小孩子的心依然是有益的。它可以有效地帮助我们了解孩子的缺失，懂得如何去弥补，而这才是解决某些问题的根本。甚至在很多时候，孩子需要的只是一句话：

"对不起，那不是你的错！"

"对不起，我错怪你了。"

"一切都过去了，你现在是安全的。我们可以重新开始。"

"我理解你的感受。我会和你一起面对。我们有力量改变。"

"无论如何，我以你为荣。"

"我永远爱你！永远不会离开你！"

诸如此类。

如此，他们当年的行为与感受被接纳，当下的行为与感受也被接纳，那颗在幼年时就已经被休眠的本应充满光明的心被唤醒，他们才可以照亮自己，修正路线，勇敢地前行。有的时候，问题比我们想象的复杂；也有的时候，问题远比我们想象的简单。复杂也罢，简单也罢，"入心"才是道。只要入了心，复杂也是简单。

从孩子的角度来说如此，从父母的角度来说，亦是如此。真正"入心"养育孩子的父母可以借孩子之心洞悉人性，疗愈自己，圆满人生，让一切朝着更好的方向转化。因为，从本质上来说，孩子的"心"与成人的"心"无异。我们都需要爱，需要安全感，需要理解，需要支持，需要更好的互动模式，需要一切真善美的东西。当我们能够用心陪伴孩子成长，试着入孩子之心的时候，我们自己也随之成长了。我们的所获会远远超出我们所付出的。

推而广之，入得了孩子之心，我们便入得了父母之心、爱人之心、朋友之心、上司之心、同事之心……

总之，我们人类所有的需求、所有的情绪都源于同一个本体，都有其相似性或者相通性。只要入得了孩子之心，我们便入得了一切的"心"。入了他人的心，尝试站在他人的立场思考问题，我们的同理心就会拉近与他人之间的距离，让他人很受用，并利益他人。与此同时，我们自己，也终将因此无往而不利——这便是所谓的"自利利他"。而利他，终将导归自利——利他是因，自利便是果。这是自然法则。

我们都是在缺失中长大的，所以，我们内在的"小孩"渴望补偿。于是，我们总在跟自己纠缠搏斗，注定失望，注定冲突。而这一切，都源于我们没有被"入心"地养大。如果我们借孩子的心看透这个真相，我们就可以互相补偿，共同成长。不仅如此，所有入孩子心的原则与互动模式，同样适用于其他关系——夫妻关系、上下级关系、朋友关系、同事关系……

比如共情。孩子需要共情，成人又何尝不需要共情呢？

如果夫妻之间发生冲突，我们第一时间想要先跟对方共情，优先处理情绪，之后再去处理其他，那么，冲突就消泯了。

比如雇佣关系。老板若关心员工如自己的家人，凡事多替员工着想，员工如何不感动？员工若理解老板支撑不易，视公司如家，老板又如何不感动呢？如此的雇佣关系又怎么可能不和谐，不形成一个良性的循环呢？

其他关系亦如是。在互动的原则与模式中，共情如是，其他亦然。

所以，如果我们换个角度来读这本书，而不仅仅是从养育孩子的角度来阅读，那么，我们获得的，将远远超出我们期待的。

Part 1

—————• 走进孩子的心 •—————

孩子虽小，他们的世界却不简单。

他们幼小的心灵有哪些神奇的本能？与家庭成员之间有着怎样微妙的关系？他们语言的内涵有多丰富？他们最需要什么？最害怕什么？走进孩子的心，是**会爱**孩子所需要迈出的第一步。

三岁前的记忆去了哪儿

绝大多数人都不记得三岁之前发生的事。这种记忆的缺失让我们想当然地以为，三岁前发生的一切对孩子不会有任何影响，或者至少不会有大的影响。"因为他还小，什么都不懂。"这是我们很多人常常挂在嘴边的一句话。因此，孩子小的时候，我们只在意他的健康与营养，以为孩子吃好、睡好、玩好、不生病，就万事大吉了。

然而，事实真的如此吗？

谈到三岁前的记忆，我特别想提一下曾经困扰我多年的一个梦。

从记事起，这个梦就时常光顾。梦的细节总是惊人的一致，就像一个高质量的电影拷贝。梦境真实而清晰，这使我的恐惧更加深刻而真切。

这个梦总是从一个黑暗的管道开始。管道不大不小，刚好能容下我的身子，但又卡不住我。周边没有任何依托物或者可供抓握的东西，于是，带着极度的恐惧与无助感，我头朝下坠落……坠落……

我多么渴盼有什么东西挡我一下，让这种坠落停止。但是，没有。

坠落带来的恐惧是那么深切，以致我感觉那条黑暗的管道很深，深得没有尽头。在坠落的同时，隐隐约约，我能听到一些含混的声音，这些声音增添了更多恐怖的意味。接着，我看到一个如豆的光源——如我小时候见到的煤油灯的小火苗，在我眼前摇曳。这个黄色的光源显得有些浑浊，看得不是太真切，但是轮廓还算分明。它也是我恐惧的源头之一。我紧盯着这个光源……随后我在极度恐惧中醒来。

很多年来，我都惧怕入睡，惧怕在漆黑的夜里与这个梦相逢。直到某天，我突然冒出一个念头——莫非这就是我出生时的记忆？奇怪的是，当我如此去认知这个噩梦之后，它便奇迹般地遁去了。

后来，这个梦再也不曾搅扰我的睡眠。

经过印证，这个梦与我出生时的情景是吻合的，因此这种推测有着相当的合理性。并且，在我之前有一个哥哥一个姐姐夭折，母亲担心保不住我，心理压力很大。我出生时所感受到的恐惧大概是与母亲当时的心理状况相应的吧。

我的这个经历直接引发了我关于三岁前记忆的思考。

为了进一步印证我的想法，我曾做过调查，有人声称他们清晰地记得三岁前的经历，甚至还有不少人有胎内记忆。

一位网友提到："我一直记得一个场景：我穿着橙色的衣服，扶着椅子站在地上（应该还不会走路），阳光从大门口照进来，很温暖。"

另一位网友则写道："用爱去温暖孩子的心灵，爱能带给彼此无尽的奇迹。三岁的女儿，重遇她一岁半时的早教老师，一眼就认出了他，并且直接喊出他的名字，信任地坐在他的怀里，与他拥抱，就像她一岁半时那样。相信，这就是爱的力量！"

我在我的今日头条号做了一个关于胎内记忆的调查又有了一些惊人的发现。在这里，摘录几条分享给大家：

💡 我女儿现在五岁了，没穿过高领的衣服，天再冷围巾都不肯围！更小的时候，一穿她就哭，还用手扯衣领！大概三岁时，她跟我说，妈妈你不要拿那种衣服给我穿，我不喜欢，都没办法呼吸了，我在小船里的时候就很难受了。她的话吓我一跳，当初女儿出生时，就是因为脐带绕颈两圈进行了剖宫产！不知道她是不是因为太难受，有了阴影记忆。

💡 闺女三岁的时候，我唱歌给她听，然后问她，你在妈妈肚子里的时候，我天天唱这歌给你听，你还记得吗？她说记得，我以为她是乱说的，又问：那你在妈妈肚子里干吗呢？她说：我在游泳，有水还有绳子玩。

💡我儿子说肚子里不黑，红红的，有带子连着，还能听见我的心跳、听见我说话，我摸肚子他也知道，他会很开心，在肚子里可以玩脐带、游泳、踢肚皮，软软的很好玩，有时候还会摸自己的身体，哪儿都摸。这是我儿子六岁时告诉我的。

💡我宝刚会说话，就说小时候在妈妈肚子里游泳，光溜溜的。

💡我问儿子在我肚子里都干什么，他说在我肚子里的时候光游泳，还喝游泳水。

💡我问女儿你以前在妈妈肚子里的时候都会干吗？她说转来转去。

……

从这些事实可以看出，三岁前的经历带给我们的影响是深远的。那些温暖的经历能带给我们爱，给我们力量。

我之所以不厌其烦地在这里列举这些事实，只是想让大家了解一个真相：我们对孩子的影响，从孕育他们的时候就已经开始了。关于胎内记忆、出生记忆的研究以及心理学的一些手段，比如催眠，都可以佐证这一点。这就是心理治疗师常常要把个案带回儿时去寻找创伤点的原因，也是我们可以在孩子成长过程中大有作为的理由。

心理学对潜意识的研究表明孩子所经历的一切对他们的未来影响深远。孩子成长的过程就是一个埋藏种子的过程。潜意识不分好坏对错，是种子，它都收藏。某颗种子被收藏了，遇到适宜的条件，就会发芽、生长。所以，养育孩子的过程，实际上就是一个撒播种子、熏习种子让种子成熟的过程。向孩子传递爱，他们便获得爱的种子；传递恨，他们便获得恨的种子。不断向孩子传递爱，他们那颗爱的种子得到熏习，爱的种子就会萌发。同样的，恨的种子得到熏习，恨的种子就会萌发。

遗憾的是，因为大多数人很难回忆起三岁前发生的一切，我们往往想当然地倾向于认为孩子三岁前的经历对他不会产生影响，或者影响甚微。因为这种认识，在孩子小的时候，我们很可能不太注意自己的言行，导致无意间对孩子产生不良影响，带给孩子很多负面的东西。

总之，三岁前经历的一切不会白白浪费，它们会以某种方式在我们心灵深处刻下印痕，通过潜意识发挥作用。潜意识对带有强烈感情色彩的信息尤其青睐。因此，育儿的重心就在于尽可能创造条件，给孩子更多美好的体验，在他们幼小的心田撒播好的种子，并在日常生活中利用一切机会熏习这些好的种子，创造条件让好种子萌发，让不好的种子休眠、坏灭。当孩子的心田风光无限时，我们的教育便成功了。

了解了三岁前记忆的去向与作用，我们就可以尽可能营造一个温暖而充满爱的环境，带给孩子更多快乐而美好的早期记忆。比如，在每周固定的时间，爸爸妈妈可以牵着孩子的手去参与孩子喜欢的某项活动；和孩子反复玩同一个游戏，哪怕只有几分钟；一家人其乐融融地出游或者享受一顿晚餐……

当然，一些负面记忆的产生总是难免的。我们不可能给孩子一个十全十美的成长环境。事实是，在成长的过程中，孩子总会面临各种挫折与打击。我们真正需要做的不是百分之百规避这些，而是在孩子遭遇困境时给他们无条件的爱，给他们以力量和支持，协助他们勇敢地面对一切。如此，这些负面的记忆就会发生转化，成为滋养孩子心灵的养分。须知，无条件的爱足以疗愈每一颗受伤的心灵。

了解这些，我们就可以试着去自我分析、自我疗愈，或者找出孩子年幼时那些创伤经历带给他们的伤痕，疗愈我们的孩子。

孩子越小，情绪感受力越强

一个才几个月大的小婴儿坐在婴儿椅上，妈妈坐在对面。小婴儿被妈妈逗得咯咯发笑，手舞足蹈。突然间妈妈变得一脸漠然。小婴儿看着妈妈，继续叽里咕噜"说"着话，看妈妈没有反应，他一边笑，一边用小手拍打妈妈。妈妈依然一脸漠然。小婴儿再度尝试，想要吸引妈妈的注意，可没有获得预期的效果，于是，他哇哇大哭起来。

这是一个经典的心理学实验。这个实验表明，即便是几个月大的婴儿，他们也期待互动，对人（尤其是妈妈）的情绪有着强烈的感受力。

另一个实验更加神奇。

同样是妈妈与婴儿面对面。首先，妈妈以愉悦的表情向婴儿表达一些愉悦的情绪。婴儿接收到妈妈这种愉悦的情绪，显得十分开心，手舞足蹈，不时发出咯咯的笑声。

接着，妈妈脸上的表情变了，显得很不开心，或者换之以其他负面的表情，但表达的却是一些愉悦的情绪。婴儿依然显得很开心，似乎看得出妈妈的表情与真实的情绪有反差，认为这很滑稽，并做出了积极的回应。

之后，妈妈装出一副笑脸，去表达一些负面的情绪。婴儿看到妈妈"皮笑肉不笑"，显得很困惑，然后哭了起来。当妈妈继续以前两种方式跟婴儿互动时，他又表现得很开心。

最后一个环节，妈妈以负面的表情表达负面的情绪，婴儿立刻就哭了。

实验的结果有着惊人的一致：婴儿总是能揭开妈妈的表情面具，敏锐地察觉到妈妈真实的情绪，并做出恰当的回应。从这个实验可以看出，婴儿对他人的情绪有着惊人的感受力，并且在接受外界信息时，他们会忽略表情，直指人心，并呈现情绪优先的特点。

相信不少爸爸妈妈都有过这样的经历：耐着性子给孩子讲半天的道理，他们不仅不听，反而变本加厉地挑战自己的极限，非要等到爸爸妈妈失去耐性，大光其火，他们才意识到爸爸妈妈是动真格的，变得老实起来。这很容易给爸爸妈妈一个假象，以为情绪爆发才是有效解决问题的好方式，于是，我们可能会更多地依赖这种方式去解决问题。结果是，孩子的挑战不断升级，爸爸妈妈爆发的力度也随之升级，最终形成一个恶性循环。

如果我们试着走进孩子的内心，就会发现，孩子之所以无视我们"耐着性子"跟他们沟通的事实，"故意"挑战我们的极限，问题恰恰就出在"耐着性子"这四个字上。

倘若有摄影师跟随我们拍摄，事后再回放我们与孩子交流的镜头，我们一定会发现，当我们"耐着性子"去说服孩子的时候，每一张"耐着性子"的脸上都写满了急躁、焦虑、不耐烦甚至愤怒等情绪。尽管我们试图隐藏这些信息，并自以为隐藏得很好，但是我们身体各部位的肌肉，说话时的语气、语调、音量、肢体语言及我们自己都难以察觉的感受等，总会不经意间泄露秘密。而孩子往往会透过我们那张"耐着性子"的好脸，看穿我们内在的情绪，并受我们的情绪左右，产生恐慌、焦虑、委屈、愤怒等情绪。一旦这些情绪产生，孩子就很容易受这些情绪支配，失去安全感。为了重获安全感，他们不得不一而再再而三地试探我们，"故意"挑战我们的极限来确认自己是否被爱。这就是我们"耐着性子"给孩子讲道理，而孩子并不领情的真正原因。而当我们最后发飙，孩子变得"老实"，并不意味着发飙才有效。孩子只是暂时被吓住了，因为恐惧情绪占了上风，出于重获安全感的需求而放弃而已。

记得有一次，一个三岁多的孩子上完课后，非要留下继续玩游戏，不肯跟爸爸妈妈回家。眼看都快一点半了，妈妈"耐着性子"做他的思想工作，劝他回去吃午饭，但小家伙不为所动。爸爸妈妈一脸尴尬地站在一边，眼看就按捺不住了。孩子感受到了这种紧张的气氛，但他不想屈服，而是更加强烈地坚持要留下来。最终，亲子对抗升级，孩子倒地撒泼，爸爸妈妈碍于面子，不便当众发作，完全没了主张。我走了过去，将孩子抱了起来：

"我知道，你不想回家对不对？"

孩子哽咽着说："嗯。"

"你还想继续玩，对不对？"

"嗯。"

"你也不想吃饭，就想在这里玩，对不对？"

"嗯。"

看到我理解了他的感受，孩子的情绪略微平稳了些。不过，他还在伤心地哭。我没再说什么，只是安静地抱着孩子，轻轻拍着他的后背，等待他平息下来。过了一会儿，孩子的哭声小了。与此同时，我感觉到一只小手在我的后背轻轻地拍了起来。他在模仿我的动作。感受到这个动作之后，我意识到这场风暴很快就要平息了。果然，孩子把小脑袋靠在我的肩膀上，安静下来。看到时机成熟，我对孩子说："嗯，现在好了。你先跟爸爸妈妈回去吃饭，下次再来玩吧。"孩子高兴地点了点头，下了地，开开心心地跟着爸爸妈妈走了，仿佛刚才倒地撒泼的是另一个小孩。

我之所以能成功地解决这个孩子的问题，是因为我平静的表情背后是平静的内心，孩子从我的脸上读到了安全，从我内在的情绪上也读到了安全。我的平静无形中给了他安抚，帮助他更快速地平息下来，并让他最终听从了我的建议。

我们的情绪不仅会影响孩子的情绪，还会影响孩子的健康。这是被很多人忽略了的事实。曼彻斯特大学一项持续三年的研究发现，具有较多负面情绪的父母，其子女的患病概率明显偏高，而性格开朗、幸福指数高的父母，他们的孩子患病的概率明显偏低。这表明，父母的不良情绪可能直接影响孩子的免疫系统，使他们更容易受到疾病侵害。

随着年龄的增长，孩子对情绪的感受力似乎越来越弱了。但那只是表象，他们的内在依然敏感，所以他们常常会莫名地烦躁，想发脾气，或者出现其他情绪问题。当孩子出现这些问题的时候，也许就是他们处在一个不良情绪的能量场了。不仅孩子如此，其实成人也如此。我们总是能敏锐地捕捉到某些东西，比如在见到某个人，进入某个环境时莫名地有不舒适的感觉，只不过随着我们的意识一天天变得强大，觉察力被抑制了，以致我们常常忽略了这些感觉，慢慢变得"迟钝"起来。

既然孩子可以敏锐地察觉我们的情绪，那么，提升我们自身的幸福指数，消解负面情绪，就可以提供更多正能量滋养孩子的内心，给他们更多美好的回忆，还他们快乐的童年。当然，我们不是神，难免都会有烦躁的时候。此时，最要紧的是赶紧采取一些有效措施收摄身心，让自己平静下来。

大家不妨试试以下方法：

微闭双眼，视线集中在鼻子尖，摒弃一切杂念，将注意力集中在自己的呼吸上，数呼吸。一呼一吸数1，数到10，然后从头再来。坚持几分钟就会有很好的效果。如果实在没有时间，一两分钟也能起到缓解疲劳的作用。如果这时脑子里有什么想法，请不作评价，随它去，再将注意力集中到呼吸上。

此外，冥想、运动、静坐等也都是不错的办法。

当然，这些都是临时抱佛脚的做法。最根本的，还是要从心入手。心念转变，一切转变。

孩子天生的心灵感应

心灵感应？这，是不是太玄妙了？让我们先放下这个疑虑，来看一个真实的故事。

一家五星级的酒店。

洗漱完毕，豆妈将小豆放在床上靠墙的一侧。小豆立刻惊叫起来，连滚带爬地逃到了床的另一侧。为了尽可能离墙壁更远些，她甚至将小身子缩成了一团。豆妈也恐惧挨着墙壁睡，这源于她儿时的一次经历——有一次在亲戚家过夜，半夜被墙壁上的小虫子咬醒。

此刻，豆妈就隐隐有些担心。理智告诉她，这家五星级的酒店舒适、干净，加上住的楼层高，完全没有那样的可能性。但此刻，无论她如何说服自己，却怎么也摆脱不了心里发毛的感觉。豆妈心想，光自己害怕也就罢了，这小家伙怎么会跟妈妈一模一样呢？她可没有过类似的经历啊！这实在太令人费解了！难道连这种癖好也遗传？豆妈确信，在小豆面前，她表现得很镇定，按说，小豆不至于看出自己内心的恐惧而受到影响呀。

可是，小家伙的这种恐惧到底源自哪里呢？

实际上，孩子具有直指人心的本能。我们想什么，要什么，真正关心的是什么，恐惧什么，回避什么……一切都在他们的监控之中，都会被他们敏锐地捕捉到。正因为敏感地察觉到了妈妈内心的恐惧，小豆才会有如此表现。

家长内心哪怕一丁点的风吹草动，都可能使孩子的心灵受到扰动，导致他们的行为与状态发生变化。时间长了，看到班里哪个孩子有什么样的反应，有经验的老师就基本可以判断孩子家发生了什么样的事，诸如：甲孩子的奶奶来了，妈妈正疲于应付婆媳关系；乙孩子的爸爸工作压力大，内心有些焦躁；丙孩子的爸爸被派驻某国，爸爸妈妈正在适应中……孩子就像一支灵敏的温度计，随时都可以感受到环境中"心灵气候"的变化。

从孩子的这些反应可以看出，在灵魂深处，我们与孩子是一体的。他们始终与我们息息相通。我们身上带着的各种信息都会以某种方式被孩子感应到，无形中对他们施加影响。因此，我们焦虑，孩子就焦虑；我们恐惧，孩子就恐惧；我们对孩子不放心，孩子对自己就缺乏信心；我们内心充满了怨恨，孩子就不会充满爱心……反过来，我们快乐，孩子就快乐；我们放松，孩子就不紧张；我们自信，孩子就信心满满；我们富有耐心，孩子就不轻易急躁；我们内心满溢着爱，孩子的内心也会爱意融融……

孩子不仅可以敏感地察觉到家庭成员的内心，就连陌生人也不例外。我们经常会提到谁谁有孩子缘，或没有孩子缘，原因就在这里。一个发自内心喜欢孩子的人，不管哪个孩子见到他，都会由衷地喜欢他。即便很谨慎的孩子也会对他表现出浓厚的兴趣，并逐渐接纳他，最终跟他很亲近。

如果我们细心去观察孩子，试着站在他们的角度去体察他们的感受，就会发现，孩子都是天生的心灵感应大师，无论我们内心起了什么样的波澜，小家伙都可以敏锐地捕捉到，并以他们特有的方式反映出来。随着年龄的增长，孩子的这种本能会逐渐弱化，或者转化为其他表达方式。也有少数人终生都感觉强烈。

如果不懂孩子有这样一种本能，我们就很可能对孩子的一些行为做出不恰当的回应，给他们带来负面的影响。相反，如果我们利用好孩子的这个特点，就可以不着痕迹地对其施加影响，使育儿这件事变得很轻松。

首先，我们要坚信我们的孩子是好孩子。我们这种坚定的意念，孩子可以察觉到。孩子觉察到了，就会对自己充满信心，并越来越朝着好的方向发展。相反，如果我们成天把孩子的"问题"挂在嘴边，或者总担心孩子出现问题，即便他们原本没有这些问题，也会随着我们的谈论与担忧而慢慢呈现出这些问题。这就是所谓的"心想事成"，它完全符合心理学所谓的"吸引力法则"，即你想什么，期待什么，坚信什么，担心什么，什么就会来临。

其次，作为父母，我们要修炼好自己的心。只要自身心灵成长了，就可以避免给孩子造成不好的影响。了解我们与孩子之间存在这层关系之后，当我们发现孩子"有问题"时，说明就到了我们反躬自省的时候了。因为，孩子的问题，根源往往在我们自己身上，比如我们的问题被孩子复制了，或者我们与孩子互动的模式有待改进，等等。也或者孩子并没有"问题"，是我们自身不了解孩子有某些阶段性的需求与行为，所以才会把孩子那些正常的表现归结为"问题"。

就算孩子真的有了某些"问题"，在我们自身没有改变、没有成长之前，试图去改变孩子，效果也不会明显，甚至还可能会给孩子带来更多的心理压力，导致他们所谓的"问题"越来越严重。或者某个"问题"消除了，又引发新的问题。不过，我们自身的问题往往很隐蔽，有时候连我们自己都发现不了，即便有人指出，我们也可能会本能地否认。因此，作为爸爸妈妈，多反观自心，对自己有个清醒的认识，这对我们养育好孩子是很有帮助的。

就以小豆这个案例来说，只要豆妈自身的恐惧消除了，能从内心深处接受挨着墙壁睡也很安全的想法，小豆的心也就安宁了。相反，妈妈的问题解决不了，却想让小豆勇敢地接受挨着墙壁睡这件事，那大抵都是徒劳的。

又或者，如果小豆妈坦然承认自己害怕虫子，而不去回避这个问题，换一种方式来引导小豆，结果也会完全不一样。我们也完全可以和孩子一起想到很多好办法来应对这种恐惧。比如，简单地念一句"咒语"，或者制作一件"法宝"（哪怕用纸临时制作某个物事，比如卷一根魔法棒，也可以充当法宝），或者其他，无论是什么，只要它能给孩子某种心理暗示，就足以给他们力量，帮助他们面对当下的困境。让他们相信一切都在可控中，我们有办法面对。这样，孩子的恐惧就会消除大半，甚至完全消除。即便消除不了，也可以得到缓解。

只有我们不对孩子隐瞒，坦然地跟孩子谈论我们的感受与想法，孩子才能客观而自如地看待某些状况，还可能会乐于去当大人的保护天使。也只有这样，孩子才不会被我们的恐惧带入"歧途"。

我的一个闺蜜特别惧怕乘坐飞机，每次在空中飞行都会很紧张。她没有试图在孩子面前表现得很勇敢，相反，她坦然地告知孩子这一事实。结果，每次跟孩子一起飞行时，孩子不仅没有恐惧，反而总是紧紧地抓住妈妈的手，安慰她："妈妈，你别怕，有我呢！"她的这个做法，也许能给我们一些启示。

人的恐惧在于我们不清楚接下来可能会发生哪些可怕的事情，以及该如何去应对。当我们对一切都胸有成竹时，恐惧自然就消失了。在养育孩子这件事上也是如此。当我们清楚孩子成长过程中可能会经历哪些发展阶段，孩子会有什么样的表现，我们该如何面对，当出现某些问题时，我们怎么去解决，等等，我们的心就会比较安定。在诸多影响孩子成长与发展的因素中，父母的焦虑正是养育孩子的大敌。因此，不管遇到什么问题，放下纠结，放下焦虑，试着乐观积极地去面对。父母的心态改变了，孩子自然会察觉到这一变化，并随之改变。当我们实在不清楚该如何应对时，最重要的事情是先让自己的心静下来。当我们的心静下来时，我们的内心常常会生起智慧，应对的方法也许自然而然就有了。即便我们依然不知如何应对，但至少，它可以保证我们不会在冲动中做出错误的决定。

总之，心静下来之后，也许父母就能找到前行的方向。方向对不对，有个简单的衡量标准——只要我们自己和孩子的关系因此变得更加和谐，我们和孩子的内心更加安宁，通常就不会有错。

当然，要放下焦虑，说起来容易，做起来往往不是那么容易。这需要一个转变的过程。因为人都有一些习惯性的反应，这些反应在我们成长的过程中形成，并被固化，我们称之为习性反应。我们很容易就陷入同样的反应模式。

避免陷入习性反应的最好方式不是强求自己改变，而是试着去察觉自己当下的感受与情绪：

他这样让我很愤怒／很受伤／无能为力／有挫败感……

体会它，看着它，寻找它……

于是，你会发现，所有这些原本虚妄，不在头部，不在胸部，不在腹部，不在四肢，不在身体的任何一个部位……

当我们找不到它，在寻找它的过程中，我们就可能成功地从这些负面情绪中跳脱。

即便这样做不能立竿见影地从根本上解决我们的问题，但至少，当我们去观照我们的内在时，可以防止我们因一时冲动而做出无意识地伤害孩子的事情。并且，如果我们经常这样自我觉察，就能更好地自我反省，最终改变自己的思维模式与行事模式，让一切变得越来越易于掌控。

当然，要从根本上消除有害的习性反应，需要经历一个自我修炼的过程。阅读一些心理学方面的书籍，参加一些有益身心的活动，或者听听相关讲座等，对我们会很有好处。

一些简单的心理学的自我剖析，也有助于我们发现问题，提升自己。比如，我们可以试着做这样一件事：回想我们成长过程中发生的一些印象深刻的事件，记录它们发生时自己的年龄，并分析这些事件对我们产生了怎样的影响，这些影响是正面的还是负面的。如果是负面的，我们是否还会在某些情景触动下陷入与当年同样或类似的心境？我们现在对某些事情的反应模式是否与父母当年的反应模式一致，或者与我们当年面对父母时的反应模式一致？抛开当年那些不愉悦的体验，它是否也有一些积极的意义？如果我们能找到这些负面事件带来的积极意义，它对我们的负面影响就会消除。于是，这些事件带来的负面能量就会神奇地转化。

以我自己为例。我父母有五个孩子，就我一个女儿。因此，母亲会更关注我一些。那时候，农村唯一的娱乐活动是看露天电影。小伙伴们常常是追着放映员，一个村一个村地走，一部电影能看上好几遍，翻来覆去地看，从不厌倦。如果在我们村放映，我还有机会去看，要是在邻村放映，母亲是绝对不准许我去的，因为她担心我的安全。其他离家远一点儿的活动，我也是不可能获准参加的。甚至在本村的一些活动，我也常常不被获准参加。于是，当小伙伴们开开心心结伴同行的时候，我只好独自窝在家里生闷气。时间长了，为了打发无聊的时光，我开始胡思乱想，或者花大量的时间去观察环境中发生的一切。比如，小蚂蚁如何搬运食物，如何互相打招呼，蜘蛛如何捕食……

很多年来，我都认为母亲如此管制我，是导致我内向、不善交际的根本原因，并深以为憾。成年后，我发现，每当我遇到某些事情，我总会不由自主地陷入同样的反应模式，而这些反应模式与我儿时对母亲的反应模式完全一样。意识到这些，我开始暗示自己：一切都过去了，我可以自己做主，我可以换一种新的模式生活。此后，改变悄然发生了。

在我自己有了孩子之后，我理解了母亲的良苦用心，并对母亲充满感恩之情。当然，这也提醒我们，作为父母，要想更好地爱我们的孩子，就要避免走父母曾经走过的歧路，习得更好的爱的模式与技巧，给孩子更好的爱。否则，我们不恰当的爱也会在很长时间内带给孩子困扰。

另外，需要特别提到的一点是，因为孩子具有心灵感应的本能，当他们进入某个环境，接触到某些人并表现得特别抗拒的时候，建议家长不要强求他们。之所以这样，一定有他们的理由。尊重孩子的感受很重要。

　　不仅孩子，其实成人也能敏锐地感知到某些东西，只是我们习惯了用头脑去分析，反而忽略了某些重要的信息。隐秘的信息常常以我们不知情的方式在传播，所以，注意我们的起心动念，以一颗好心对待身边的每一个人，一定是更好的处世方式。

宝宝"难带"，另有隐情

蒙台梭利认为，人生来就有一个精神胚胎。因此，婴儿一出生，他们就已经拥有了某种强大的精神能量与潜能，并非我们想象的只是一张白纸，什么都不懂。也因此，即便一个看似"什么都不懂"的小婴儿，他最大的乐趣只是吧唧着小嘴舔食被角，我们也绝不可小觑他。因为，他能以其独特的方式读懂人间百态。

很多孩子夜间哭闹，睡不踏实，如果排除生理上受到刺激（如冷、热、饿……），或者健康方面的原因，他们极有可能是受到爸爸妈妈（或陪伴他入睡的其他抚养人）的影响。记得琛琛小时候，偶尔我特别想做点自己的事情，期待他赶紧入睡的时候，他常常是辗转反侧，不肯"就范"，甚至会比平时晚睡许多。即便睡着，也是时不时就醒来，睡得很不踏实，直到我定下心来陪伴他。我确信，他很清楚，妈妈试图把他哄睡之后赶紧逃离，这带给他不安全感，使他不敢入睡。相反，一旦我定下心来陪伴他，把其他事情完全抛开，他就会很快安然入睡。

孩子有着很多神奇的潜能。人间百态，无不在他们心眼解读中。并且，越小的孩子越神奇，只是他们无法用语言有效地向我们传达信息，以致我们常常忽视了他们那些神奇的本能而已。

让我们分析一个典型的案例，就会明白孩子是如何展示这种神奇的本能的。

艾尔莎，一个三个月的小婴儿，时常扭动着身体哭闹并伴随呕吐现象，显得很痛苦。看到女儿如此痛苦，妈妈心疼不已。经医生诊断，这是典型的腹痛症状。但奇怪的是，经过各种细致的检查之后，医生并没有发现艾尔莎有任何器质性的问题。既然不存在器质性的问题，艾尔莎怎么会有腹痛的反应呢？

多方求医无效之后，妈妈抱着试试看的心态去求助心理学家卢弗教授，这才找到了艾尔莎腹痛的原因。

原来，艾尔莎一出生，父母便离异。离婚后的妈妈深受打击，内心哀怨。不仅如此，艾尔莎的妈妈也成长于单亲家庭，由母亲抚养长大。她一出生，父亲就抛弃了她们母女。母亲心情郁闷，对她态度粗暴，缺乏耐心，让她觉得自己不被关爱，并因此产生严重的挫败感与自卑感。此外，艾尔莎的外婆也在单亲家庭长大，同样由她的母亲抚养长大。艾尔莎的妈妈本能地复制了这个三代单亲的家庭养育孩子的经典模式，因而带给艾尔莎困扰，让这个小小的婴孩不得不以这样激烈的方式来提醒妈妈注意。

事实上，婴儿对外界环境的感受力远远超出成人的想象。因此，他们能准确地从众多声音中辨识爸爸妈妈的声音，从众多气味中辨别爸爸妈妈的体味，对爸爸妈妈搂抱时的细微差异感受精准，并能根据对方搂抱的方式调整姿势，让自己更舒服。当然，他们也能准确地感受一个人的态度、情绪、内心的秘密……

对于年幼的孩子（尤其婴儿）来说，生存与成长的需求，迫使他们不得不想方设法去吸引父母（抚养人）的关注与爱。他们会凭借本能采取各种方式来达到这个目的。如果他们那些积极的方式——微笑、咿咿呀呀"说话"、各种可爱的肢体动作，以及一些好的行为能够得到爸爸妈妈的关注，他们这些积极的表达方式就得到强化，就会尝试频繁地通过这些方式来吸引爸爸妈妈的注意。相反，如果他们这些积极的反应模式得不到关注，只有当他们变得"难缠"，或者出现各种"问题"（包括生理的、心理的、行为的问题）甚至生病时才能有效地获得关注，那么，他们就会变得越发"难带"，甚至真的生病。艾尔莎的案例正是如此。在反复实践之后，艾尔莎发现这是吸引妈妈注意力的最有效手段，并且她痛得越厉害，哭得越凶，妈妈给予她的关注越多。于是，她就会持续地通过这种方式来获得妈妈更多的关注。

了解这一情况后，艾尔莎的妈妈豁然开朗。神奇的是，当她自身发生改变，并且改变对待艾尔莎的方式之后，艾尔莎的腹痛也奇迹般地被"治好"了。

从艾尔莎的案例可以看出，孩子与周围环境的关系是十分微妙的。曾经有不少妈妈因为孩子特别难带而苦恼。在这些妈妈中，不少妈妈属于"由于各种原因并不想要孩子，却意外地怀孕"这种类型。由于没有当母亲的思想准备，孩子出生后，她们也就无法发自内心地接纳孩子。于是，孩子敏感地洞悉了妈妈的心声后，也因此焦虑恐惧起来。出于生存的需要，他们不得不变得"难带"些，以此来吸引妈妈更多的关注。于是一个没有被完全接纳的孩子就这样成了妈妈的"麻烦"。当然，妈妈和孩子之间的关系也会变得很微妙，最终形成一个恶性循环——妈妈越来越疲倦、无能为力，孩子越来越难带；而孩子越难带，妈妈越疲倦，越无能为力。对于这一类型的问题，改善的唯一方法是妈妈调整自身，试着全然接纳这个孩子，不管他"麻烦"与否。一旦妈妈发自内心地接纳了孩子，问题也就消除了。

相反，也有些妈妈并没打算要孩子，孩子却意外地降临了，这给她们带来了惊喜。因此，她们发自内心地爱上这份上天赐予的"礼物"，享受与他们相处的每一刻，那么，她们的孩子通常也会非常乖巧，更为好带。

当然，也有些妈妈做了充足的准备，但是当孩子真正降临的时候，才发觉孩子虽然可爱，却占用了自己太多的时间，耗费了自己太多的精力，于是，自由没了，羁绊重了，疲累增加了……如果爸爸的参与度低，妈妈的内心就更不平衡了，各种不愉快随之而来。

还有一种情形是，爸爸妈妈因为儿时与父母的关系比较疏离，成人后，他们往往会复制父母与自己相处的模式，跟孩子的关系也比较疏离，导致孩子不得不通过"难带"争取更多的关爱。

孩子与妈妈的关系如此，与其他人的关系亦如此。甚至，当家庭成员之间出现矛盾，家庭氛围变得紧张的时候，孩子也会变得"麻烦"，以此做出回应，表示他们"收到"了相关的信息。相反，他们就会满足、愉悦、安之若素。

陶行知先生说："人人都说小孩小，谁知人小心不小。你若小看小孩子，便比小孩还要小。"果然句句真言。

可见，即便孩子还不会说话，他们也能敏锐地读懂人间百态。他们的每个行为、每种表现都表达着无言的心声，都在向我们传递某些信息，提醒我们去改变。我们改变了，孩子便好带了。因此，当你觉得孩子"难带"时，试着问问自己以下的问题：

是我个人的状况出现问题了吗？

是家庭关系出现问题了吗？

是我对孩子的关注不够多或者关注的方式有问题吗？

我与孩子相处时内心焦虑，或者陪伴他们时显得有些勉强吗？

是我没有摆正孩子与其他人，以及其他事务之间的关系吗？

是我内心缺乏安全感，与孩子过度粘连，以致妨碍了孩子自主成长吗？

……

这些问题的答案找到了，孩子的心自然就安定了。

孩子小的时候，心不安定，"难带"，大了，就必然会以其他的方式表达这种不安定。安"心"——安我们自己之"心"，安孩子之"心"——是育儿的重中之重。

孩子心里的三个小人儿

到孩子两三岁之后，我们可能就要为他们的某些行为感到头疼了——

他们喜欢小朋友手里的玩具，一把就抢过来，惹得对方放声大哭；

小朋友的做法不如他意，他们一急，立刻大声嚷嚷，反手就给对方一拳；

明明知道不可以打开水龙头玩水，但是只要逮着机会，他们就变成小落汤鸡；

爸爸妈妈交代不许碰电源插座，他们答应得好好的，但是，你刚一转身，他们那不安分的小手便悄然伸了出来，惹得你心惊肉跳，一身冷汗……

所有的规则与道理，他们比谁都清楚，可就是做不到。下面的对话，或者类似的对话，我相信父母们都不陌生。

妈妈：你抢小朋友的玩具了，对吗？

孩子：对。

妈妈：如果你想玩小朋友的玩具，应该怎么办呢？

孩子：要跟小朋友商量。小朋友同意才可以玩，不同意就不能玩。

妈妈：你知道应该这样做，为什么还要抢小朋友的玩具呢？

孩子：因为我想玩。

妈妈：下次还这样吗？

孩子：不这样了。

妈妈：下次应该怎样呀？

孩子：跟小朋友好好商量。

如果有下次，孩子会怎样呢？当然，他们可能还会毫不犹豫地出手。这就是孩子，他们明明知道某些事情不可以做，而有些事情必须做，可他们就是抵挡不住诱惑，抑制不了冲动。不仅年幼的孩子如此，大孩子甚至成人都会有控制不了自己的时候。比如，很多孩子甚至成人打电子游戏上瘾，无论多少次下决心下次不打了，甚至连剁手的心都有了，但一旦有机会，就难免手心痒痒，还是控制不了自己。

我们或许会给孩子的这种行为贴上"顽皮""淘气""明知故犯"等标签。可是，孩子果真如此吗？

有一部电影，叫《地球上的星星》，讲述了一个八岁小男孩伊夏的故事。这是一个有阅读障碍的孩子，因为阅读障碍，他的学习成绩一塌糊涂，并因此遭受了许多不公平的待遇，这使他与这个世界格格不入。当他惹的麻烦超出父母承受能力的时候，无能为力的父母将他送进了一所寄宿学校。在寄宿学校，他的日子更难熬了。没有人懂他，更没有人试图去理解他那异彩纷呈的世界。直到美术教师尼克到来，伊夏的世界才发生了翻天覆地的变化。在尼克的帮助下，伊夏重拾自信与快乐，一切开始奇迹般地转化。

正如伊夏一样，每个被成人贴上"顽皮""淘气""明知故犯"等负面标签的孩子都有他们不得已的苦衷。对于低龄的孩子来说，尤其如此。遗憾的是，不是所有"伊夏"都能遇上"尼克"，不是所有"尼克"都懂"伊夏"。

要做懂"伊夏"的"尼克"，就要进入孩子的心。

孩子的心里有什么？有三个小人儿。心理学称这三个小人儿为"父母""成人""儿童"，他们将伴随孩子终生。协调好这三个小人儿的关系，孩子的心就安宁、快乐、充满力量。否则，孩子的心就愁云惨雾，电闪雷鸣，翻江倒海，甚至苦不堪言。

"父母"喜欢发布各种指令：

这个不行！

那个不可以！

必须那样做！

不可以这样！

……

"父母"是警察，是法官，他要依规则行事，负责规范孩子的行为。"父母"来源于孩子成长过程中接触到的各种约束、限制、管控。

"儿童"是与生俱来的，代表了孩子的欲望与冲动，是创造力、行动力的来源。"儿童"从来不考虑后果，有欲望就行动。"儿童"是孩子"心"的奴仆。他们之间的对话通常是这样的：

心：我想玩那个小朋友手里的玩具。

儿童：好，抢过来！

心：电源插座里会有什么呢？

儿童：摸摸看！

……

"成人"稳重多了，他会权衡利弊，规避危险，找到最佳的行动方案。他常常在"心""父母"和"儿童"之间担当和事佬、协调员的角色。"成人"由孩子成长过程中的经验教训共同滋养而成形。有"成人"在，这四位之间的对话常常是这样的：

心：我想把那个玩具抢过来。

儿童：别犹豫，赶紧行动！

父母：妈妈说了，不可以这样！

成人：最好别抢，他会哭的。把他惹哭了，就有你好看了。想想看，有没有别的办法？

儿童：管他呢，抢过来再说！

父母：不可以这样！

成人：上次你拿糖换了人家的玩具，这次再试试看，说不定也行。

……

对孩子来说，他们的"儿童"是最强大的，"父母"和"成人"都很弱小，甚至很多时候根本就不发挥作用。如此一来，孩子一冲动，出现明知故犯的行为就很正常了。

父母教育的持续，生活阅历的增加，老师或者其他人的介入，从书本等媒介接收到大量资讯……这一切都会提供越来越多滋养孩子"父母"与"成人"的养分，因此，随着年龄的增长，他们的"父母"与"成人"会逐渐强大。自我控制力也会越来越强。与此同时，他们的"儿童"则会逐渐弱化。

了解了孩子这种心理运行机制，我们就能理解孩子的苦衷，试着更多地站在他们的立场思考，体察他们的感受与无奈，继而找到爱孩子的最佳方式。否则，在他们的行为不符合我们的期待时，我们就可能随意给他们贴上负面的标签，甚至将他们定性为"坏孩子"。坏标签是打压孩子自信心、降低孩子自我价值感、逼迫他们走向我们期待的反面的罪魁祸首。标签的影响不仅伴随孩子们的童年，还可能伴随他们一生，所以，给孩子贴标签是一件需要慎之又慎的事情。

"父母"和"成人"对孩子的发展具有指导意义。"父母"可以帮助孩子规避危险，更好地适应环境，或者对孩子的行为产生约束力，防止他们

"误入歧途"。"成人"则权衡利弊，帮助孩子选择最佳的行事模式。

规则是滋养"父母"的养分。因此，从孩子小的时候就开始建立一些规则是有必要的。当然，要让孩子理解规则，最终自觉地遵守规则，需要一个过程，急不得。孩子会不断地尝试突破规则，不过，在爸爸妈妈们的坚持下，孩子会逐渐接受、遵守规则，形成自我约束力。

被管束过多，孩子的"儿童"就会受到打压。"儿童"孱弱的孩子会变得缩手缩脚，缺乏活力、创造力、想象力与行动力，或者因为被过分打压而终致爆发，变得极富破坏力。相反，完全放养，孩子就会不懂规矩、过分自我、不知进退。这个度如何把握，需要父母去权衡。简单地说，只要不给他人带来困扰，不伤害自己，不违反社会规则，不给人类生存环境带来不可逆转的破坏，孩子愿意做什么就让他们去做好了。父母要做的是时刻关注他们，保证他们的安全，在必要的时候给予一些协助与引导。

举例来说，几个月的孩子，他们吃饭的时候用手玩饭是一种正常的需求，我们无须强求他们，随他们去玩儿好了。当然，我们可以引导他们往嘴里塞，一旦他们体验到吃饭的乐趣，自然就爱上吃饭了。等到孩子手指精细动作发育到一定程度，我们就应该鼓励他们用勺子吃了。他们可能控制不好力度，把饭菜弄得到处都是，但是，这种尝试无疑为他们的自我成长提供了机会。当然，鼓励孩子用勺子吃饭也要讲究策略，不能简单粗暴。否则，吃饭这件事就会跟受罚这种不愉快的体验联系起来，变得很无趣，甚至有压力了。总之，规则既是死的，又是活的，需要根据孩子发展的需求、水平及特点灵活调整。

生活经验与常识是滋养孩子"父母"与"成人"的极好养分。对于中国的父母来说，我们最不缺的是塞给孩子知识与常识，最缺乏的则是给他们自己积累经验的机会。不管孩子做什么，我们总在告诉他们"这样不对""那样不行"或者"应该这样""应该那样"，或者因为担心孩子做不了、

33

做不好而替他们做，于是，孩子自我成长的机会就被我们剥夺了。在这样的环境下成长起来，他们的"父母"变得很强大，"成人"犹疑不定，"儿童"则越来越弱小，于是，他们不得不依赖父母为他们做决定。等到上了学，工作了，他们的依赖对象就变成了老师、老板、同事，没人发出指令，他们就不知道如何行动。结了婚，他们自然转而依赖自己的配偶。不过，在婚姻状态里，我们需要的是一个伴侣，而不是一个孩子。若我们发现配偶只是个巨婴，没有自我成长，我们迟早会不堪重负而选择逃离。

让孩子的"父母""儿童"和"成人"保持三足鼎立的态势，对孩子的发展才是最有益的。要做到这点，我们需要从日常生活的点点滴滴做起，既不过于强迫孩子，又要让他们懂得不逾矩，给他们机会体验做错事的自然后果。当然，如果你能不着痕迹地引导他们，启发他们内在的智慧，那就更好了。以最常见的孩子尿裤子为例，我们惯常的做法不外乎以下几种：

◎ 图省事，给孩子整天穿上纸尿裤，即便到了如厕训练年龄依然过分依赖纸尿裤。于是，有纸尿裤兜着，孩子习惯了站着大小便，乃至四五岁还必须兜着纸尿裤才能解决大小便问题。

◎ 容不得孩子尿湿裤子，一旦发现他们尿湿裤子，就说教、责备，甚至体罚。这样一来，尿尿这件事要么让孩子觉得很有压力，要么让他们觉得这是吸引父母注意的好方式，反而增加了尿裤子的频率。

◎ 担心孩子尿湿裤子，总提醒他尿尿。孩子还没有尿意，问题就解决了，他自然感受不到憋尿的滋味，也就很难知道什么时候该去洗手间了。

……

上述的教养方式都没有平衡好孩子三个心理小人儿的发展，不是偏向"儿童"，便是偏向"父母"，于是，孩子丧失了自我发展、自我成长的机会。相反，如果我们换一种方式对待这件事，当孩子没有必要穿纸尿裤时就不给他们穿纸尿裤；就算尿湿了，我们也不去说教、责备、体罚，而是很自然地帮他们换下湿裤子，不要施加压力；同时，在保持平和而自然的心态的前提下，不着痕迹地通过游戏引导孩子如厕，让孩子体验到自我控制带来的好处，这些自然就不再是问题了。

如厕如此，其他如吃饭、穿衣、玩耍……也皆如此。育儿无小事，点点滴滴都是帮助孩子成长的机会。弄不好，这些看似不起眼的小事都会妨碍孩子发展，剥夺孩子快乐成长的权利。处理好这些生活中的琐碎小事，孩子的三个心理小人儿就可以获得均衡发展，得以健康成长并各司其职，既保护了孩子的想象力、创造力、行动力，又促使他们学会了自我控制。

虽然那些略显偏激的观点有可能更吸引人的眼球，但育儿容不得偏激。不走极端，取之中道，随时根据情况纠偏并调整教养方向，会是更稳妥的方式。

孩子的"儿话"你懂吗

孩子小的时候，父母想要弄懂他们表达的意思，实在不是一件容易的事。如果彼时父母没有成功地读懂孩子语言背后的意义，亲子交流的通道就会被一点点堵塞，因此，更多的问题就会随之呈现。因此，试着读懂孩子"晦涩难懂"的语义，对孩子的成长无疑有着积极的意义。

而现实是，很多爸爸妈妈都被孩子的"儿话"折磨得几乎抓狂。我非常理解他们这种抓狂的心态。但是，比较而言，交流不畅给孩子带来的困扰更大。

因为不被理解，孩子就会不开心，变得焦躁不安。如果父母一时又找不到有效的解决办法……这种状况持续下去，就会产生诸多负面的问题：

◎ 导致孩子丧失沟通的欲望，变得自我封闭。

◎ 导致孩子将偶尔的激烈反应与碰巧此时问题获得解决相关联，误以为这才是有效的沟通模式。这样变相地鼓励孩子以哭闹等方式来表达自己的需求。

◎ 父母随之产生挫败情绪，因失去控制而对孩子发脾气，导致孩子更加不知所措，进而形成恶性循环。

总之，找到读懂孩子"儿话"的窍门，对孩子心理健康发展、增进亲子关系无疑有着重要意义。可要读懂孩子的"儿话"，不是那么容易的事。

两岁的天天就经常让妈妈很头痛，因为妈妈根本就搞不懂他究竟在表达什么意思。比如，天天在很多时候都会用"门"这个词来表达自己的需求。经历了一个漫长的过程后，天天妈终于理解了"门"的内涵。原来，天天所说的"门"，并非单纯指"门"这个实物，而是有更多的含义。归纳起来，大致有以下几种：

⦿ 指真正意义上的"门"；

⦿ 被困在某处，要找一个出口出来，有"出口"和从什么地方"出来"的含义；

⦿ 跟"门"有关的动作，如"关门""开门"；

⦿ "门"的不同特性，如"门"的颜色不同，形状不同，纹路不同，开启方式不同等；

⦿ 与"门"相关的一些事件，比如哪个小伙伴踢了门，捶了门等。

从天天这个"门事件"可以看出，因为表达能力有限，孩子的语义反而比我们想象的要丰富得多。

再比如，对天天来说，"楼梯"包含了以下几层意思：

⦿ 真正意义上的楼梯；

⦿ 有空间的概念，指高处；

⦿ 从低处到高处，如爬高、抬高……

"楼梯"之所以衍生出"高处"与"爬高"这样的意思，是因为天天观察到，只要一爬楼梯，人的空间位置就会提升，这二者之间存在因果关系。因此，他就很自然地把"楼梯"这个词跟"高处""爬高"等概念关联起来。当他想要爬高，或者想要去够放在高处的某个东西的时候，他就会用"楼梯"

来表达。

再比如，天天偶尔会指着身体某个部位说"药"，他真正要表达的意思未必是要吃药。当然，也不排除这种可能性。除了指吃药之外，"药"的另一层含义则是指身体哪个部位不舒服。因为每次生病，他都会感觉身体不舒服，并且要吃药。于是，以往吃药的经验就会让他产生联想，把身体感知到的所有不舒服诸如痛、痒、冷、热等都跟这个"药"字关联在一起。

天天看姑姑在吃藕，突然开心地大叫："牛！牛！牛！"天天的这个"牛"把所有人都给弄糊涂了。谁也不明白他在说什么。看家人都没明白，他又补充了一句："蛮波波。"直到天天提到"蛮波波"，大家才意识到他究竟想说什么。因为我们老家跟小孩说牛，统统以"蛮波波"指代，所以"蛮波波"就是"牛"的意思。原来，姑姑吃藕的时候，藕断丝连，这使得姑姑看起来很像被绳子牵着的"牛"。当别人都不明白他这个"牛"的含义时，他想到了用另外一个词"蛮波波"来替换。对天天来说，这个"牛"或者"蛮波波"还不仅仅指牛，他甚至将所有跟绳子、丝、线有关的东西都跟牵牛的绳子联系起来，继而跟牛扯上关系。这就是他的逻辑。以后每次要吃藕，他不说要吃藕，而是说"蛮波波"。当然，看到其他绳子、丝、线等，他也一律以"牛"或者"蛮波波"指代。在他的逻辑里，牵牛的绳子与牛是一体的，他记住了这个绳子与牛彼此牵连的意象，并将其内化成牛的典型特征，因此赋予了"牛"或"蛮波波"如此丰富的意义。

当孩子的语言能力有限的时候，他们通常都会像天天一样，利用自己已经掌握的词汇，去描述一些与这个词汇相关的场景、人物、事件、动作等，或者指代有类似形态、与该词汇指代的事物存在因果关系的一切。了解了孩子语言表达时的这个特点，再细心观察孩子的眼神、动作、表情，结合孩子的生活经历，我们就能更好地听其音而辨其心了。

对于还不会说话的小婴儿的"儿话"，我们就不仅要听其声，还要辨其容（形）才能读懂。在学会母语前，婴儿通常有一些原生态的语言，并通过这些语言与我们交流。如果我们足够细致、耐心，并试着去分析、总结他们行为背后的意义，就能轻松读懂他们的需求，跟他们有更多的互动，进而帮助孩子获得更好的发展。

婴儿的原生态语言是有很多共通之处的。看看玖玖的案例，我们就会明白婴儿通过什么样的方式表达自己的需求：

妈妈，我不饿，只是想跟你说说话——

玖玖摸着妈妈胸部，吭吭唧唧的，妈妈以为她要吃奶了，赶紧给她喂奶。在奶头送过来的那一刻，小家伙迅速含住了奶头。不过，她含住奶头的方式跟平时可大不相同——她只用半边的嘴唇含住奶头，用舌头将奶头顶过来顶过去。原来小家伙并不是饿了，只是想要以此吸引妈妈的注意力，和妈妈有些交流而已。相反，饿的时候，她会用嘴将奶头整个包住，急不可待地吸吮，没有余暇顾及其他。因此，遇到这种情况，妈妈就知道无须给她喂奶了，陪她玩玩，她的需求便得到满足，自然就开心了。

妈妈，我很寂寞，需要你陪伴——

玖玖大声地哭起来，声音响亮而吓人，但是眼里没有眼泪。妈妈一走到她身边，她的哭声就戛然而止。每当玖玖这样哭的时候，妈妈就明白，她只是寂寞了，希望妈妈跟她玩，而妈妈又没有及时满足她的需求，她只好通过这种方式来抗议。

妈妈，我好委屈啊——

玖玖扁了扁嘴，看起来十分委屈。过了一会儿，眼泪才慢慢地从她眼里渗出来，并伴之以委屈的哭声，那哭声简直令人心碎，仿佛她受了天大的委屈。妈妈将她抱在怀里，她依然委屈地哭。直到她哭够了，委屈劲儿过去了，才变成抽泣，逐渐平息。当玖玖的哭经过"酝酿"之后发出，那就说明她是真的感觉委屈了，只有父母给予她足够的安抚，她的委屈劲儿才会真正过去。

妈妈，我尿湿了——

某天，喂奶时间。妈妈抱玖玖在怀里喂奶。玖玖一边吸吮着，一边使劲地踢腾着双腿。妈妈正疑惑不解呢，玖玖干脆把奶头吐了出来，用那双会说话的眼睛看着妈妈，又使劲地踢起腿来。妈妈排除了各种可能性才发现，她只不过是尿湿了。换完纸尿裤，玖玖的一双小腿便老实了，小嘴迫不及待地含着奶头继续吮吸起来。

妈妈，纸尿裤系得太紧了——

到睡觉时间了。妈妈给玖玖换完尿布，像往常一样把她放在床上，哄她入睡。可是小家伙今天似乎特别精神，居然使劲踢起腿来。妈妈拍拍她，想安抚她一下，让她尽快入睡。玖玖踢着踢着，终于不耐烦了，大声地哭了起来。妈妈排除了各种可能性，最后才发现是纸尿裤系得太紧了。等妈妈重新给玖玖系好纸尿裤，小家伙不再踢腾，很快便进入了甜甜的梦乡。

玖玖妈敏感细心，又颇爱琢磨孩子，因此，她养育玖玖有很多的心得。而玖玖在妈妈的细心照料下，很多心理需求都得到了满足，这使她看起来比其他孩子显得更加快乐、满足。一个心理需求得到满足的孩子，是幸福、快乐的，很少有闹腾的时候。因此，如果我们试着读懂并满足孩子的心理需求，他们就很好带，而我们自己也会更轻松。

不仅如此，孩子的需求如果能被父母及时读懂，并获得回应，他们表达自己需求的行为得到鼓励，就会尝试用更多的方式来表达自己，与爸爸妈妈互动。否则，孩子就会变得越来越难带，越来越磨人，或者变得过分安静，甚至呆呆的，没有了表达的欲望。如果孩子长期在这样的环境下成长，他们各方面的发展，甚至大脑的发育都会受阻。因此，这是一个需要父母高度重视的问题。作为父母，我们越是能尽早读懂孩子的心思，越是有助于形成良好的亲子关系，对孩子的成长越有益。

倘若在孩子小的时候，父母没能成功地读懂孩子这些语言，亲子交流的通道淤堵，而现在孩子已经长大了，那又该怎么办呢？别着急，在后续的章节中，我们会涉及相关策略。

Part 2

孩子"不乖"的秘密

在孩子成长的过程中,他们总会有些行为让我们抓狂。孩子这些看似"不乖"的行为背后究竟隐藏着怎样的秘密呢?我们只有了解了这些秘密,才可以摒弃焦虑、对抗,从容地面对。这样爱孩子,才更有章法。

孩子"逆反期"，爸妈"头疼期"

"逆反期"或"反抗期"几乎是妇孺皆知的概念。两岁左右（这只是一个具有普遍意义的年龄段。对每个个体而言，孩子进入逆反期的年龄都会有差异，或早或晚），大多数孩子进入人生第一个"逆反期"，国外称之为"terrible two"。说"不"，以各种方式跟爸爸妈妈对抗，是孩子这个阶段最典型的表现。孩子进入"逆反期"，爸爸妈妈就跟着进入了"头疼期"，由耐着性子说教到不知所措，再到抓狂，是大多数爸爸妈妈面临孩子"逆反期"的真实写照。更令爸爸妈妈头疼的是，在孩子的成长过程中，他们的"逆反期"可能还不止一个、两个，在不同的年龄段，会有不同的逆反行为。

值得我们深思的是，尽管很多孩子逆反严重，但也有些孩子几乎没有"逆反"的表现。孩子之间为何会有如此大的差异呢？这种现象是否意味着逆反期是可以不存在的，或者说根本就没有所谓的逆反期呢？我认为是可以这样理解的。

那么，为什么有些孩子会逆反甚至会反复地逆反呢？归纳起来，主要有以下原因：

◎ 孩子自我意识萌芽，试图按照自己的意愿行事，不愿意被他人控制。

◎ 家长处理问题的方式有问题，总是压制孩子，导致孩子逆反。

◎ 受家庭环境影响。如家庭成员之间常常以对抗的方式互动，孩子因此习得对抗的互动模式。

◎受社会环境影响，如老师、小朋友或其他人以对抗的方式互动，孩子在模仿。或者环境中的某些人带给孩子压力，而他们又无力反抗，无从发泄，只好在自认最亲近最安全的人面前释放。偏偏家长又不懂孩子，没有好的办法引导孩子以更恰当的方式释放压力，习得好的处理问题的方法。

可见，孩子逆反与否，与父母的养育方式和教养智慧的高低是直接关联的。若父母有足够的教养智慧，养育方式与孩子的需求贴近，又能适时地帮助孩子释放压力，懂得采取孩子更乐意接受的方式处理问题，孩子本是可以不逆反的。

当然，诸如社会环境等也会对孩子产生影响，但不在本书讨论范围之内，我们姑且放下。本书重点从亲子关系的角度来谈论这个话题。

进一步而言，所谓的"逆反期"其实没什么好怕的，相反，它有着特别的意义。只有当孩子的自我意识开始萌芽，有了强烈的想要主宰自己的愿望，而这种愿望受阻的时候，孩子的"逆反"行为才会出现，因此，它本质上不过是孩子成长内驱力发挥作用的表现。

人世间所有的爱都为了靠近，唯有亲子之爱是为了远离。看着孩子的背影远去，几乎是为人父母的宿命。"逆反"正是孩子走向独立的征兆，是孩子成长的第一步。因此，"逆反期"是孩子心智发育上了一个台阶的信号。从孩子成长的角度来说，这本是好事一桩。可是，这样的一桩好事怎么会让那么多的爸爸妈妈头疼呢？——其实那只是父母内心的恐惧而已。

人最怕的是什么？怕未知,怕控制不了局面。孩子进入"逆反期"之后，开始变得总是对抗我们，原本很乖巧、很可爱的小家伙突然间让我们无法控制——

孩子"不听话"，出现冒险行为，不知道哪天会出现不堪设想的后果；

孩子"不听话"，我们因失去控制而无能为力，这使我们内心变得软弱；

孩子"不听话"，我们缺乏应对的策略，会有无能的感觉；

孩子"不听话"，我们在旁人面前很没面子；

……

诸如此类。于是，恐惧感油然而生。而我们应对孩子"逆反期"的策略欠佳，又会直接导致孩子的对抗升级；或者在我们的高压政策下，孩子身上的"刺"被磨光了，人也变得乖巧了，却又引发其他的问题。即便孩子的童年没什么激烈的反抗征兆，但到他们进入青春期之后，我们又会惊恐地发现，他们的"逆反"爆发性地回归，而我们再也无力收拾残局。

了解孩子具有"自我意识萌芽，走向独立的欲望滋长"这样一个必然的发展阶段，并且看到这个阶段给孩子成长带来的积极意义，我们在面对孩子的"逆反期"时，就可以从容些，就不会轻易被激怒，能淡定地找寻更智慧的应对策略。

应对孩子的"逆反期"，最怕的是对抗。对抗要么使孩子变得更为逆反，要么使孩子变得极其畏缩。而畏缩又分为两种：一种是假畏缩，即这种畏缩是暂时的假象，是他们力量不足不得已而为之，当孩子有足够的力量对抗时，他们可能加倍反弹。一种是真畏缩，孩子终其一生唯唯诺诺、缺乏主见、人云亦云。这两种畏缩都不是我们愿意看到的。

在孩子小的时候，亲子对抗的结果通常都是爸爸妈妈处于绝对强势的地位。爸爸妈妈的高压政策会打压孩子的自我意识，降低他们的自我价值感，导致孩子压抑自己，不敢表达真实想法，表面看起来很乖巧，内心深处实际上积攒了相当多的负能量。这种负能量积攒到一定的程度，他们控制不住，就会以不可预知的方式爆发，导致不可收拾的局面。

因此，截流不如导流，以恰当的方式导流，就要了解孩子"逆反"的本质——自我意识增长。孩子试图通过这种方式宣告："我长大了！我能行！我可以自己控制一切！"了解了这一点，我们就可以理解孩子发展的需求，顺势而为。

我们可以尝试从以下几方面着手，应对孩子的"逆反期"，避免亲子冲突：

第一，尽可能给孩子自主的权利。只要不是原则性的问题，我们都可以给孩子自由，让他们自己做主。至于什么是原则性的问题，前面已经提及，这里不再赘述。

第二，顺应孩子的需求加以疏导。当孩子表现得"逆反"的时候，我们先要思考：他们真正的需求究竟是什么？前面提到的那个不肯跟爸爸妈妈回家的孩子的例子，算是典型的"逆反"表现。对抗的结果是，他倒地撒泼，让爸爸妈妈抓狂。而我不跟他对抗，换之以共情（关于共情，请参看后面的章节），让他觉得自己的需求被理解，他的自我意识因而得到了保护。在他平息下来之后，我"征求"他的意见，给他一个台阶，让他自己做出离开的决定，同时又给了他"以后再来"的期待。于是，他最终欣然听取了我的建议。

第三，让孩子有选择的余地，也是解决"逆反期"冲突非常好的策略之一。当然，我们给出的选择最终的指向应该是同一个目标，或者是相似的目标，而不是两个反向的目标。下面举例说明。

有一天，朋友带着孩子来我家玩。临走的时候，奶奶要求孩子自己穿鞋，但是孩子磨磨蹭蹭，就是不动，他在跟奶奶较量。因为他很清楚，只要他坚持不穿，奶奶终将按捺不住并出手解决问题。祖孙俩较量了很长时间，看来不会有结果了。

我蹲下来，以"羡慕"的眼神看着孩子说："哇，你这鞋子好漂亮啊！穿上肯定特别舒服，跑起来也特别快吧？要是我也有这样一双鞋子，那我可太高兴了。"这句话有效地把孩子的注意力转移到"漂亮的鞋子"上了。

"你知道小南穿鞋有多快吗？肯定不知道吧？"我与奶奶对视一下，奶奶心领神会。立刻回应："这我还真不知道呢。"这话暗示他很能干。他的小脸上已有得意之色。

"小南要自己穿，肯定比奶奶帮忙穿快多了。哎呀，要是奶奶穿，得急坏我，我可等不了那么久。"进一步暗示他很能干。这时候，小家伙已经动心了。我趁势补了一句："你看，那边有个小凳子，你可以坐在小凳子上面穿，也可以坐那边的地毯上穿。你想坐在哪里穿呢？""我要坐在小凳子上穿。"小家伙坐在小凳子上，争分夺秒地穿起了鞋子。于是，问题就这么解决了。

第四，王顾左右而言他。一旦对抗产生，我们很容易与孩子持续地纠缠，导致对抗升级。当对抗的能量积聚到某个极限时，我们就可能因为耐不住性子而爆发。此时，我们最好问自己一个问题："除了对抗与妥协，有没有第三条路可走呢？"只要我们改变一下思维模式，这第三条路总是有的。

我们再来看一个处理孩子迷恋动画片、不肯去洗澡的案例，就会明白如何去寻找这第三条路。

妈妈："该洗澡了，宝贝儿。"

孩子："不洗，我还要看（动画片）。"对抗开始。

妈妈："可是到洗澡的时间了呀！我们明天还可以看呢。"妈妈坚持。

孩子："我就不去洗澡，我就要看动画片。"对抗开始升级。

妈妈："不行，必须得去了。"

孩子："我就不去！我就不去！"小家伙哭闹声骤起，惊天动地。妈妈崩溃。

如此，各种的对抗……

结局可想而知。妈妈要么强制孩子服从，要么妥协，让孩子看个够。

如果走第三条路，情形就不一样了。

妈妈："到洗澡时间了哦！我们去洗澡吧！"

孩子："不，我要看动画片。"对抗开始。

妈妈："这个动画片可真有意思呀。嘿！要是闭上眼睛，你觉得能听到动画片里的声音吗？"这句话认同孩子的感受，化解冲突，尝试向第三条路迈步。

孩子好奇地闭上眼睛，很开心地回答："闭上眼睛也能听到耶！"

妈妈："好神奇啊，闭上眼睛也能听到。我们走到门那儿，离远一点儿，你觉得能听到吗？"继续向第三条路迈进。

孩子："也能听到耶！"

妈妈："你觉得洗澡的时候能听到吗？我们去试试吧！"

孩子很顺从地跟着妈妈往浴室走。当然，妈妈绝对不会忘记带上他的"洗澡玩具"，并且一边走，一边转移话题："不知道小鸭子能不能听到动画片里的声音呢！你觉得能听到是吧？那小鸭子跳水的时候能听到吗？也能听到呀？小鸭子要是玩跳水游戏，你觉得它能从几米高的地方往下跳呢？要是太高了，你觉得它敢跳吗……"

就这样，只要理解了处在"逆反期"的孩子有什么样的心理需求，并尊重他们的这种需求，经由第三条路，我们就可以轻松地化解冲突。在这样的方式引导下，即便处在"逆反期"的孩子，他们的"逆反"势头也会被削弱，甚至可能像寒冰遭遇春风一样悄然消融。如此，无论爸爸妈妈还是孩子，便都轻松了。

需要特别说明的一点是，以上述方式应对孩子的逆反期，与要求孩子遵守规则不相矛盾，它的目标是减少冲突，而非纵容孩子。这些做法可以减少亲子之间不必要的冲突，同时也以此向孩子示范沟通的技巧。一些原则性的问题，如果采取上述的方式无效，就要本着三个"到底"——"共情到底、温和到底、坚持到底"来坚守底线。

共情，表示我们理解孩子的感受或情绪。一旦我们表示理解，他们就会有被接纳的感觉，他们的情绪就会平稳很多，最终就会欣然接受我们的意见，或者虽然暂时不愿意接受我们的意见，心情却可以舒畅很多，与我们对抗的能量就消减了。

温和的态度可以防止我们失控，而孩子也不会因为我们没有满足他的要求而有不被爱的感觉。

坚持到底则是为了告诉孩子，我们是可以信赖的、说话算话的。那么，孩子会更加信赖我们，他们的内心会更有安全感。同时，他们也会因此更加清楚界限，变得很守规矩，不再试图去突破我们的底线。如此，我们与孩子的互动就会进入一个良性的循环，我们和孩子彼此都会更加轻松，更加默契，更加易于沟通。而孩子也从我们这里学到更有效的坚持自己的方法。

在孩子还不太明确规则，或者虽然明确规则，但是总想试探我们底线的时候，我们可以重申规则，一方面帮助他们理解规则，另一方面也借此表明我们的态度。在他们明确规则之后，如果孩子继续没完没了地纠缠，我们就不需要再作过多的解释了。简单共情之后，温和地坚持就好了。

有的时候，孩子会耍赖，试图突破规则。假定我们规定孩子每天只能吃一颗糖，但他抵挡不住糖的诱惑，为了达到多吃的目的开始耍赖。比如，当妈妈问他一天可以吃几颗时，他明明清楚一天只能吃一颗，但是，为了达到多吃糖的目的，他可能故意回答："X 颗。"此时，我们无须跟他动怒，跟他简单共情就可以了："哦，是吗？要是能吃 X 颗，你一定很开心吧？不能吃 X 颗糖，你一定觉得很遗憾吧？"共情的同时，该坚持的原则，我们还是要温和地坚持。如果他反应激烈，我们最好陪在他身边，搂着他，轻轻地拍着他的后背，平静地等待他的情绪平息下来。

实际上，如果我们思路更开阔一些，就会有更好的结果。继续上述的话题，假定我们跟孩子回应几次后，话锋一转，转移孩子的注意力，这就既坚持了原则，又避免了亲子冲突，我们从最后一句对话继续：

"不能多吃糖，你一定很失望。嗯，糖实在是太好吃了。其实，妈妈也很想吃糖呢！你看，妈妈都馋成这样了。吃不到糖，就只好吃一个吃了糖的小孩了。啊呜！这个小孩真好吃，甜丝丝的。再来一口！啊呜！我要吃他的小脸，吃他的小鼻子、小耳朵、小手……"

如此一来，我们既没有忽视孩子的感受，同时，这个亲子较劲的事件也转化成了一项有趣的亲子活动。糖对孩子的诱惑被削弱，不仅如此，他还从妈妈的身上获得了更多的满足感。这就两全其美了。

如果一味地为了避免冲突就放弃原则，那是在害孩子，是不负责任的做法。从某种意义上来说，设立必要的规则，并且坚守住底线是帮助孩子建立安全感的一个途径。一个说话算话的父母，与一个见到孩子有要求抵挡不住就退让的父母，前者更能给予孩子心理上的支持，帮助他们建立安全感。相反，后者会给孩子不可信赖的感觉。当爸爸妈妈都不可信赖的时候，孩子还可以信赖谁？他们的安全感又从何而来呢？

又或许，我们可以告诉孩子，这些糖是他一个礼拜的量，如果他一次吃完，剩下的六天就没糖可吃了。让孩子一次把所有的糖都吃了，然后给他六天的等待时间。若孩子能等待六天，又有什么不可呢？

如此，当孩子能够控制住自己当下强烈的欲望时，他就拥有了定力，那么，未来，他也许就会成为一个了不起的人物。就算他成不了了不起的人物，能成功地抵挡住诱惑，那也是很好的一件事。人有多少痛苦来自欲望太多啊？当我们的欲望不能变成现实时，把它看淡了，化解了，痛苦自然就消融了。比较而言，我更愿意我的孩子少一点欲望，多一点快乐。

不过，如吃糖这样的小事，其实我们不必跟孩子如此较真，还是尽量减少不必要的冲突为好。比如，我们可以把糖藏起来，每天只放一颗在外面。甚至，我们可以将糖藏在不同的地方，让这个找糖吃糖的活动转化为每天都令孩子期待的一个趣味亲子游戏，带给他美好的回忆。如果家长有心，还可以在这个游戏中融入多种教育元素，让孩子获得更多的滋养。当然，额外的收获是，一旦成为习惯，孩子就不会因为这个事情过多纠缠了。

此外，无论大事、小事，尽量减少引发冲突的因素，是我们特别需要考虑的一个点。作为成人，我们不也常常抵挡不了诱惑吗？凭什么就要求孩子能抵挡住诱惑呢？在我们看来，孩子的诱惑是那么微不足道，不过一颗糖而已。可是，如果我们站在孩子的立场，他那一颗糖，在他想吃的时候，那简直就是一个世界，与我们想要的一栋别墅、一辆名车有什么本质的区别呢？都不过是为了满足暂时的欲望而已。糖吃完就没有了，那一点点快乐很快就烟消云散。同样的，别墅住进去，名车开起来，我们也并不会因此就大幅提升幸福指数。倒是那些修行人，粗茶淡饭吃着，茅棚住着，一样安详、喜悦。快乐与幸福，首先是一种心态。理解孩子，入孩子的心，才会生起应对的智慧，引导孩子脱离情绪的泥沼。

不与孩子对抗，以更智慧的方式去引导孩子，会有意想不到的收获。

当然，有的时候，我们很难控制自己的情绪，指不定什么时候就会爆发。我的经验是，当我们的情绪开始起来的时候，最好别将关注的重心放在孩子身上。如果关注的重心放在孩子身上，我们就很容易被他们的行为激怒，导致自己失控。因此，一旦发现自己情绪起来，最好尽快将注意力转移到察觉我们内在的情绪与感受上，对自己说："我又要被他激怒了。孩子的这种行为让我有了抓狂的感觉。我控制不了场面，这使我有一种挫败感……"当我们能够正视自己的情绪时，我们失控的概率就会降低，就更有可能冷静下来去思考解决问题的方案："咳，其实，他们只是孩子，过了这个阶段，他们就不会这样了。除了冲突与放弃，是否还有第三种办法呢？"即便我们找不到更好的办法来处理孩子的情绪，通常，只要我们足够耐心，足够温和，孩子也会更快摆脱这种情绪，变回可爱的小天使。

一旦孩子从小就清楚我们的界限，了解我们说话算话，他们就会更加信赖我们，也更容易遵守我们制定的规则。相对来说，小孩子好"哄"，大孩子就比较难"哄"了。当一个上了小学甚至中学的孩子变得逆反的时候，我们又该怎样面对呢？

首先，我们需要反思：

我们有没有真正理解孩子？

孩子的需求是否合理？如果合理，我们是否可以妥协？

我们有没有尊重孩子？有没有因为不尊重孩子引发他们更强力度的逆反？

我们有没有把孩子当成我们的附属品，随意地替他们做决断？

如果允许孩子按自己的想法做决断，会带来什么样的后果？这个后果是否真如我们所料的那么严重？我们和孩子能否承受这个后果？

……

想明白这些问题，我们才会有个大致的判断，然后决定是否要说服孩子听从我们。

其次，在决定要与孩子"谈判"时，我们也要讲究策略，不能简单粗暴地处理问题。一个已经"大"了的孩子，他的自我意识更为强烈，他需要得到尊重，因此，在尊重他的前提下提出我们的看法，将各种可能性呈现在他面前，引导他自主做出选择，比我们强求他听从我们，效果要好得多。

好吧，我们现在来讨论一下。这个事情，我是这么看的……如果那样，可能会有以下的后果（列举各种可能性）……关于这件事，你是怎么看的呢？

在与孩子讨论的过程中，也许他们自己就明白了可能的后果，并主动选择放弃自己的主张。也许他们仍然坚持。只要后果在可接受的范围之内，让孩子去经受一些挫折，获得一些教训，其实未尝不可。当然，如果这个后果我们无法承担，那么，作为孩子的监护人，我们还是要果断地做出决定的。只是做出决定时，我们要让孩子意识到，我们这么做，对事不对人，一切都是因为我们爱他们。跟孩子共情，表示理解他们的感受，并阐明我们这么做的原因，等等，让孩子感受到，即便他们的要求没有被满足，他们依然得到了足够的尊重，并且，我们是那么爱他们，那么，孩子就会理解我们，或者即便暂时理解不了，也不会有太大的不良反应。

最后，平时多关注孩子，了解他们的喜好与需求，多寻找与孩子的共同语言，增进亲子关系，彼此之间沟通的渠道才会更为畅通，孩子才会把我们当朋友，向我们敞开心扉。如此，我们也才能了解孩子真实的想法，进而帮助他们更好地成长，而逆反行为也就烟消云散了。

"三心二意" ≠ 不专注

"三心二意" ≠不专注，这是个很奇怪的不等式。相信所有看到这个不等式的爸爸妈妈都会在心里打个大大的"？"。按理说，这二者之间应该画上等号才对呀！不过对小孩子来说，这个等式确实不成立，因为他们天生就有一种神奇的本能，那就是一心多用，也就是同时关注好几件事情。这也是他们常常表现得"三心二意"的重要原因。越小的孩子，一心多用的本领越大。孩子之所以具备这样一种本能，跟他们吸收外界信息的方式有关。事实上，只要他们置身于某个环境，他们的各大感官及心灵便都处于开启状态，于是，来自环境的一切刺激，他们全都无条件地接收。在养育孩子的过程中，因为我们总在跟孩子强调要专注、专注再专注，他们才不得不忽略掉环境中越来越多的信息，将注意力集中在某件事情上；或者他们在我们的提醒声中被打扰，根本就无法再专注。于是，随着年龄的增长，他们不被我们所知、所重视的本能就逐渐消退了。更糟糕的是，因为不了解孩子有这样一种本能，我们还可能误解他们，想当然地给他们贴上不专注的标签，给孩子额外施加压力。

我们看《动物世界》等节目就会发现，一心多用是哺乳动物普遍具有的一种本能。不管它们是在嬉戏打闹还是进食，只要有天敌来袭，它们总能及时发现，尽管不一定能及时逃脱。我想，这也是人类远祖出于生存需要练就的一种本能，最终通过基因遗传了下来。随着年龄的增长，当我们需要同时应对好几件事情的时候，会显得越来越力不从心。但是，在应激状态下，我们的各种感官会变得极其敏锐，一心多用的本能就可能被激发。这就说明，这种本能只是被压抑了。

最早意识到孩子具有一心多用的本能，是在琛琛一岁半的时候。一天早上，婆婆在看电视。琛琛起床后要求听录音机放歌谣。看到小孙子要听歌谣，婆婆很自觉地就把电视机关了。没想到，琛琛不干了，非要把电视机再打开。我以为他要看电视，就把录音机给关了。可是，小家伙又不干了，非要把录音机也打开。跟他确认后，我才明白，原来他是想同时开着录音机和电视机。而与此同时，他面前摆着玩具，正玩得很投入。过了一会儿，趁他不注意，我悄悄关掉了电视机。他立刻意识到，不高兴地嚷嚷起来。当然，悄悄关掉录音机，一样会引来他的抗议声。莫非他能同时关注这两种声音？

出于好奇，我很想考察一下，他是否真的能够完美地兼顾这三件事。于是，安安静静待了一会儿，我突然问他："刚才电视机里说什么了？"他告诉我，说了什么什么。我又问："那刚才录音机里唱什么儿歌了？"他又告诉我，他听到了哪首儿歌。分毫不差呀！

这个发现让我深受鼓舞。他这种一心多用的神奇本事是环境所致，还是一种本能呢？当年我家房子小，家里人多，相对比较嘈杂。琛琛从一出生就处在这样的一个环境里，即便他入睡的时候，大人该干什么还干什么，没有刻意给他营造一个安静的环境。他听录音机，或者做别的事情的时候也是如此。难道是这种不完美的环境反而练就了他这种特殊的能力？我无法确定。自从发现琛琛这个特殊的本领之后，我开始关注更多的孩子。结果我惊讶地发现——琛琛不是特例，几乎所有的孩子都具有一心多用的本能，只是我们的养育方式扼杀了他们的这种本能。

近几年，国外也有研究证明孩子具有一心多用的本能。我相信，大多数妈妈都有过这样的体验：孩子要看书，于是，我们拿起一本书给他们讲，可是，刚讲几页，他们就跑一边玩玩具去了。当我们以为他没有兴趣，停止读书时，他们却常常跑回来喊："妈妈，读书！"如此反复，仿佛专为了折磨我们。不了解孩子可以一心多用的妈妈就会为孩子的这种行为抓狂，或逼迫他们安安静静待在身边听，或无视他们的要求，不再给他们读书，以此来惩罚他们的"不专心"。如果了解了孩子的这个特点，我们就无须在意他们是否在身边看着书听我们讲，只要他们有需求，我们尽管自顾自继续讲下去就好了。如果不确定他们是否在听，可以暂时停顿一下，看看他们的反应再继续。

了解到孩子有一心多用的本能，我们就可以有意识地创设一些多感官联动的环境，让孩子获得更多有益的刺激。比如，孩子玩玩具的时候给他们放点背景音乐，或者外语、古诗词等，音量不必大，让孩子浸淫其中，他们自然就会吸收。也许某天，他们就会突然爆发，将不经意间听到的一切复述出来。当然，也不能过分功利地去做这个工作，凡事要适可而止。尤其当孩子反对时，更要及时收手。总之，一切都要以孩子的反馈为准。孩子喜欢就继续，不喜欢就打住。

看到这里，可能有些爸爸妈妈会疑惑：如果不给孩子提供一个相对安静的环境，他们将来会不会变得"不专注"呢？实际上，一个人"专注"与否是由很多因素综合决定的，如，我们是否对某项活动有兴趣，我们的身体状况是否良好，我们有没有心理压力……而这一切，跟人类这种一心多用的本能并不是相互抵触的关系。如果习惯了在一个相对嘈杂的环境里游戏，孩子排除干扰的能力反而可能发展得更好一些。

相反，假定我们从孩子一出生就给他们营造一个很安静的环境，那么，他们习惯了这样一个环境，一旦环境变得稍微嘈杂点，他们就会受不了。这会降低他们适应环境的能力。实际上，当孩子还在母腹时，他们所处的环境是很嘈杂的——羊水的震荡声、肠胃的蠕动声、气流游走引发的肠鸣声、外部环境中各种声音……诸多的声音混杂在一起，分贝比我们想象的高得多。孩子习惯了这种声音，出生之后，环境中有一些自然的噪声（提醒一下，是自然的噪声，而不是刻意制造的噪声，否则就适得其反了），与过分安静的环境比，前者反而更适合他们。

前段时间看到一个报道，心理学家的研究发现，安抚哭闹婴儿的方式不是哄他、拍他、抱他，而是噘起嘴，大声发出"嘘"声，只要听到这个声音，哭闹的婴儿立刻就安定下来。看护者发出拖长声的"OM"的音，也可以有效地安抚婴儿，让哭闹的孩子安定下来。当然，前提是，看护者本人内心很安宁。

从上述内容可以看出，一个有着自然的声音的环境对孩子来说是更容易接受的。

当孩子需要集中注意力在某件事情上的时候，他们一样可以自如地屏蔽掉其他信息。这算是孩子的又一个本能。这样的情况一般发生在他们内心有足够安全感的时候（比如，父母陪伴在他们身边，他们觉得很安心，或者在一个他们非常熟悉的环境，他们很清楚这个环境不会带给他们任何伤害）。如果没有足够的安全感，孩子就会很警惕，环境中的每一种声音，他们都会强烈关注。因此，我们常常发现一个孩子玩某个游戏或玩具，玩得很入神，即便我们去喊他，他也跟没听到一样。当孩子听不到我们说话的时候，我们同样会很恼火，以为他"不乖"，无视了我们的"权威"。这种评判对孩子来说是非常不公平的。因为他确实没有"听到"，除了他正在关注的事情，其他的一切都被他屏蔽掉了。了解了孩子这个特点，再遇到类似情况时，如果不需要打扰他，我们最好三缄其口，给他一个专注做事情的机会。如果不得已需要打断他，那就走过去，搂着他的小肩膀，看着他的眼睛，温和地提醒他注意，而不是在一边喊，越喊声线越高，火气越大，直至爆发。而孩子对你如此激烈的反应会感到莫名其妙。长此以往，我们还会成为破坏孩子专注力的罪魁祸首。当孩子变得不专注时，我们旧愁未去新愁又起，实在是得不偿失。

舔着墙壁走，都是爸妈惹的祸

　　嘴是孩子探索外部世界的第一个器官。从出生那天起，无论他们的小嘴碰到什么物品，他们都会很自然地吸吮。等到再过几个月，他们的小手可以抓握东西了，就会伸手抓住能够到的所有东西往嘴里送。他们并不在乎这个东西能不能吃，味道好不好，只要他们的小嘴能接触到，就会很自然地去舔食、吸吮。通过这种方式，他们感受到了材质、软硬、粗糙与光滑、冷热、大小、厚薄等诸多的差异，尽管他们无法用语言去描述。

　　通过嘴探索外部世界，孩子可以获得很多奇妙的体验。并且，正是这些体验刺激了他们的大脑，使他们的大脑得以快速发育。从某种意义上来说，这是孩子心智飞速发展的一个契机，利用好了，有益无害。这也是孩子自主学习本能发挥作用的一种体现。

　　然而，因为不清楚孩子用嘴舔食一切的积极意义，更受不了他们什么都往嘴里塞的"坏毛病"，加上担心因此招致危险，我们会第一时间想到要遏制孩子的这种行为，甚至不惜在情急之下动用"武力"，在孩子的小手上拍几下，以便他谨记这个教训。等到孩子一两岁还在吃手的时候，我们会更加急迫地想要纠正他。终有一天，在我们软硬兼施的过程中，孩子记住了一条原则——手不可以放嘴里，并且他真的"管住"自己了。然而，如果我们能看透他们的心思，就会明白，虽然他们貌似暂时控制住自己了，但实际上，在他们内心深处，恨不能再生出一只隐形的手，随时将自己接触到的物体抓住，放到嘴里舔食一番。

强行地遏制自己的需求向来不是一件容易的事，成人如此，孩子更是如此。一旦逃离管束，他们那些被强行遏制的需求就会反弹。不仅如此，他们还会期待获得加倍的补偿。除非从心入手，让这种需求淡化，终致消失，才是解决问题的根本。

　　有个快三岁的小男孩，入园之后，终于摆脱了爸爸妈妈的束缚，他开始疯狂弥补曾经的缺失。每天一进幼儿园，眼瞅着爸爸妈妈一出大门，他就迫不及待地低下头来舔他能接触到的所有物件——桌子、椅子、玩具……甚至，当他靠墙行走的时候，他还会伸出舌头，沿着墙壁一路舔过去。如果爸爸妈妈看到他的这种行为，不知道得有多抓狂呢！

　　这不是这个年龄段的孩子该有的行为。很显然，这个孩子在补偿曾经的缺失。如果我们强硬地管制他，只会导致他的这个行为延续的时间更长，或者虽然暂时被遏制住了，但他一定会寻找新的方式继续弥补。于是，只要他是在舔安全的、干净的物品，我们就不管他。每当看到他舔食可能有危险的物件的时候，我们就提醒他放弃。

　　原来，在这个孩子几个月的时候，孩子的父母就曾经因为这个事情很是头痛。为了阻止孩子什么都塞嘴里，夫妻俩想尽了各种办法遏制他，甚至不惜打他的小手。终于有一天，他的这个行为被"遏制住"了。没想到到了幼儿园，他又故技重演，并且愈演愈烈了。

　　这对父母所不了解的是，每个孩子都有一个逮着物件就往嘴里塞的阶段，心理学称之为口欲期。处在口欲期的孩子会本能地吃手，将他接触到的一切物体往嘴里送，并嚼得津津有味。如果不管他们，他们舔食的需求得到满足，这种行为就会自然消失。相反，如果遏制他们，导致他们的需求没有被满足，他们就会在未来继续找机会弥补。如果没有能够弥补，就会导致"口欲期"固结，形成其他问题，比如一些口欲期的需求没被满足的孩子可能会有频繁咬人、啃指甲等行为。甚至，这种影响会延续到成年之后，形成所谓"口欲期"人格，如吃喝无度、说话刻薄等。跟这个孩子的爸爸妈妈沟通之后，他们放弃了简单粗暴的管教方式，小家伙被允许去舔一些安全的物品，持续了大约一个来月。终于有一天，他满足了，再也不舔食任何东西了。

对于处在口欲期的孩子，我们能做的是，把危险的物品收起来；没有危险的物品，在保证卫生的前提下，给他们探索的机会。当然，我们可以更积极地处理这个问题——给他们提供更多安全的舔食与咀嚼机会，比如，给他们提供一些蔬菜条、水果块、磨牙饼干等，让他们嚼个够，提供各种材质的咀嚼玩具供他们尝鲜，我们甚至可以利用各种安全的材质自制一些咀嚼棒，充分地满足他们这个阶段性的需求。

如此，孩子口欲期的需求得到满足，同时，对外部环境的认知也上了一个新台阶，这就两全其美了。

倘若孩子已经大了，过了这个阶段，并且已经出现了口欲期需求没被满足带来的问题，那又该如何补救呢？您可以试试以下的办法：

和孩子一起来一次科学探索实验：慢慢嚼食米饭，去感受在唾液淀粉酶的作用下，米饭一点点变甜的事实。比如，我们可以分 N 个级别来探索：嚼食 10 下、20 下、30 下……或者分得更细。记录并比对嚼食多少下开始出现甜味，嚼食多少下最甜，嚼食多少下甜味变淡。

我们可以换不同品种的大米做饭以便于引导孩子比对，随后，再换其他的食物，一一尝试。这个探索的过程将我们关注的重心放在了一心吃饭，一心品味食物的味道这件事上。当我们心无旁骛，能够好好地去吃一顿饭时，我们实际上就在进食时进入一种禅定的状态，如此，我们儿时缺失的咀嚼需求被满足，同时，我们的心也安定下来，与之相关的问题自然也就消隐了。不仅如此，若我们能好好吃饭，在吃饭时变得更专注，进而延展到其他方面，如好好品味生活，好好享受工作，好好享受与家人相处……我们的幸福指数就会提升，而烦恼自然也就烟消云散。

我家宝贝是"磨娘精"

很多孩子都有一个"磨娘"的阶段。他们的这个行为常常让我们很头大。有时候，我们忍无可忍，难免也会发脾气。实际上，孩子每一种"负面"行为的背后，都隐藏着积极的心理动因。他们的很多"负面"行为都像水面上突然出现的小旋涡，看似微不足道，底下却暗流汹涌，积蓄的都是成长的力量。如果能更多地了解孩子心理发展的特点，多探究他们行为背后的秘密，我们就可以换一个视角来看待孩子的行为，这样自然就少了焦虑与沉重。

通常，家里有一个"磨娘精"，我们的第一反应就是压制、改造。这样做的结果是，孩子的负面情绪不断堆积，堆积到一定程度时就会产生对抗。对抗一升级，我们控制不了局面，产生挫败情绪，只好进一步加大压制的力度，结果引发孩子新一轮更强烈的对抗，形成恶性循环。有时，对抗带来的后果可能让我们追悔莫及。想要打破这种恶性循环，就要找到孩子"磨娘"的原因，从消除诱因入手。归纳起来，孩子"磨娘"大致有以下几种原因：

● 在别处积攒了负面情绪，没有机会释放，转而在亲近的人，尤其是妈妈面前找机会发泄。

● 孩子的需求得不到满足，产生了愤怒或失落的情绪，以"磨娘"的形式发泄，引起爸爸妈妈关注。

◉ 经验告诉他们，只要持续"磨娘"，爸爸妈妈没有别的办法，为了息事宁人就会放弃原则，满足他们的需求。

◉ 安全感缺失，通过这种方式寻求心理支持。

◉ 没有得到足够的爱与关注，以此吸引关注。

◉ 自我意识爆棚，不愿意受控制。

⋯⋯

了解了孩子"磨娘"的原因，我们就可以具体问题具体分析，一一对应去解决问题了。

当然，孩子出现这样的行为，并非都不是好事。实际上，从某种意义上来说，孩子的这种行为也有其积极意义。只有当孩子心智发育到一定阶段，他们才明白，"磨娘"是处理负面情绪更有效的方式，不仅可以吸引关注，还可以创造机会把压力释放出去。从这个角度看，"磨娘"，也是孩子试图以更有效的方式处理负面情绪，向爸爸妈妈寻求帮助的一种有益尝试。如果我们能够耐心地倾听他们，允许他们发脾气，允许他们大哭，平静而温和地面对他们，就会发现，与我们严厉的"管教"相比，采用这种方式他们会更容易平静下来，也更容易得到安抚，从而学到更好的处理情绪的方法。

当然，倾听孩子，允许他们发脾气（以不伤害他自己和他人、不破坏环境为前提；若脱离这个前提，我们还是需要坚定地制止，防止出现意想不到的问题）。允许孩子大哭，保持平静温和的态度，不等于我们要放弃原则。相反，该坚持的原则，我们还是要温和地坚持。有的爸爸妈妈可能会怀疑，如果在孩子"表现不好"的时候，去倾听他们，允许他们发脾气，允许他们大哭，会不会助长这种"坏脾气"呢？当然不会。情绪被接纳的孩子，他们能更多地感受到爱与安全感，也能更快地平静下来。除非我们的接纳并非发自内心，在貌似"接纳"的同时，内心压抑了很多负面情绪，在隐忍中随时可能爆发。那么，孩子就可能敏锐地察觉到我们缺乏诚意，他们的闹腾才有可能升级。这种方式管不管用，关键取决于我们的接纳是否足够真诚。

孩子"磨娘"的典型特点——通常只针对妈妈，所以称之为"磨娘"。如果孩子更亲近的人不是妈妈，这个更亲近的人就会替代妈妈，接受孩子的这种过分依赖。对不太亲近的人，他们一般不会采用这种方式。这也是孩子心智发育再上一个台阶的表现。他们很清楚界限，知道在哪些人面前可以更"放肆"，在哪些人面前不可以；也很清楚谁有什么样的尺度，因此，"磨娘"的时候，他们会把握一个相应的尺度，适可而止。即便他们偶尔会试探妈妈的底线，但那仅仅是试探。试探过了，他们还会将自己的行为限定在对方可接受的范围之内。

最亲近的人，一定是让孩子可以无所顾忌的那个人。如果这个人能无条件地给予孩子支持，就可以给孩子更多的正能量，有助于孩子健康地成长。

下面的事例，可能不少爸爸妈妈都遇见过：

炜炜的玩具被一个小哥哥抢走了，他很生气。炜炜不去追回自己的玩具，相反，他立刻冲向妈妈，举起小拳头，一边哭，一边使劲地捶向妈妈。因为愤怒，炜炜的小身子绷得紧紧的。

妈妈温和地将炜炜搂进怀里，开始跟他共情："你的玩具被抢走了，你很生气。"

听到妈妈这句话，炜炜的小拳头放了下来，因愤怒而变得僵硬的小身子也放松了。他委屈地靠在妈妈怀里，大声地哭了起来。

妈妈紧紧地搂着炜炜，一只手轻轻地抚摸着他的后背。过了一会儿，炜炜的哭声逐渐平息。他在妈妈的怀里趴了一会儿，随即抬起小脑袋，看着对面的沙池，开心地笑了："妈妈，我想玩沙子。"

炜炜很清楚，抢他玩具的孩子比他强壮得多，他对抗不了，他的负面情绪无处释放，于是，向妈妈发泄情绪就成了最安全的方式。妈妈全然接纳了他的情绪，没有因为他打人而勃然大怒，炜炜才能更快地平静下来。相反，如果炜炜的小拳头捶向妈妈，妈妈的第一反应是："这还了得，连老妈你都敢打？可不能惯他这毛病！"随后，妈妈再严厉训斥他一番，结果可想而知——炜炜压抑了自己的愤怒情绪，也吸纳了妈妈的愤怒情绪，这些负面情绪就像压缩空气一样将他小小的心灵胀得鼓鼓的，无法发泄出来，可想而知，炜炜是多么无助！当然，打妈妈不是一种恰当的方式，但是，对于这么小的孩子来说，他这样的反应也算是正常的。我们无须当时去跟他对抗，可以事后跟他聊聊，让他明白，若下次再有情绪，可以哭，可以到妈妈这里寻求安慰，还可以有其他的一些方式（这些在后续的章节会详细讨论），但是打妈妈，妈妈会痛。孩子的心比我们想象的要柔软，不要担心他听不懂。只要我们用心去跟孩子交流，孩子什么都明白。当他明白自己的这种行为会带给妈妈什么样的感受时，他就会学会控制，因为每个孩子都是那么爱妈妈，胜过爱他自己。即便那些经常挨打的孩子，他们对妈妈的爱也不会有丝毫的动摇。

不仅小孩子会这样做，大孩子甚至不能很好地处理情绪的成人也有这样的倾向。当我们负面情绪爆表，又找不到更好的发泄方式与发泄对象时，我们可能也选择向自己最亲近的人发泄。这就是很多人在外受气，回到家莫名发脾气的主要原因。这当然不是一种好方式。因此，给孩子机会，让他们学习更好的释放情绪的方法，是一项重要的工作。

至于那些为了表达自我意识而"磨娘"的孩子，当他们不愿意听从我们的时候，那不过是他们尝试自我控制的一种需求。只要我们温和地坚持，在他们认为合适的时机，就会放弃试探，欣然接受我们的意见。阿宝就是这样来表达自己的需求的：

妈妈要阿宝去洗澡。阿宝坚定地回答"不"。

妈妈坚持。于是，阿宝开始"找茬儿"："我不喜欢我的洗发液。"

妈妈："是吗？那我们用香皂吧！"

阿宝："我也不喜欢我的香皂。"

妈妈："那我们也不用香皂，就用清水吧。"

阿宝："也不用清水。"

妈妈："那就用空气吧！"

阿宝："也不用空气！"

妈妈："那就用哈气吧！"

然后，妈妈对着阿宝哈气，并伸出双手，做出要胳肢他的样子。阿宝躲闪着，嬉笑着，全然忘了刚才的对抗。

　

阿宝通常只跟妈妈这样。妈妈不在家的时候，在其他家人面前，他就表现得"配合"多了。正如上述的场景描述的那样，他找了许多理由来逃避洗澡，似乎是故意在找茬儿。如果妈妈强硬地对待阿宝，阿宝从妈妈这里就学习到了对抗的模式。那么，在未来，他就会持续地使用这种对抗的模式。好在妈妈自始至终都不带情绪地与他交流，既不否定他，又始终都在坚持洗澡的要求。于是，阿宝从妈妈的态度里感觉到了尊重与坚持，来来回回几轮之后，可以明显地看出，阿宝将抗拒转化成了游戏。见时机已成熟，妈妈建议阿宝带着小海豚一起去洗澡。对抗够了的阿宝欣然从命。当然，洗澡的时候，他仍然用了洗发液、香皂，并没有任何的抗拒，相反，他对洗发液和香皂生出的泡泡倾注了足够的热情。这就是孩子，他抗拒的不是洗澡这件事，他只不过想以自己的方式向我们传递一个信息：我要自己做决定，不想被他人控制。大多数的情况下，只要我们多一点耐心，多花一两分钟等待孩子，他们就不会跟我们对抗了。

有的时候，我们舍不得花那一两分钟耐心地面对孩子，因为我们无法容忍孩子如此"磨磨蹭蹭""有令不行，有禁不止"，但是，事后我们可能需要花费更长的时间，比如二十分钟、半小时，甚至一个小时来处理升级后的负面情绪。很显然，这是得不偿失的。

多点耐心，多点尊重，孩子便能从我们这里获得更多心灵的养分。这是很好的一项投资，值得我们倾注更多的时间与精力来经营。经营好了，实际上，我们反而更轻松，更自在，也更喜乐。

难以割舍的"糟心物"

　　不管去哪里，琳琳总是抱着一个大枕头。这个枕头几乎跟她一般高，上齐额头，下顶脚背，要是她没抱好，不是碍着视线，就是不小心把自己绊倒，磕了头，摔了跤，也是常有的事。为了让她放下这个大枕头，妈妈软硬兼施，想尽了办法，不过终究拗不过小家伙。

　　这个大枕头对琳琳来说有着非凡的意义，我们称之为"安慰物"。很多两三岁的孩子都会有个特别喜爱的物件，通常是毛绒或布艺玩具、小毛毯、小手绢等。有的孩子甚至会跟这个安慰物煞有介事地聊天，仿佛那是他们的一个亲密伙伴。孩子的安慰物一般都有个共同的特点：柔软、温暖。这种柔软、温暖的物品能带给孩子安全感，给他们以心灵上的支持与安慰。因此，安慰物是帮助孩子走向独立的过渡物，甚至可以部分地替代妈妈的"功能"。当妈妈不在身边的时候，若有个安慰物在手，孩子的内心会安定许多。尤其进入陌生环境，与陌生人相处时，这个安慰物对孩子来说更是至关重要。

　　随着孩子年龄的增长，他们内在的安全感建立得越来越好，内心越来越强大，自然会逐渐摆脱对安慰物的依赖，勇敢地走向外面的世界。孩子依赖安慰物只是个阶段性的问题，父母一般不用管，耐心地等待这个阶段过去就好了。

　　大多数孩子对安慰物的依赖程度不会太高，玩得高兴了，或者有自己最亲近的人陪在身边时，他们常常会忘了安慰物。也有个别的孩子对安慰物的依赖程度比较高，延续的时间也比较长，甚至上了小学都舍不得割舍。这与家庭关系好坏，以及家庭成员对待孩子安慰物的态度有关。通常，成长在家庭关系良好、夫妻恩爱、爸爸妈妈给予孩子足够关注与爱的家庭，孩子对安慰物的依赖程度较低，有的孩子甚至根本不需要安慰物。相反，处在家庭关系混乱、冲突频繁、孩子被关注度比较低的家庭，因为无法从爸爸妈妈身上获得足够的心理能量，孩子的安全感建立不起来，他们对安慰物的依赖程度会比较高。如果我们无法接受孩子的安慰物，总急着逼迫孩子摆脱它，也会导致孩子内心更加恐慌，强化孩子对安慰物的依赖。

当然，即便家庭关系很好，孩子也可能需要一个安慰物，在离开爸爸妈妈的时候，通过这个安慰物替代爸爸妈妈，给他们心理支持。这是他们走向独立的一种尝试。既然孩子有这样的特点，我们可以在孩子进入某些特定环境时，主动为他们寻觅一个安慰物。比如，在孩子即将上幼儿园的时候，如果幼儿园允许，可以考虑给孩子带一个安慰物，借助这个安慰物帮助他们更快地适应幼儿园生活。当然，每个幼儿园的要求不一样，有些幼儿园不允许孩子带这些东西，我们可以用别的东西替代，比如给他们画一幅画，写一句话，揣进他们的小兜里，也能起到同样的作用。

有个小女孩刚上幼儿园的时候，分离焦虑严重。虽然我建议家长给她带安慰物，但他们没有重视，也就不曾付诸实践。有一天，我灵机一动，将她的毛线帽递给她："想妈妈的时候，就抱抱你的小帽子吧！"她立刻接过小帽子，抱在怀里。我问她："有小帽子代替妈妈陪你，肯定好多了，对不对？"小女孩点点头。从那以后，她每天都会抱着她的小帽子。玩得开心的时候，她会随手把帽子扔在哪个角落；情绪一来，心理能量匮乏，她就会到处寻找她的小帽子。随着她逐渐适应幼儿园的生活，她对帽子的依赖程度越来越低。直到有一天，她不再需要她的小帽子了。

如果我们坦然地面对孩子这种阶段性的需求，无论我们，还是孩子，都会更加轻松。

当然，个别孩子对安慰物会有一些特定的需求，也会让爸爸妈妈们深感困扰。比如，有的孩子的安慰物又破又旧又脏，但是如果父母悄悄拿去洗干净了，因为闻不到那熟悉的味道，他们也会反应很强烈，让人手足无措。就算我们买一个一模一样的安慰物交到他们手里，也骗不过鬼精灵的小家伙。还有的孩子总是用嘴吮吸那又破又脏的安慰物，越是制止他，他越是紧张，越是难以割舍。孩子的这些行为常常让我们很抓狂。

养育孩子，永远都是一件需要不断权衡利弊的事情。孩子的安慰物虽然脏了，但是若不至于对孩子的健康构成危害，那就两害相权取其轻，随他们去吧。当然，如果爸爸妈妈实在不放心，可以用紫外灯或者消毒柜给它消消毒，或者放阳光下多晒晒，降低风险，又或者利用孩子"泛灵性"（著名心理学家皮亚杰认为，幼儿期的孩子，尤其是三四岁左右的孩子，普遍存在一种独特的心理现象——泛灵心性，是指这个时期的孩子，会把所有事物都视为有生命、有感情的）的特点，从安慰物的角度提出要求，比如："小熊说它想洗个澡了，因为它觉得自己太脏了。我们一起来给它洗个澡吧！"如果是小熊自己提出来的要求，孩子就比较容易接受了。并且，给小熊洗澡的过程，最好让孩子一同参与。这个参与的过程是为了让他确认，那个被洗干净的小熊依旧是原来的小熊，免得孩子误以为被换了而不愿意接受。

让安慰物去旅行也是个不错的办法。安慰物当然也可以有"爸爸妈妈"，有好朋友，它的"爸爸妈妈"也可以带它和它的好朋友一起出去旅行。那么，我们可以选择一个"良辰吉日"，趁孩子情绪不错的时候，悄悄地告诉他："昨天晚上你睡着后，你猜猜你的小熊跟我说什么了？它说它的爸爸妈妈要带它出去旅行了哦！所以，从明天开始，它不能陪你了。要等它旅行回来，才能继续陪你哦！它还说要给你带礼物回来呢！你猜猜它会给你带什么礼物呢？我可猜不出。我觉得，我们也应该送它一个礼物，让它带着去旅行！你想送它什么呢？"跟孩子一起准备礼物，"送给"小熊，郑重地跟小熊告个别，然后让它"旅行"个十天半月的，孩子自然也就忘了这事。这种富有仪式感的活动可以更有效地帮助孩子。

在小熊"旅行"期间，孩子也可能提起他的安慰物，此时，我们不妨顺势来一趟想象之旅：估计它这会儿已经上了飞机，飞到了……然后，他还需要乘坐大客轮，渡过太平洋，到达……再坐高铁……脚踩风火轮……于是，这趟想象之旅就可以漫无边际，绕着地球跑，甚至飞离太阳系、银河系，朝着更高远的空间进发。

除了在空间与时间两个维度延伸，还可以在交通工具、文化背景、风土人情、地理环境等诸多的方向延伸。

跟小熊联系的方式也可以多种多样，可以写信，也可以打电话、发微信，还可以有最不可思议的联系方式，比如心灵感应……总之，这是一趟想象之旅，我们可以无限地扩展。

……

当我们充满爱意地搂着孩子，以这样的方式去畅想时，亲子之间就无须对抗了，这个问题也就轻易地解决了！并且，在我们以如此的方式解决问题时，孩子的想象力、创造力、语言能力、情绪控制力等诸多能力也在无形中得到提高，还顺带增进了我们的亲子关系，带给孩子更多的满足感。于是，这个令我们困扰的事件便转化成了一个难得的教育契机。

只要我们明白，孩子在意的并非安慰物本身，而是他们对这个安慰物的感受，那么当我们能够站在孩子的立场来处理问题，理解他们的感受，帮助他们表达感受，并以恰当的方式释放这种感受带给他们的困扰时，问题自然就解决了。处理孩子的问题，重在入心。对小孩子如此，对大孩子亦如此。明白了这个理，我们与孩子的关系就会神奇地向好的方向转化。

"一根筋"的宝贝为何不转弯

很多爸爸妈妈都有被孩子的"一根筋"折磨得抓狂的时候。孩子小的时候，打也不是，骂也不是，讲道理他又听不进去。在他们刺耳的哭闹声中，父母常常没了主张；孩子大了，他们越来越有主见，对抗的能量越来越强，父母也越来越失去对他们的控制。小也好，大也罢，孩子"一根筋"都是一件让我们伤脑筋的事情。那么，面对"一根筋"的孩子，我们又该怎么办呢？

在孩子小的时候，当他们"一根筋"时，我们如何对待他们，他们成长之后的行为就会有什么样的趋向，因为孩子的行为走向与我们处理问题的方式常常是密切关联的。

记得有段时间，琛琛痴迷米老鼠。有一次，我特意给他买了一双带有米老鼠图案的新鞋。小家伙欢天喜地地穿上新鞋，到处翘着小脚丫给人看。不过，小家伙高兴了没几分钟，就陷入了情绪的谷底。因为一不小心，他的鞋帮上沾了一点儿脏东西。没想到，在我看来芝麻绿豆大的小事竟然引发了一场无法收拾的风波。我拍拍打打，用纸巾擦拭，想了各种办法，却怎么也清理不干净那双鞋。小家伙被惹恼了，哭闹不休。那情形，仿佛他的天在瞬间坍塌了下来。无论我如何安抚他，给他讲道理，他都听而不闻。琛琛降生后，这是我第一次体验到了无能为力的感觉——既无法除去鞋子上的脏点，又说服不了他接受事实。

随着我对儿童心理学有了更多的了解，我才明白，原来孩子成长的过程中会有各种所谓的"敏感期"。因为不了解他们在这些特殊的阶段会有特殊的表现,我们常常会被他们的"不讲道理""对抗"等行为所蒙蔽,以致看不透孩子内心真正的需求,并想当然地给孩子扣上"不乖"的帽子,甚至还可能因忍无可忍而"修理"孩子。

琛琛当年的这个反应,正是完美敏感期的典型体现。在他的认知里,新鞋就应该是干干净净的,容不得它沾上一丁点儿泥土。处在完美敏感期的孩子凡事要求完美,但凡有一点不如意就反应强烈。比如,你给他一根香蕉,因为担心他吃不下,好心掰下一截,他会伤心至极,仿佛他的世界就此坍塌。他不是为了争另外那半根香蕉,只是忍受不了一根完整的香蕉被你掰断这个不完美的事实。你给他一块饼干,不巧这块饼干缺了一个角,在我们成人看来这是不值一提的小事,但却可能引发他强烈的反应。同样的,他不是为了那缺失的一角伤心,而是为这块饼干不再完美而难过。解决的办法是给他换一根完整的香蕉或者一块完整的饼干。如果没有完整的香蕉或饼干了,那就只好陪在他身边,跟他共情,然后搂着他,平静地等待他平息下来。

令人头痛的另一个敏感期是秩序敏感期。处在秩序敏感期的孩子凡事讲究秩序——物品要放在固定的位置;谁的物品就是谁的物品,其他人不可以动;做任何事情都要按照某个固定的程序进行,其中任何一个环节出现差错,或者稍微有些不同,秩序颠倒,都会让他们难以接受,继而反应激烈。比如给他们洗澡,一定得是他们认可的顺序:头、脖子、前胸、后背……倘若某一天这个顺序改变,变成了头、脖子、后背、前胸……他们就会不能接受。只有当一切都处在固有的秩序中时,他们的内心才会得到安宁,否则,就会产生严重的恐慌感。

敏感期的概念由蒙台梭利提出。按照蒙台梭利的说法,孩子成长的过程中有各种敏感期,每个敏感期出现的年龄、持续的时间也都不太一样。有的孩子敏感期不敏感,也有的孩子敏感期过度敏感。总之,个体差异很大。

我个人认为，敏感期只是为了解释孩子的某些行为而创立的一个概念，我们不必过分在意这个概念，更不必像背诵历史年表似的牢记这些概念以及各个敏感期出现的时间点。这些不是重点。重点在于我们遇到问题时怎样才能做出正确的回应，恰当地处理孩子成长过程中的各种问题，这是一个育儿智慧显现的过程。它没有什么神奇的地方，这种智慧人人具备，与生俱来。让这种智慧显现的前提是，我们先要入孩子之心。入得了孩子之心，育儿的智慧就会自然化生。如此，就没有解决不了的育儿难题。

就拿这个所谓的秩序敏感期来说，既然孩子喜欢一切如旧，那么，以下的尝试就会是比较好的选择：

◎ 如果可以重新来一次，那么，请满足他们。一旦重新来过，他们的心便安定下来。一切都会更快地平息。

◎ 如果无法重新来过，那么，请跟孩子简单共情，然后以孩子能够接受的方式（如紧紧地抱着他，轻拍他后背；如果孩子不让抱，就在旁边安静地等待）守候他们，平静地等待他们释放情绪，然后安定下来。

◎ 倘若是原则性的问题，那就如同前文所述，坚持"三个到底"的原则，既让孩子明白我们会坚持原则，又不至于让他们受到伤害。

需要注意的是，无论我们如何处理孩子的问题，都要坚守一个原则——让我们自己的心先安定下来。我们的心安定，孩子的心才会跟着安定。当亲子双方内心都安定时，自在地转化才有可能。

处在秩序敏感期的孩子喜欢一切如旧，那么，一切变化都可能带给他们困扰。比如，很多孩子在换了居住环境或者保姆与抚养人之后，往往变得很难带，原因就在于此。既然了解到这样一个原因，那么，在更换居住环境，或者新旧保姆与主要抚养人交替时，最好给孩子一个过渡的时间。比如，我们可以先带孩子事先去熟悉新的居住环境，跟新上任的保姆或抚养人多接触，提供双方共处的时间，并向后任详细说明孩子的生活习惯，有哪些特殊要求，等等。有了这样一个交接的过程，就可以避免我们在处理某些问题时触碰到孩子的秩序敏感点，引发不必要的冲突。新旧交替也会过渡得更自然更顺利。

养育孩子的过程是一个自我修为的过程，最需要的就是淡定的心境。这种心境能帮我们接受孩子的种种"不乖"，还能传递给他们更多正能量，让他们内心变得更强大，遇事能更快地平静下来。将来长大成人后，面对这个纷繁的世界，他们才能承受更多的不如意。

孩子的完美敏感期、秩序敏感期虽然让我们头痛，但都是阶段性的，所以我们不必为此担忧。相反，利用孩子的这两个敏感期，我们还可以为他们的成长提供助益。首先，追求完美，讲究秩序，这二者都是好事。没有乔布斯追求完美的那股偏执劲头，苹果公司走不到今天。人一旦缺乏秩序感，就会条理不清晰，过于自由散漫。因此，当孩子处于这两个敏感期的时候，我们尽量不要跟孩子发生冲突。相反，还可以利用这个契机，帮助他养成良好的习惯：

◎ 让家里的物品尽量保持在相对固定的位置，以保证孩子在有序的空间里能快速地找到他们想要的东西，让他们看到一切都处在一种"正常"状态。利用孩子的完美和秩序敏感期，我们可以顺势引导他们学习将自己的物品、玩具等放在固定的地方，摆放整齐并自行保管，帮助他们养成良好的收纳习惯。

◎ 保持规律的作息时间。比如让孩子坐在固定的位置吃饭；在固定的时间睡觉，睡前有一套他们习惯的固定的程序——玩一个喜欢的安静一点的游戏，看会儿书，然后洗漱、上床、关灯，听妈妈讲睡前故事，就寝……这样有助于孩子养成规律的生活习惯。孩子的内心越安宁，我们的育儿生活就越轻松、自在。

◎每天安排一些固定的活动，如阅读。可以是亲子共读，也可以是各自阅读，视各家的具体情况而定，以亲子双方都觉得舒适的方式进行。儿时养成的习惯常常陪伴孩子终生，所以，在这个阶段，慎重地选择对孩子终生有益的生活方式，是值得我们认真考虑的一件事。

◎利用孩子追求完美的特点，让他们尝试把事情做得更好，并将重心放在享受这个做得更好的过程中。如此，我们就能引导孩子既对自己高标准严要求，又不至于偏执地认定某个完美的目标，懂得必要时也要学会转弯。

当然，很多时候，我们可能不太确定孩子究竟处在什么样的阶段，也不清楚究竟该如何面对孩子的某些行为。那么，当我们实在难以确定的时候，有一个绝招，那就是——不管孩子出现什么样的状况（疾病除外），我们都可以先预设它是正常的、阶段性的、很快就会过去的。若能这样想，我们就会比较淡定。当我们淡定下来，很多看似棘手的问题就可能被我们轻松地转化了。而孩子，也终将受我们的影响，内心得到安抚，并从中学习更灵活的思维模式与处理问题的技巧。

养育孩子，最怕的是我们会不由自主地复制上一辈的养育模式。因此，若我们自己在年幼的时候没有被尊重，而是被以简单粗暴的方式养育，我们就很容易以同样的模式去养育自己的孩子。如果我们能更早地做准备，从准备要孩子，或者孩子刚刚出生就有意识地梳理我们的童年，回想哪些事件曾经带给我们美好的回忆，哪些事件又曾经带给我们不愉悦的心理体验，我们曾经期待父母如何对待我们，又曾经羡慕小伙伴被如何对待，等等。这些都是很好的养分，它可以帮助我们去体认，究竟什么样的方式才是对孩子最好的方式。通过梳理、观想，我们就能改变自身，最终切入孩子的心，开启育儿大智慧，让我们在育儿的路上走得更轻松自在。当然，如果我们起步有些晚，那也不要沮丧，只要我们已经起步，便会有转机。

脏话狠话，恼人的"诅咒敏感期"

　　某日，几个小男孩在一起斗狠。小男孩甲说："我要踢你！"小男孩乙说："我要咬你。"小男孩丙说："我要把你扔到房顶上去。"

　　……

　　各种狠话源源不断地从孩子们嘴里飘出来，听了让人心惊肉跳。孩子们凑到一起，一旦有人无意间提到一句话，立刻就可能引发其他孩子的连锁反应。当然，把矛头指向爸爸妈妈或者其他家庭成员的情况就更多见了。越是对自己亲近的人，他们越是乐于用这些语言去攻击，以观察对方的反应。并且，越是恶毒的、难听的话，他们似乎越感兴趣。这就是所谓的"诅咒敏感期"。

　　"诅咒敏感期"一般出现在孩子三岁左右，与孩子"语言敏感期"紧密相关，可以算是"语言敏感期"的一种阶段性的特殊表现。处在"语言敏感期"的孩子吸收并运用语言的热情高涨，对脏话、狠话常常情有独钟。原因就在于这些语言不常听说，有新鲜感，并且能引发听者更强烈的反应，看起来更有威力，效果更加明显。然而进入"诅咒敏感期"的这段时间，恰是孩子吸收语言的最佳时期。利用好了，孩子的语言理解与表达能力就会获得突飞猛进的发展。

　　最初，孩子说脏话狠话仅仅出于好奇，所以我们经常可以看到，孩子说狠话脏话的时候，往往是笑眯眯的，完全把它当成一种游戏在玩，没有丝毫恶意。只有当我们处理这个问题的方式欠妥当时，孩子才意识到，原来这些语言具有强大的杀伤力。在他们意识到这一点之后，才会有意识地拿它当武器使用。

孩子们的脏话狠话轮番轰炸时，我们往往不知如何招架。大多数爸爸妈妈都会给孩子讲道理，告诉他们这些话如何不好，不能说。当劝说无效时，我们可能就会通过呵斥甚至体罚来阻止孩子，但是这样处理的效果往往不好。孩子天生都是小小外交家，他们很清楚我们的界限。因此，倘若我们的呵斥与体罚是象征性的，他们会觉得爸爸妈妈的这种反应很有趣，于是，与爸爸妈妈通过这种方式互动成了一种他们热衷的游戏，结果反而导致他们更多地通过这种方式来吸引我们的关注。倘若我们是认真的，他们也感知到我们的底线不可以触碰，但是他们并不清楚自己究竟错在哪里，会很困惑。或者虽然暂时放弃了说某些词，但好奇心并没有获得满足，还会在其他人面前，或者在其他场合继续试探，获得他们期待的反应。因此，这样的方式并不能从根本上避免孩子的这种行为，要么让孩子觉得这是一个刺激爸爸妈妈的有力武器，要么让他们有"我不好"的感觉，但又不清楚如何才是"好"，对改善孩子的行为无法产生实质性的帮助。

倘若家里个别成人也有说脏话狠话的习惯，孩子的这种行为就更难改变了。即便家里有人管，他们在家迫于压力不敢说，到了外面，这种压力消除了，就会补偿性地满足这种尝试的欲望。

如果我们明白，说脏话狠话仅仅是孩子一个阶段性的行为，就无须大惊小怪，平和淡定地面对就好了。如果我们完全不把它当回事儿，冷静地面对孩子的这种行为，又能善加引导，他们觉得说着无趣，一段时间后自然就不说了。

一天，我走进中班。一个小女孩看到我，跟我玩一会儿后突然来了一句："我要杀死你。"尽管我清楚孩子会有这么一个说脏话狠话的阶段，并且，从孩子那澄澈的眼神里可以看出她说这话时并没有恶意，但是，听到这句话，我还是有些吃惊。那么可爱的一个小女孩，嘴里怎么会冒出这么一句话呢？在这样一个资讯发达的时代，无论好的还是坏的信息，孩子都有更多的机会接收，因此，我们不得不警惕。

"是吗？我要是被杀死了，你可就再也见不到我了。"我回答她。

"那你去哪儿了？"

"我就变没了。而且，我的妈妈肯定会很伤心，因为她再也见不到她的孩子了。当然，我也没法跟你玩了。而且，你说这样的话会让我感觉很难过，我更喜欢那些友善的行为。比如，你可以抱抱我，亲亲我，跟我一起玩积木……"

……

就这样，我并没有给她讲太多的道理，只是很自然地给她呈现后果，并表达了我的期望。聊了几句，她很快被别的事情吸引了注意力，也就把要杀我的念头给忘了。过了几天，孩子再也不曾提起这个话题。当然，这个孩子并没有因此就变得更暴力。某一天，再见到我的时候，她没再说杀我，而是扑进我怀里，搂着我说："林老师，我好想你呀！"当然，我会给她一个热烈的拥抱，并且告诉她，我也很想她。

正如上面的案例呈现的那样，"诅咒敏感期"是阶段性的，不会永远延续。通常，如果我们能以恰当的方式处理，在试探过语言的威力之后，孩子自然会明白，那些友好的、充满爱意的语言更令人感动，更能带给人温暖的感觉，引发对方热烈的反应，他们自然就会尝试以更好的方式来与人互动了。

当孩子说脏话的时候，我们一样可以淡定地面对。

朋友家孩子四岁的时候，最喜欢用"屁""臭"等词。朋友总是呵斥他，结果他总也改不了。有一天，小家伙来我家。妈妈提醒他叫阿姨，他立刻来了一声"屁阿姨"。朋友很尴尬，正要呵斥他，我转头面向孩子："你知道 pi 有几种写法吗？"

孩子以异样的眼神看着我。看得出来，他很诧异，完全没想到我是这样的反应。我找来纸笔，开始搜罗那些发音为"pi"的字母和汉字——P、屁、劈、辟、癖、僻……然后就这些词延伸开来，融入与其相关的知识点，跟他一起讨论。很快，他的注意力被转移，我们就这个发音拓展出很多有意思的游戏。过了些日子，朋友打电话告诉我，回家之后，每当孩子说脏话，她就如法炮制，并拓展出更多相关的游戏——比如，孩子说屁的时候，她就将"劈"的动作演示给孩子看，或者通过画画，告诉他"僻"的含义……结果，孩子发现与说脏话相比，还有更多更有意思的事情可以做，他说脏话的行为自然就消失了。这样的方式比呵斥孩子、责罚孩子有意义得多。

当然，淡定地面对处在"诅咒敏感期"的孩子，并不等于可以带着赏识的表情看待他们的这种行为，或者以欣赏的语调与他们谈论这些话题。这是截然不同的两个概念，不可混淆，否则就会适得其反了。

如果孩子在清楚界限的前提下依然说脏话狠话，那就说明他们在突破规则，挑战我们的底线。此时，我们还是要告诉他们这些话有多不受人欢迎，以及会带来什么样的后果，并告诉他们哪些行为更受人欢迎，同时让他们感受到这个行为带来的自然后果。比如，我们可以明确地告诉他们："听到这样的话，我感觉很不舒服。如果你再说，我只好不跟你玩了。"这就是让孩子感受到被冷落的后果。当然，不同的情况需要采取不同的方式去处理。总的原则是，不要让孩子因为这个不被接受的行为受到更多的关注，或者达到他们期待的目的。当孩子有更值得赏识的行为时，给予他们鼓励与关注，以此强化他们那些更值得赏识的行为。并且，给孩子讲这些道理时，点到就好，无须反复强调，也不要反应过激。否则，这些方式都相当于给予他们另类的关注，一样会对孩子的不良行为起到强化作用。

孩子打人和被打那些头疼事

孩子打人、被打总是令父母头疼的事情。

若孩子经常打人，父母每次接到投诉都尴尬不已，恨不得被打伤的是自家孩子。

若孩子经常挨打，父母恨不得握着孩子的小手打回去，一次把对方打怕了，免得再受这种窝囊气。

不过，我们更常看到的情形是，我们这边还在纠结呢，孩子们泪痕未干就又滚成一堆，玩得热火朝天了。

事实上，对年龄小的孩子来说，打人是有着另一番意义的。如果我们去问那些打人的孩子："你最喜欢的小朋友是谁呀？"他往往回答："×××。"而这个×××恰好就是经常挨他打的孩子。有句俗语叫："打是亲，骂是爱。"用在小孩子身上，那是再贴切不过了。

如果我们回顾一下孩子的成长经历就会发现，在他们几个月大的时候，只要见到自己喜爱的玩具，他们的第一反应一定是用手去拍打，或者抓起来扔，扔了捡，捡了扔……这是他们探索世界的一种方式。他们最初与小伙伴交往的方式，与对待玩具的方式异曲同工，拍打、抓都源于爱。出现攻击行为的孩子，说明他们的社会交往能力上了一个新的台阶，从这个意义上来说，这是一件好事。

当然，除了爱，他们这种行为引发的不同反应还是激发他们探索热情的动力之一。每当他们抓或者打了小伙伴之后，小伙伴会哭，会大声喊叫，会打回来，旁边的大人还会有一些跟平常不一样的反应……所有这一切都与他们的行为相关，他们乐得继续去探索，一再检验这种因果关系。对低龄的孩子来说，这是很常见的一种行为。如果家长引导得当，孩子就会习得更恰当的方式；如果家长引导无方，就会强化孩子的这种行为。

让我们来看一个真实的场景：

一天，两个小男孩在斗狠。

航航对毛毛说："我要把你扔到窗户外。"

毛毛一边比画着扔的手势，一边说："我要把萌萌扔到房顶上去。"

航航接着说："我要把你拍成肉饼。"

毛毛说："我要把萌萌拍成肉饼。"

……

当问毛毛为什么要把萌萌扔到房顶上，把萌萌拍成肉饼时，毛毛开心地回答："因为我喜欢她呀！"

要把毛毛扔到窗外并拍成肉饼的是航航，毛毛却要扔和拍没招他没惹他的小姑娘萌萌，这不是很奇怪吗？如果不入孩子的心，我们就永远理解不了他们的这种奇怪的逻辑，甚至有时会误会了孩子的好意，或强化了孩子的攻击行为。

对于语言能力和理解能力都还欠缺的孩子，我们不能以成人的观念来衡量孩子的行为，不负责任地给他们贴上负面标签。当孩子出现攻击行为时，我们最需要做的不是批评他们或说教，而是及时控制住孩子伸出去的小手，从正面引导他："如果你喜欢小艾，那就抱抱他／亲亲他／跟他握握手／拿玩具和他一起玩／和他手拉手……"只有这样，孩子才明白他们可以用什么样的方式跟对方交流。可惜大多数时候，我们遇到这样的情景，第一反应就是严肃地呵斥孩子："不许打人！"这一个标签贴上去，孩子明白了打人的概念，并且，他们一出手打人，我们就显得很紧张，那表情以及夸张的动作可是平时看不到的，对孩子来说，这是多有趣多稀罕的事情呀！经验就会告诉他们，这是吸引我们关注、引发我们那种特殊反应的好方式。于是，不断去尝试就成了孩子的一大乐趣。当然，事后他们会发现，我们竟然为这个事情真的生气了，又是打手，又是虎着脸凶他，他们就更困惑了：既然大人可以打我，那我打别人一定也是对的。虽然他们打我的时候并不舒服，可是我打别人的时候并没觉得不舒服呀！既然如此，那就继续吧！而不断强化"不要打人"这一概念则无异于在持续地诱惑孩子继续打人（后续的章节会阐述其中的道理）。

于是，这样一来，孩子的行为不但没有被遏制，相反，还被强化了。因此，面对孩子的攻击行为，我们要改变与其互动的模式。比如，如果我们很清楚自己的孩子已经有了这样的行为习惯，遇到小朋友时，我们就可以提前暗示："小艾来了，你们俩握握手，手拉手去滑滑梯吧！"孩子是很容易被暗示的，如果在他们还没动手前，我们就根据当时的情景，以合适的语言去暗示，他们的潜意识就经由我们的暗示获得另外一个指令，进而支配自己的行为。当然，如果我们时不时惊喜地赞美："哟，我们家宝宝学会跟人握手了！"这种惊喜的表述又会进一步强化孩子这些更符合社会交往规范的行为模式。

有的时候，孩子可能厌倦了所有上述这些模式，那么，我们也可以临时发起一些游戏，比如突然启动机器人模式与对方打招呼，甚或是一些无厘头的小游戏等。这都可以有效地防范孩子启动打人模式。当孩子们走到一起，有更多表示友好的方法可以运用，更多充满趣味的游戏可玩的时候，他们怎么可能再去打人呢？

当然，随着年龄的增长，有些孩子已经明确地知道不可以打人，但是还会明知故犯。他们这样做的原因很多，诸如：

◎ 在别的地方受到欺负，积累了大量的负面情绪，将负面情绪转嫁给比他弱小的对象，借此释放压力。

◎ 从周围某些人身上习得这种行为（比如家里有一个简单粗暴、动不动就打孩子的爸爸或者妈妈），久而久之成了习惯性的反应模式。

◎ 因为受了委屈不被人理解，通过这种方式发泄情绪。

◎ 虽然知道这种行为不对，但不清楚究竟该怎么做，缺少更多被允许、更有效的互动模式，只好习惯性地沿用惯用的打人模式。

◎ 曾经通过攻击行为获得利益，比如抢了对方的玩具，没有被收回去。

◎ 孩子的打人行为没有及时被纠正，相反被默许。如弟弟打哥哥，大人的重点在教育哥哥不能打回去，而忽略了弟弟的行为需要修正。

……

富有攻击性的孩子，大多生长在一个家长处理问题简单粗暴，或者对孩子关注偏少的家庭。比如，家长通常对他们也比较粗暴，但凡他有什么做得不对的地方，可能更多地通过体罚等方式来约束。而在他们表现很好的时候，家长则往往松了一口气，乐得清静一会儿，对他们的关注度不高。因此，孩子只能通过这些不被接受的行为来获得更多的关注，并将自己因受到体罚带来的负面情绪发泄到更弱小的对象身上。如果是这样，首先需要改变的是家长，而不是孩子。家长不改变，孩子的行为就很难从根本上发生变化。

当然，除了家庭，社会环境也是影响孩子，导致孩子出现攻击行为的重要因素。比如，动画片里有暴力场面，或者上了幼儿园的孩子，遇到有攻击行为的孩子，有被攻击的经历，或者看到他人被攻击，他们都会模仿。对于年龄大一点，已经有了比较好的理解力的孩子，当他们出现攻击性行为时，我们可以跟他们讨论以下问题：这样对待对方，对方会有什么感受？

如果对方如此对待你，你又有什么感受？如果长期这样对待对方，会带来什么样的后果？想让对方和自己都很愉悦，又该如何？通过这种讨论，孩子可能自己就会意识到攻击行为需要摒弃，而代之以其他更为人所乐意接受的互动模式。

当然，如果孩子的这种攻击模式已经持续了比较长的一段时间，短时间内难以消除，我们就需要耗费更多的时间与精力来帮助他们改变了。比如，我们可以尝试以下的做法，去帮助孩子摒弃打人行为，强化正确的交往模式：

● 如果孩子打人，那就将他们带离现场，让他们明白，只要打人，就会失去跟小朋友玩耍的机会，让他们体验这种行为带来的自然后果。那么，为了获得跟小朋友继续玩耍的机会，孩子就会尝试去改变自己的行为。

● 多创设一些好玩的游戏，跟孩子一起玩，帮助他们获得更多游戏的技巧，并将这些技巧带到与小朋友的互动中，让他们体验到与小朋友游戏的乐趣。

● 通过读书、讲故事、画画等活动，将一些与小朋友交往的技巧传递给孩子，使其内化成他们习惯性的交往模式。比如，在跟孩子一起画画时，将孩子的行为及其后果画出来，同时也将正确的行为和这种行为导致的结果画出来，让孩子直观地看到哪种方式更好，更能有效地帮助他们赢得友谊，玩得快乐，并强化这种方式。如果孩子理解了，他们就会尝试换一种方式跟同伴交往。

● 那些语言能力和理解能力都发展得不错的大孩子，他们可能很清楚界限，但仍然出现一些明知故犯的攻击行为。此时，我们需要探究导致他们出现攻击行为的缘由，从消除诱因入手。诱因不消除，光靠遏制是远远不够的。遏制只会让孩子在被监管时控制自己，一旦脱离监管，他们就会故态复萌。只有诱因消除了，孩子的攻击行为才会随之消失。

......

需要特别提到的是，单纯让孩子体验自然后果有时候是不够的，适当运用以上技巧，孩子在能体验到打人带来的不良后果的同时，又清楚如何通过努力去改变自己，继续融入小伙伴的圈子，进而体验到更多与小伙伴玩耍的乐趣，这才是从根本上解决问题的办法。

接下来再谈被打的孩子。是不是除了让他们被动挨打，或者躲避，甚至打回去，就没别的办法了呢？当然不是。假定对面来了一个攻击性很强的孩子，我们很紧张，满心都是防备，甚至恨不得带着孩子尽快逃离，但又碍于面子，不得不留下跟对方的家长寒暄几句。那么，正如前文提到的，孩子天生就是心灵感应大师，对面来的孩子自然就会感受到我们的紧张与戒备，出于本能，他也会紧张与戒备。当然，对于一个习惯了攻击小伙伴的孩子来说，他自我保护的第一反应就是先下手为强。于是，即便只有短短一两分钟，"战事"也可能爆发。倘若我们换一种方式应对这个富有攻击性的孩子，情况就完全不一样了。

"是小艾来了呀！我们家小苗可想跟你玩了。你看，小苗还会像解放军叔叔一样敬礼呢！嘿，像不像一个威武的小兵？"这一句话，就可以先发制人，把两个孩子都带动起来。受了我们的暗示，小苗果然会展示他敬礼的本领，对方在这样一个充满友爱的氛围里，警惕性放松，自然就会模仿小苗。这样一来，"警报"自然就解除了。

又或者，我们了解到对方有什么样的本领，不妨先夸夸他："听说你会跳骑马舞哦！我和小苗可想学了。你能当我们的小老师，教教我们吗？"当我们以如此友好的姿态去暗示他的时候，他自然也就想不起来要攻击小苗了。于是，小苗就安全了。

被攻击的一方，我们一样可以跟他们讨论如何规避其他小朋友的攻击，以及受到攻击后如何转化。孩子的想法也许比较幼稚，没有关系，我们无须否定他，只需客观地帮助他们分析，不同的应对方式会带来什么样不同的结果，孩子自然就会选择最好的方式，并且尝试沿用之。如果我们以这样的方式跟孩子探讨，不仅可以解决他们被攻击的问题，还可以帮助孩子敞开心扉，养成遇到困难拿出来跟爸爸妈妈讨论的习惯。如此，不管他们将来遇到什么难题、挫折，我们都有机会成为他们坚强的后盾，他们就不会因为得不到心理上的支持而走上我们无法接受的道路了。

事实上，正是在打打闹闹的过程中，孩子们才能通过切身体验找到更好的交往方式。当发现某种模式不能给自己带来"利益"的时候，他们会尝试调整自己跟伙伴的互动模式，所以我们经常看到，一个富有攻击性的孩子某一天不攻击小伙伴了，一个原本很温和的孩子突然出现攻击性行为了。在不断调整自己的过程中，孩子们终将找到最适合自己，也令双方都舒服的模式。

从某种意义上来说，打斗是孩子发展的一种需求。如同其他哺乳动物的幼崽一样，正是通过这样的嬉闹，他们习得了生存的本领，懂得了如何与伙伴互动，如何拉近关系又保持适度的距离。因此，打斗也是孩子学习的一个手段，是他们权衡自我与周围环境关系的一种有益尝试。父母提供机会让孩子自己通过尝试得到的这些经验，比直接教给他们相关的经验更有意义。因此，我们大可不必过于紧张，甚至可以有意让孩子尝试自己去处理问题，给他们锻炼的机会。哪怕他们因此有些挫败感，偶尔受点委屈，但长远来看，对他们的成长是有益的。我们无须为孩子安排好一切，将他们完全罩在我们的羽翼之下，给他们最好的保护。那样，我们就相当于怀着一颗好心剥夺了孩子自我成长的机会，反而会阻碍孩子的发展。

一部分家长主张孩子被攻击时，要鼓励他们打回去。甚至个别专家也提出，某些情况不能打回去，某些情况要打回去。但我以为，这样的方式依然是不值得提倡的。孩子不知道轻重，也很难判断哪些情况可以打回去，哪些情况不可以打回去，也许他们今天赢了，明天会被打得更惨。或者他们虽然赢了，却把对方打得很惨。无论哪种情况，都不是我们期望看到的。养育孩子，凡事都要利弊权衡，两害相权取其轻。除了拳击场，未来我们无须靠拳头吃饭，而是靠智慧吃饭。物以类聚、人以群分，谦谦君子通常都与谦谦君子为伍，少见莽夫夹杂其中。塞翁失马，焉知非福？一时的得失说明不了问题，何必在孩子那么小的时候就在这些方面如此计较呢？有容乃大，让孩子心量大一些，他们会拥有更广阔的舞台，更光明的未来，更精彩的人生。

特别值得一提的是，接触那么多孩子之后，我发现一个奇怪又不奇怪的现象：有些孩子生性温和，对谁都很友善，体格也不健壮，但他们极少成为被攻击者。为什么？那些富有攻击性的孩子实际上时刻处于戒备状态，他们害怕不被接纳，害怕被攻击，所以常常先下手为强。要知道，孩子的直觉都是很发达的，他们能敏锐地感知到对方身上的气息，并迅速做出回应。如果对方是友善的，孩子就无须进入戒备状态，自然就表现得很友善。如果对方是不友善的，或者处于戒备状态的，孩子就会启动戒备模式，出现攻击行为。

还有一些孩子情商很高，内心强大，通常他们在小朋友的圈子里广受欢迎，这类孩子通常也不会受到攻击。

同样的，一个内心安定、性情温和的孩子，他的内在自有一种无形的力量，这种力量可以穿透那些具有攻击行为的孩子的心，让他们变得安定。所以，这类孩子很少被欺负。

况且，人都有趋同的本能。内心脆弱的人通常都会向内心强大的人靠拢。有攻击性的孩子貌似强大，实则内心脆弱。当他们遇到一个性情温和、内心安定的孩子时，也会自然地调整自己，向对方靠拢。于是，两个孩子的行为模式趋同，自然就不会发生冲突了。

所以，与其逃避或者以暴制暴，不如从自身努力，营造一个良好的家庭环境，让孩子内心安定，赋予他们的内在以力量，提升他们的能量层级。

再者，若家长们因为孩子之间攻击、被攻击事件而心存芥蒂，孩子也能感应到。感应到了，他们就会恐慌，就不敢走向外面，或者一走出去就处于戒备状态，这无疑会影响孩子之间的关系，对孩子社会交往能力的发展是没有好处的。如果家长之间实在是教育理念相左，无法沟通，又不知如何应对，敬而远之便是。

当然，我们也需要教给孩子一些应对的策略，解决当下被欺负的问题。如：

◎如果对方因为喜欢自己而试图攻击自己时，平静地提醒他们："如果你这样对我，我只好跟别的小朋友玩了。"并快速闪人。

◎大声对对方说："我不喜欢你这样！"通常，对方会停下来。

◎当情况紧迫时，可以对着对方大声喊叫。这种带有力量的姿态会让对方害怕，他们就可能停止攻击行为。

◎向旁边的成人呼救，寻求帮助。

◎协助孩子发展一些特别的技能，养成尊重他人的习惯，在小朋友圈子里赢得属于自己的地位，如此，他们会更有魅力，也就更不容易被欺负。

◎给孩子充分的爱与尊重，让他们内心强大、安宁。

◎喜欢欺负人的孩子通常很少有朋友，很寂寞，实际上他们渴望友谊。友善地对待他们，就可以赢得他们的心，当然，被欺负的问题也顺带解决了。

◎根据自家孩子的特点及对方的特点，商议一些更有针对性的应对策略。

······

总之，如果在孩子小的时候，我们能够很好地处理这些问题，给孩子一个良好的家庭环境，滋养孩子的内心，让他们的内心强大，习得更多更好的社交技巧，具备足够的安全感，他们就既不会成为攻击者，也不会成为被攻击者。从根本上努力，才是防患于未然的最好方法。

鉴于上述种种，你还会主张孩子挨打时要狠狠地打回去吗？慎思！慎思！

"小捣蛋鬼"和大忙人

　　写下这个标题，我的脑海里立刻浮现出一个小男孩的形象：七岁，长得虎头虎脑，眉清目秀，非常可爱。不过，这是一个谁都不待见的孩子。除了琛琛偶尔跟他玩，其他孩子都很排斥他，甚至经常联合起来欺负他。后来，陆陆续续从邻居们嘴里得知那个男孩的诸多"劣迹"——逃学、打架、偷盗……这就是大家都不敢让自己家孩子接近他的原因。

　　那时候，琛琛四岁。我们住在地下室。为了方便孩子们进来玩耍，只要家里有人，我从来不锁门，只在门上挂个门帘遮挡。因此，孩子们经常长驱直入，到我们家就像回自己家一样方便。

　　某天，我和琛琛正在吃午饭。突然，一只小手轻轻撩开了门帘。一个大眼睛的男孩正探头探脑、好奇地往屋里瞧。"这小朋友是谁呀？快进来玩吧。"我招呼小男孩进屋。琛琛看着对方，一失手，饭碗掉落在地上，碎成好几片。我给他重新找了个碗，盛了一碗饭给他，再把地上的碎碗片打扫干净。小男孩无比羡慕地来了一句："阿姨，你真好！他打碎碗，你都不说他。要是我打碎了碗，我妈得打死我。"听了小男孩的话，我心里一惊。"打死"二字怎么能如此轻易就说出口呢？

　　我招呼小男孩一起吃饭，他坚持不吃，说妈妈要知道了会打他。在我们吃饭期间，他一直站在门口，也不坐，就那样以艳羡的眼神看着我们。后来我才知道，这就是那个"劣迹斑斑"的男孩。从那天开始，他偶尔会来我家，跟琛琛玩一会儿。

91

断断续续地，我从小男孩的嘴里获得一些信息。把这些零碎的信息拼凑起来之后，我才知道他的真实情况。这个孩子住在南边那栋楼，平时由姥姥看着。爸爸妈妈经商，据说很忙，经常很晚才回家，基本不管孩子。姥姥七十多岁了，身体不太好，个子不高，脾气很大。孩子几个月前入学，不过，才上了两三个月就退了学。"老师同学都不喜欢我，因为我成绩不好，老打架，不听课。我有多动症。姥姥老骂我，爸爸妈妈老打我。没有人喜欢我。阿姨，你知道吗？我不想上学，也不想回家。退了学挺好的。"小男孩在我面前很坦诚，滔滔不绝，什么话都肯跟我说。

看着这个孩子，我莫名地心痛。每次他来我家，我都会给他准备些好吃的，让他跟琛琛一起玩儿。男孩说喜欢我，喜欢我们那个简陋的家。据我观察，这个男孩很懂事，完全不是邻居们描述的那样。因为大家都对他充满了敌意，也许这就是他对其他人也充满敌意的缘故吧。看他很安心地跟琛琛一起玩儿，很专注，完全没有发现有多动的迹象。我相信，他的所谓"多动症"只不过是被不负责任地贴上的一个标签。

二十年过去了，我还是会时常想到这个孩子。每当想起他，我心里就隐隐作痛。这个公认的"捣蛋鬼"骨子里有很多可爱而可贵的特性，只可惜他选了一对太忙的父母，外加一个"坏脾气"姥姥。正是这三个大人造就了一个小小的"捣蛋鬼"。没有权利重新选择谁来当父母，对某些孩子来说，是很悲哀的事情。我常常想，倘若这个孩子出生在另外一个家庭，哪怕这个家很贫穷，但是他能获得足够的爱、尊重、理解与关注，以他的资质，他一定能成为一个人人艳羡的好孩子。

这些年，我又相继遇到了几个"捣蛋鬼"，结果发现，几乎所有的"捣蛋鬼"都很聪明，有很多难能可贵的特质，只是他们背后都有一个"大坏蛋"。这些"大坏蛋"坏的程度也许不一样，但他们都有一些共同点：

◎ 不了解孩子，总是站在成人的立场看待孩子；

◉ 看不到孩子的可贵之处，一双眼睛只盯着他们的"缺点"与"问题"，一旦发现问题，就将责任归咎于孩子，以惩罚等方式严加管教；

◉ 平时对孩子关注很少，当孩子寻求关注时，视其为不乖，常常简单粗暴地对待他们；

◉ 不知道如何爱孩子，心情好，孩子有什么要求都满足，心情不好就以责备打骂伺候；

◉ 不懂得尊重孩子，处理问题简单粗暴，对孩子想呵斥就呵斥，想暴揍就暴揍；

◉ 喜欢贬损孩子，根本不考虑孩子的感受；

◉ 不太关注孩子，对孩子的需求常常视而不见；

◉ 常常拿自己孩子的短处与别人家孩子的长处比较，让孩子觉得家长爱的不是他，而是别人家的孩子。

……

在这样的家庭环境下，孩子感受不到爱，感受不到温暖，无法获得关注，他们只好以让自己出更多的"问题"来吸引父母注意，如果依然得不到关注，他们便只有自暴自弃的份儿了。

在早期教育这个领域工作这么多年，我感触最深的是，孩子个个都是好种子，而父母不见得个个都是好农夫。好种子遇到好农夫，那是孩子的福分，好种子遇不到好农夫，则是孩子的悲哀。如果家有一个"捣蛋鬼""坏孩子"，该反省的、该改变的首先是父母，与孩子无关。因此，倘若很不幸，我们的孩子就是那样一个"捣蛋鬼""坏孩子"，不要急着去改变孩子，而要先反省自己：

◉ 我给予孩子足够的关注、爱和尊重了吗？

◉ 我有足够的耐心去引导孩子吗？

◎ 我能温和地坚持原则吗？

◎ 我的原则是确定的，不会随心情而改变吗？

◎ 在孩子需要的时候，我能无条件地给予他们支持吗？

◎ 孩子做错事，敢向我坦诚吗？

◎ 我基本上不给孩子贴负面的标签吗？

◎ 不管孩子做错什么事，我都能就事论事，督促孩子改变行为，且仍然发自内心地爱他们吗？

◎ 当我控制不了局面时，保证不会对着孩子撒气吗？

◎ 若无端对孩子发了脾气，我会向孩子道歉吗？

◎ 我会花时间陪孩子开心地玩游戏吗？

◎ 当孩子并非我期望的那样，我能无条件地接纳他们吗？

……

如果这些问题，您都回答"是"，那么，恭喜您，您的孩子选对了父母，他们不会有"问题"，即便暂时出现"问题"，也会自然消除。如果您都回答"否"，那么很不幸，您的孩子选了一对"大坏蛋"做父母，最需要改造的不是孩子，而是您自己。如果介于这二者之间，那么，您还有努力的空间，需要继续修炼。加油！

孩子与父母是一体的。父母改变了，孩子自然会跟着改变。

养育孩子的过程就是一个自我修炼的过程。孩子就像我们的一面镜子，投射的都是我们真实的模样。当镜子里的我们越来越完美，越来越快乐，越来越自在，越来越勇敢，越来越独立……那便是我们越来越趋向美好的时候。

我们常常慨叹为孩子付出太多，有时候甚至觉得带孩子很累，但实际上，孩子给予我们的，远胜过我们给予他们的。那些无形的礼物，滋养了我们的心灵，最终帮助我们走向圆满。终有一天，我们会由衷地感恩我们的孩子，是他们，成就了我们，让我们懂得了生命的意义。

认生的孩子是否更聪明

"认生的孩子更聪明"，不少人如此评价。真的如此吗？

认生是孩子心智发育到一定程度，有了明确的亲疏之分，对陌生人比较警觉的表现。当陌生人靠近时，孩子会显得不安。看到孩子如此，陌生人通常都会止步。如果对方无视孩子发出的信号，继续靠近，他们会大声哭闹，以此发出警告，并吸引抚养人的关注，寻求保护。因此，孩子的认生可以防止陌生人靠近，是自我保护的手段。认生是婴幼儿与生俱来的一种本能，有其积极意义。

在认生这件事上，每个孩子的表现都不太一样。有的孩子认生严重，一副拒人千里之外的姿态。有的孩子认生并不明显，稍微给点时间，他们很快就能与陌生人熟络起来。个别孩子则几乎没有认生的表现。孩子之间的这种差异，和他们的心智发育程度及气质类型有关，也与我们如何对待孩子的认生，以及我们的养育方式相关。孩子认生严重，无疑是困扰我们的一个问题。但是，如果孩子过于"自来熟"，完全缺乏安全意识，我们的心里一样会不踏实。因此，孩子进入陌生环境，遇到陌生人，知道保持适当的距离未必不是好事。养育孩子就是如此，没有哪一端绝对好，也没有哪一端绝对不好，取之中道，视情况及时调整，不失偏颇才是更稳妥的方式。

每个孩子认生的年龄都不一样，早的三个多月就开始，晚的可能要两岁左右甚至更晚才出现。孩子认生延续的时间也不一样，有的孩子延续的时间长，有的时间短。当发现孩子认生时，父母以什么样的方式应对，会直接影响孩子行为的走向。孩子早期的认生与本能关系更大些，一旦他们接触陌生环境与陌生人多了，认生的程度就会减弱，逐渐变得不再认生。如果孩子从认生跨越到不认生，又回到认生，陷入又一轮循环，父母需要反思是否教养方式存在问题，或者与孩子经受了某些刺激有关。比如，北方天气寒冷，孩子冬天很少出门，跟外界接触比较少，一个冬天下来，原本不认生的孩子也可能变得认生。或者孩子接触陌生环境与陌生人时，经受了某种刺激，有了一些恐惧的经历，他们对陌生环境与陌生人也会变得比较警觉甚至抗拒。

无论如何，认生是很常见的一种现象，也是一个阶段性的问题，父母不需要为此而感到焦虑。只要我们以恰当的方式应对，就可以帮助孩子更自如地面对外部世界。

我也曾经深受儿子认生的困扰。第一次发现琛琛认生，是在他三个月的时候。眼看产假就要休完，我们赶紧把奶奶请过来帮忙。奶奶到家，已是晚上9点多。第一次见到长孙，老人的心情可想而知。刚进门，奶奶就迫不及待地凑过去看小孙子。没想到，小家伙一点儿不给面子，看着那张陌生的脸，立刻小嘴扁了扁，眉头皱了皱，随即大哭起来。弄得奶奶那个尴尬呀！

令人头痛的是，这才刚刚开始。到琛琛一岁多的时候，他的认生可谓到了登峰造极的程度。别说外出跟人交流了，只要家里来个人，从客人进门那一刻起，他就不停地哭，直到把人家哭得心神不宁，不得不讪讪离去，甚至客人走出老远，还能清晰地听到他的哭声。那个不依不饶的劲儿，吓得大家很长时间都不敢登门。

当发现孩子认生的时候，我们的反应大致有以下两种：一部分爸爸妈妈生怕孩子认生影响孩子融入环境的进程，因而内心焦虑，急于去改造孩子。结果，在孩子没有准备好的情况下，我们急切地去改造他们反而会带给他们压力，导致他们更加惧怕。另一部分爸爸妈妈虽然不会急切地"逼迫"孩子与他人交流，但是心里也始终解不开这个担忧的结，每次孩子不与人打招呼，甚至干脆躲着人家的时候，爸爸妈妈都会很尴尬很无奈地来上一句："我们家孩子认生，不敢跟人打招呼。"或者诸如此类的话。这种负面的标签无形中又给了孩子更多负面的暗示，导致他们更认生，且持续的时间更久。

说实话，一岁多的琛琛严重认生，我也头痛过。那些日子，每次带琛琛外出，碰到小区里的同事、邻居，大家都会很热心地打招呼。而琛琛总是把头埋在我胸前喊："妈妈，走！"离开对方，对认生的孩子来说是一件愉悦的事情。

在苦恼很长一段时间之后，某一天，我灵机一动，何不利用他这一点，创造机会与对方拉近距离呢？从此，每当有人见到琛琛认生，很自然地给他贴标签的时候，人家那句"哦，还认生呢？"一出口，我会立刻做出回应："不是啦，他只是想跟阿姨玩说再见的游戏呢。琛琛，跟阿姨说再见吧。"每次我这么回应，小家伙就会立刻说再见。然后我抱着他离开，走几步，再回去："我们再跟阿姨玩再见的游戏吧。"当然，为了不给孩子压力，我会有意站在离对方远一点儿的地方。保持安全距离，对缓解孩子的压力很有好处。很快，这个"再见"游戏消除了琛琛对陌生人的恐惧感，也带给他很多乐趣，于是，他对其他人不再那么抗拒了。看时机成熟，下次再遇到陌生人的时候，我会把他抱得离对方更近一点儿，再近一点儿。就这样，我给了他时间与空间，引导他在没有压力的前提下，一点点地接纳了对方，慢慢就不再认生了。

总结一下，孩子认生的时候，我们可以这样做：

◎给自己一些心理疏导，告诉自己，这只是个阶段性的问题，无须焦虑，顺其自然就好。我们不把事情看得那么严重，事情就会变得越来越不严重。

◎ 不要因噎废食，而要创造更多的机会，让孩子接触陌生环境与陌生人，但注意保持安全的距离，不给孩子施加压力。

◎ 不要给孩子贴"认生"的负面标签。当其他人给孩子贴"认生"标签时，转移话题，朝着更积极更正面的方向做出解释与引导。

◎ 根据孩子的喜好与当时的情形创设一些游戏，通过游戏将孩子带入交流活动，帮助他们在没有压力的前提下积累经验，学习交流技巧，化解交流的恐惧。

◎ 接近其他认生的孩子时，尽量保持远一点儿的距离，先试探性地跟对方交流，等他们放松后，再逐渐靠近。与对方孩子交流，也是在给自己的孩子做示范。言传身教比什么都重要。

实际上，就像认生一样，所有在孩子成长过程中出现的所谓"问题"都没我们想象的可怕。人说，危机即转机。同样的，"问题"即成长的契机。而且，这个契机不仅属于孩子，也属于我们自己。我们之所以在陷入"不好"的境界时沮丧、愤怒、痛苦、无能为力……有诸多负面的觉受，都起源于我们的心。我们的心如何认知这一切，就决定了我们有什么样的反应。若我们认为这是成长的机会，我们就不会被带入负面情绪的深渊。当我们内心充满正能量，以积极的心态去面对一切好的坏的境遇的时候，我们的心是安宁的、慈悲的、喜悦的。心如不动，外面的世界就是安定的。

遭遇"问题"，看到"问题"背后积极的一面，使之转化，这便是育儿上的"转为道用"。如此，我们的心便安住，而孩子的心也随之安住。于是，一切都将不同。

爱你我就黏着你

被孩子黏着是幸福的。这样的时光只有短短几年。"忽"的一下，孩子就长大了。届时，你再想拉他回来黏你，也是枉然。走向独立，是他作为一个"人"最大的心理需求与动力，无法逆转。拥有幸福时不懂得珍惜，非要等它失去了，才能体会到它的可贵，这是人类的通病。

孩子最黏谁？无疑是妈妈。倘若妈妈无作为，他们才会转而去黏其他人。孩子与妈妈之间的联结最为紧密。尚在母体内，他们就已经与妈妈声息相通。因此，从孩子的依恋程度来说，没有人可以与妈妈媲美。十月怀胎，妈妈们妊娠的不仅仅是一个肉嘟嘟的胎儿，还有一颗完美的心灵。妈妈的每一份付出，都是有意义的，尽管孩子无法描述，但他们能感受到。也因此，他们对妈妈的爱才会如此纯粹。

我们理解不了孩子的黏人，是因为我们无端的担忧——担心孩子不独立，担心孩子黏惯了我们，不敢走向外面。当然，我们还有一些小小的自私的想法，担心孩子黏着我们，我们不再有自己的时间与空间。等到孩子一天天走向独立，那种失落感才让我们惊醒，孩子黏人的那几年有多宝贵！

让我们把时光向前推，去回想我们恋爱的时光。一对热恋着的人儿是不是恨不得时时刻刻相守在一起呢？如果我们深爱着对方，而对方一边声称多么爱我们，一边却又总在找借口把我们往外推，我们会有什么样的感觉呢？热恋的时候，我们是不是总有意无意将一些事情留给对方来做，给他／她一个表现的机会，同时享受被宠爱的感觉？既然我们爱一个人，就想靠近他／她，守候他／她，通过各种方式与他／她发生联结，为何就接受不了孩子黏我们呢？试想，不管我们接纳他们与否，不管我们态度温和还是强硬，甚至冷漠，也不管我们的某些言行是否伤到他们，他们全不在意，一如既往地依恋我们。我们的孩子，不正以最纯粹的方式爱着我们吗？虽然亲子之爱与两情相悦的爱截然不同，但是爱的机制是一模一样的呀！孩子黏我们，首先基于无条件的爱。理解这一点，我们才能正确地对待孩子的黏人行为。

要从众多的人脸中分辨出那张有着特殊意义的脸，明白这张脸会突然消失，又突然出现，有着某种不确定性，是需要一个过程的。因此，太小的孩子还没有能力表达，他们也就没有黏人的表现。虽然他们也懂得区别对待不同的人——当妈妈靠近的时候，他们显得更开心，对其他人的热情次之。通常到了一两岁，孩子才会出现明显的黏人行为。当然，这个年龄段并非绝对，孩子各方面发展的个体差异常常是显著的。有的孩子几个月就出现明显的黏人行为，有的孩子则要滞后一些。需要特别说明的是，尽管孩子们之间存在这种差异，但这不能作为衡量孩子智商高低的标准。每个孩子都有自己独特的发育进程表，这与他们最终的发育高度没有必然的联系。黏人可以解读为孩子的心智发育水平上了一个新台阶的信号。既然如此，孩子从不黏人发展到黏人，就是一件值得高兴的事。我们又何必为此烦恼呢？

当孩子出现黏人行为的时候，我们最担心的问题是，这会不会影响孩子的独立性？实际上，孩子黏不黏人，与他们将来是否独立没有必然的联系。相反，在孩子需要黏我们，还没有准备好独立的时候，倘若我们急于将他们推出去，他们会有无所依靠的感觉。这样的做法只会带给他们更多的不安全感，导致他们更加难以走向独立。

如果我们细心观察就会发现，一两岁的孩子在外面玩儿的时候，总是时不时叫一声妈妈，若听不到回应，他们就会转头急切地四处搜寻。一旦发现妈妈就在自己的身边，正笑眯眯地看着他们玩，他们就会很满足，继续专注地玩下去。有的孩子可能还会跑到妈妈身边，需要妈妈拥抱一下，然后才能继续跑回去玩。若妈妈突然消失了，他们会惊恐地大哭。正如孩子们表现的那样，获得妈妈的回应，是孩子补充心理能量的有效方式。拥有足够的心理能量，他们才能更自如地走向外部世界，探索外部世界。

孩子黏人，我有深刻的体验。琛琛小的时候，黏我黏得厉害。只要我在，他谁都不要。记得他半岁的时候，我们带他去动物园玩过一次。奶奶、爸爸和我们娘儿俩，四人同行。在里面逛了五六个小时，我一个人抱了他五六个小时。就算奶奶或者爸爸趁他玩得高兴，悄悄地把他抱过去都不行。小家伙立刻敏锐地察觉到这种差异，大哭着往我怀里钻。那一天下来，我累得胳膊都僵了。当然，除了让我抱，他对我还有很多其他的特殊"照顾"——洗澡，要妈妈洗；喂饭，要妈妈喂；开录音机，要妈妈开；拿个玩具，要妈妈拿……总之，所有与他相关的事情，只要我在，哪怕我累得筋疲力尽，他也一定要我来做。爱孩子的秉性成就了我，因此，我对他有足够的耐心，能够无条件地满足他的这些需求，不管他多缠人，我都不会觉得是一种负担。因为如此，我充分地满足了他这个阶段的心理需求，对他后续的发展起到了很好的铺垫作用。

光无条件满足他还不够。面对这个黏人的小家伙，我需要做的另一项工作是，在满足他需求的同时，以我自己作为桥梁，尽可能寻找机会，帮助他与其他家人发生联系。

"奶奶在干吗呢？我们去拿一个苹果给奶奶吃吧！"给完奶奶，再把目标瞄准爷爷。通过类似的活动，琛琛把爷爷奶奶哄高兴了，同时也从他们充满爱意的表情里感受到了被赏识的快乐。慢慢地，他也就与他们有了更多的互动。

"爸爸，你快来看。琛琛会双脚跳了哦！来，给爸爸表演一个。嘿，不错吧？"展示自己的新本领，是孩子最乐意做的事情之一。这是很自然地引导孩子与其他家人发生联系的一种方式。

"我们把这片树叶悄悄地塞进爸爸的脖子里，吓他一跳好不好？轻点呀，别让他发现了。"当然，我会把这个计划说出来，让爸爸听到，以便爸爸配合。孩子天生就有幽默感，只要我们提供机会，他们的幽默感就会被激发出来，并且，因为他们关注的重心在"捉弄"爸爸，自然就不会排斥爸爸了。更何况，孩子与其他家人之间，原本就有一种割不断的血缘关系。

当年，我每周上六天班，周四晚上还必须住在单位。三个半月的产假休完，我就上班了。于是，周四晚上他只能跟奶奶或者外婆睡。每天一大早，琛琛还没醒，我就出门。等他大一点儿了，一到我出门，他就醒，但是不吭声。他很清楚，我必须走，没有条件可讲。等我一出门，他就要奶奶或者外婆带着去找妈妈。我跟他在一起的时间只有晚上回家之后、他入睡前的那一小段时光，外加一个周日。

因为贪恋晚上跟我玩的那段时光，琛琛总是比同龄的孩子睡得更晚一些。那些日子，我陪孩子的时间不算多。但是，只要跟他在一起，我就抛开一切，全心全意享受我们的亲子时光。所以，我陪孩子的质量相对比较高。所幸，我们后来在单位申请到一间宿舍，从附近村里请了一个阿姨在上班时间照看孩子，我终于有了更多的时间陪伴他。因为前期跟琛琛在一起的时间比较少，外加每周要分离一天，与其他孩子比，琛琛两岁前安全感建立得相对要差一些，以致那时候家里不能来客人，客人一进门他就哭，直到把人给哭走。那些日子，我尽自己所能多陪他，满足他黏我的需求。他感受到了我无条件的爱及全心全意的陪伴，很满足。慢慢地，他的安全感建立起来，变得越来越独立了。

两岁零八个月，琛琛上了幼儿园。上幼儿园之前，邻居、同事、朋友纷纷预言："这孩子这么黏人，上了幼儿园还不哭得天昏地暗的。没有一两个月，肯定适应不了"。可是，正是这个小家伙，上幼儿园居然出人意料地顺利，完全没有分离焦虑的表现。小家伙以他的实际行动彻底"粉碎"了叔叔阿姨们的预言。过了三岁，他的目光转向外部世界，转向小伙伴，显得更加独立了。当年我们住在部队大院，很安全，孩子们都四处撒欢儿。通常，一群孩子，有一个成人在旁边招呼一下就足够了。不过到了晚上，他一定要跟我睡，我也就由他。等他上了小学，某一天他突然就不跟我睡了。偶尔，他还会黏过来说："妈妈，今天我要跟你睡。"他愿意跟我睡，就让他睡一晚。睡了这一晚，他又自己一个人睡去了。一切都自然而然。

从一年级下学期后半期开始，琛琛就自信满满，嚷嚷着不让接送。因为上下学要过一个车流汹涌的十字路口，我不放心。于是，我每天都跟地下工作者似的，悄悄地跟在他后面，看他进了学校大门我再返身回去。从二年级开始，小家伙更机灵了，跟都不让跟了。到了三年级，他就在脖子上挂一把钥匙，自己骑自行车上下学了。

从琛琛的身上，我看到了黏人与独立并非互相对立的关系。相反，处理好孩子黏人的问题，还有助于他们更好地走向独立。因此，在孩子黏人的时候，只要我们不急于把他们推出去，满足他们这个阶段性的需求，他们就会获得足够的安全感与心理能量，走向独立就是一个顺其自然的过程了。

反过来，如果孩子黏人的问题没有处理好，就可能导致孩子长大后胆小、畏缩、自我价值感偏低，甚至自卑、自贬。倘若因为我们的问题，孩子走向了这样一个反面，那么，给他们相应的补偿，重新建立亲子之间良好的链接关系，就是我们无法回避的责任了。一旦这个链接重新建立好，孩子便会有我们意想不到的改变。至于如何去做这个工作，就是因人而异的事情了，需要我们认真去观察、分析我们的孩子。通常，我们可以从孩子的兴趣入手，为他们感兴趣的事情与活动提供支持，并以游戏伙伴的身份融入其中，跟他们一起去探究、分享，找到与孩子之间的共同语言，有了共同语言作为基础，很多事情就可以顺势而为了。

"妈妈，不要跟别人说话"

让我们闭上双眼，去想象这样一个情景：

你和你爱人约好在某个餐厅就餐。空气中弥漫着浪漫的气息。你很享受这个时刻。遗憾的是，两个小时后，你就要去赶飞机。你们在一起的时间总共不过两个来小时。每一分每一秒，对你来说都很宝贵。

突然，一个陌生人闯进来，跟你的爱人聊开了。半小时过去后，那人还没有要离开的意思。

你越来越烦躁，期待那人赶紧离开。但是，他们相聊甚欢。又是半个小时过去了，你如坐针毡，开始通过各种巧妙的方式让他们关注你，但是，你的爱人不仅不理解你的感受，反而来了一句："请你安安静静待一会儿！我现在要跟朋友讨论一些问题。"此时，你的感受如何呢？

请回味一下刚才的感觉，让那种感觉更加真切、清晰、强烈。然后，请换位思考一下：当我们把孩子冷落一旁，与其他人相聊甚欢的时候，孩子在做什么呢？当我们要求他们自己玩，不要打扰我们的谈话时，他们又该有什么样的感觉呢？

孩子还小，他们总是希望妈妈有更多的时间陪伴自己。况且，动来动去，让自己有事情可做，在无聊的时候寻求安慰，是他们的本能。加上他们的自我控制力还很弱，无法像成年人那样，能耐着性子控制自己枯坐半小时、一小时，去听一场无聊的对话。几分钟对他们来说已经足够漫长。

于是，当妈妈跟人聊天时，为了吸引妈妈的关注，他们只好去拍妈妈的脸，把妈妈的头掰过来，朝向自己。如果妈妈继续聊天，他们就只好喊叫起来，大声表达自己的不满……每次他们这样表达自己的需求时，妈妈就会给予他们短暂的关注。尽管有时候，妈妈的关注是负面的。比如，妈妈可能会呵斥他们，严肃地要求他们保持安静。在多次提醒无效的情况下，脾气暴躁的妈妈可能控制不住情绪，甚至会拍他们的小屁股几下。不过，对他们来说，能获得这种关注，已经算是万幸了，毕竟，即便这样的关注也比被漠视好。

"妈妈，不要跟别人说话。"孩子的这种需求，是可以理解的。妈妈一跟别人说话，他们就觉得被冷落。倘若孩子正跟妈妈游戏，或者开展其他活动，外人加入，他们喜爱的游戏与活动就被迫中断，自己的权益莫名地受到侵犯，他们自然感觉不舒服。明明是妈妈与孩子的游戏在先，为什么外人一进入，孩子喜爱的游戏就可以无端地被中断呢？如果我们可以要求孩子等待，为什么我们自己不向孩子示范等待呢？理解了孩子的这种需求与感受，我们就会尊重孩子，用更好的办法处理这个问题，既不让孩子有被忽视的感觉，又让他们学会礼貌待人。

况且，从另一个角度来看，我们之所以敢于把孩子冷落在一旁，是因为我们没有尊重他们的意识。在潜意识里，我们认为孩子是属于我们的，是我们的附属物，因此，我们可以随意地支配。但是如果仅仅因为他们是孩子，我们就可以随意冷落他们，不尊重他们，这是不是很不公平呢？

尊重孩子，不应该是一句空谈，而应从这些细微处做起。况且，从细微处着手尊重孩子，实际上也是在给他们做良好的示范。一个得到尊重的孩子，才能从我们身上学到尊重他人的技巧，继而懂得尊重别人。

当我们与朋友聊天的时候，如果孩子恰好在旁边，我们不妨从一开始就以孩子能够接受的方式将其带入。只要他们觉得自己受到尊重，得到关注，就不会说"妈妈，不要跟别人说话"。

记得琛琛八个多月的时候，邻居家女孩趁商场打折的时候买了一双高跟皮鞋，很兴奋地拿来给我看。因为这双鞋，我们自然而然便聊起商场打折的话题。聊得正酣的时候，琛琛急了，使劲翘起小脚丫，大声嚷嚷着，用手拍着我的脸。才八个多月的孩子就已经能够通过这样的方式表达他的不满，何况更大的孩子呢？

当孩子尖叫"妈妈，不要跟别人说话"时：

◎ 如果我们能在跟他人聊天时，捎带着把孩子感兴趣的内容也扯进去，让他们也有参与话题的机会，情形就不一样了。当孩子不觉得自己被冷落，自然就不会跟妈妈对抗了。而我们也因此主导了局面，就不会从始至终被孩子牵着鼻子走了。

◎ 当我们由于某些原因，不得不中断与孩子的游戏，去跟他人交流的时候，事先跟孩子交代清楚是很有必要的："宝贝儿，妈妈这会儿要跟阿姨聊点事情，大概需要十分钟。你看看，表的指针走到这个位置，就差不多了。你先……（给孩子安排点别的活动，比如看书、画画、搭积木，或者孩子喜爱的其他活动）等着妈妈哦！"之后，给孩子一个热烈的熊抱，一个亲吻，给他们一些正面的暗示，他们就会尝试耐心地去等待了。

◎ 当孩子尝试等待时，视情况不时给他们一点关注，是保证他们耐心等待的强心剂。给予孩子的关注可以很简单，比如，对着他们竖个大拇指，或者赞美一句："你已经安静地玩了五分钟，妈妈相信你还可以玩更长的时间。我看到你控制自己的能力越来越强了。真不错！"也许孩子并不能完全听懂这些话的含义，但妈妈赏识的态度，孩子是可以感觉到的。于是，他们的耐心得到鼓励，尝试等待的时间就会越来越长。当然，他们也无须焦躁地对着我们喊"妈妈，你不要和别人说话"了。

◎ 将成人的活动融入孩子的游戏中，成为他们喜爱的游戏的一个部分，那么，我们与孩子就不再是冲突的关系，而成了一体的关系，情形就更不一样了。比如男孩喜欢开车的游戏，那么，两个聊天的成人就可以是火车上的乘客，乘客当然是可以聊天的啦。而孩子是火车司机，为了乘客的安全，他们必须专心开车。在他们专心开车时，我们偶尔关注一下他们，强化一下他们司机的角色，孩子就会很享受这个游戏，当然，我们和孩子就不会起冲突了。

总之，当我们在养育孩子的过程中遇到某些状况不知如何处理时，试着将自己摆在孩子的位置去体会他们的感受，会是个不错的选择。如此，我们就无须着急忙慌地去寻求专家帮助、从书本中翻找，或者通过其他方式寻找对策，而应对的办法自然而然就有了。

懂了孩子的心，一切便都归于简单纯粹，自然就少了慌乱、烦躁、疲累、无能为力……

别以我心推想他心，进入对方的心，一切都将不同。孩子如是，其他人亦如是。

天哪！孩子的重口味礼物

西妈实在太困了。没等西西睡着，她已经进入了甜美的梦乡。隐隐约约地，她觉得有人往她嘴里放了些什么，接着一种咸咸的味道透了出来。"妈妈，给你吃！"西妈一激灵，睁开了双眼。她立刻被眼前的景象惊呆了：西西左手抠着小鼻孔，右手捏着一坨鼻屎送了过来。与此同时，他的小嘴巴里还在咀嚼着什么。天哪！原来那咸咸的味道是……

相信很多爸爸妈妈都获得过孩子如此重口味的礼物。

那么，当孩子一片诚心，将一坨鼻屎送到你面前的时候，以下的应对方式，你会选择哪一种呢？

◎ 大惊失色训斥孩子："天哪！脏死了！拜托！不要再抠鼻子了！"然后带着厌恶与苛责的表情，赶紧把他的鼻屎清理干净。

◎ 接过孩子的鼻屎，优雅地来上一句："宝贝，谢谢你的礼物。我想把这个礼物转送给垃圾桶！垃圾桶可喜欢这样的礼物了。听，垃圾桶说谢谢你呢！下次我们把这个礼物都送给垃圾桶好不好？"当然，给孩子一个亲吻，或者摸摸他的小脑袋表示感谢，那是必须的。

◎ 接过孩子的鼻屎："哇，这是什么呀？看起来很奇怪哦！"然后展开一场关于鼻屎的对话。如果孩子感兴趣，兴许还可以拓展成一项科学探索的活动。找来与鼻腔相关的图书，或者其他相关的资料，跟孩子一起享受阅读的乐趣，探究鼻屎的奥秘。

◎ 接过孩子的礼物，用纸巾包起来："这个礼物好特别啊！我要用纸巾把它包起来。"事后再找机会悄悄扔掉。

◎ 就当没看见，很自然地引导他去做别的事情。当孩子有更有意思的事情可做时，他对鼻屎的兴趣自然就淡了。

◎ 用孩子能够接受的方式跟他讨论一下有关鼻屎的话题，让他明白鼻屎可能会影响身体健康。跟他一起商定如何处理鼻屎，如，将鼻屎放进垃圾桶，送给垃圾桶当礼物；将它放到草地上、树底下，给小草小树当肥料，等等。

……

如果是我，除了第一种方式，其他方式我都可能会采用。或许有的爸爸妈妈会质疑："天哪！难道你想纵容甚至鼓励孩子这样的行为吗？"当然不是。孩子的很多行为都不能简单地以对错来衡量。我们之所以接受不了他们的某些行为，是因为我们不了解他们这些行为背后隐含了怎样的心理动因，自然也不懂如何顺应他们的心理需求去解决问题了。因此，遇到孩子出现一些我们不太能接受的行为时，我们不妨先问自己两个问题：第一，他为什么要这样做呢？第二，这个行为会一直持续吗？这两个问题的答案找到了，我们对孩子的理解就更深入了，解决问题的办法自然也就有了。

就西西给妈妈送重口味礼物这个事件来说，如果我们不站在孩子的角度读懂他们的心思，就很难找到恰当的解决办法，或者因为过于急切而带给孩子压力。实际上，孩子进入某个年龄段，他们必然会对自己身体的分泌物、排泄物产生浓厚的兴趣。心理学称之为"肛欲期"。处在"肛欲期"的孩子不仅对鼻屎感兴趣，还会对自己的大小便感兴趣。因此，很多小孩子都会在大小便之后，饶有兴致地蹲下玩这些从自己体内排出的废弃物。

应对处在这个阶段孩子的这种行为，可不是一件轻松的事。

试想，当孩子出现这样的行为，我们若以粗暴的方式阻止，会带来什么样的后果呢？

首先，孩子将他们自以为很珍贵的礼物送给爸爸妈妈，那是多么充满爱的一种行为啊！而结果呢，他们的好心得不到回报，反而招来一顿训斥甚至其他方式的惩罚。表达爱的结果如此，他们是不是很受伤呢？

其次，孩子对因果关系的理解需要建立在经验的基础上，一次这样的惩罚未必能让他们明白挨罚的原因，就算明白了，要让孩子理解并服从，也是需要时日的（这就是很多孩子会不断"犯同样的错误"的原因之一）。下一次，他们还会继续尝试。直到有一天，他们终于明白，原来玩便便、尿尿才是挨罚的原因，这个事情真的不能做。当他们终于明白这层关系的时候，也许已经被罚过很多次了。即便他们只被罚一次便明白其中的道理，并且很乖巧地终止了这个行为，我们带给他们的也可能是一种心理上的伤害。因为，他们很可能将大小便的经历与这种不愉快的体验联系起来，进而对自己的身体产生错误的认知。于是，每逢大小便，或者联想到相关的人体器官，他们的潜意识里就会产生罪恶感。而这，也是导致成年后不自尊不自重或者自轻、自贬的早期诱因之一。

再次，爸爸妈妈突然变得如此"凶神恶煞"，孩子的内心会十分恐惧。很多孩子被爸爸妈妈吓过之后，需要很长时间才可以重新找回安全感。这是多么得不偿失的一种方式呀！

对孩子来说，自己的体内居然能生产出这样的物事，那是多么神奇的事情！他们当然抑制不住想要探究其中奥秘的冲动啦！

如果是鼻屎，孩子要吃，简单粗暴地阻止他们不是好办法。即便我们在场时，他们因为害怕挨罚不吃，等我们不在身边时，他还是会偷偷地去尝试。因此，正确的引导很重要。

一天，我正好碰见一个孩子在吃鼻屎。我走过去，跟他有了如下的对话：

我："好吃吗？"

孩子："好吃！"

我："是什么味道的呀？"

孩子："咸的。"

我："哦，原来是咸的呀！"

孩子抠了一坨鼻屎，递给我："林老师，送给你。"

我很自然地接过来："谢谢你的礼物！我要用纸巾包起来。你看看，小朋友们在玩什么呢？"

我没有限制孩子的这种需求，也不去批评他的这种行为。于是，他的自尊心得到了保护，好奇心也得到了满足。随后，我引导孩子去关注其他孩子的游戏，于是，他的注意力被转移，自然就不再抠鼻子、吃鼻屎了。

我想，如果是我的孩子将鼻屎送给别人，而我正好在场，我会这样处理：把孩子的鼻屎接过来，用纸巾包起来，然后告诉孩子："我们先用纸巾包起来，改天快递给阿姨吧！我们先送阿姨一个别的礼物吧！"如此一来，我们的尴尬消除了，孩子的一片好心也得到了保护，这就两全其美了。如果我不在场，若对方也这么处理，那是孩子的运气好；若对方拒绝了他，甚至奚落他一顿，那么，让他体验一下被人拒绝的感觉，事后给他一些心理疏导，让他意识到，这样的礼物送给人不合适，下次可以送别的礼物，问题也就解决了。

当然，为了防止我们不在场的时候，孩子送给别人这样的礼物，我们可以预先给孩子一些引导："这个礼物垃圾桶最喜欢了，我们送给垃圾桶吧。垃圾桶收到这个礼物肯定特别开心。嘘，千万别送给别人啊！这可是我们俩的小秘密哦！"妈妈这样的要求，孩子通常都会照做。毕竟，对他们来说，妈妈才是他们最爱的人呀！博得妈妈的欢心，可以说是小孩子最大的心理需求！多跟孩子玩几次把鼻屎送给垃圾桶的游戏，他们就会习惯性地将它送给垃圾桶了。

如果我们不想再接受孩子类似的礼物，也可以换一种方式来表达："谢谢你，我要一个这样的礼物就好了。你知道我现在最想要的礼物是什么吗？一幅画（一个小纸片，一朵花，一根小树枝……），要不，你送我一幅画（一个小纸片，一朵花，一根小树枝……）吧，好不好？"

鼻屎的问题相对好解决，而大小便的问题就不那么轻松了。看到那热腾腾的一摊或者一坨出来，孩子热情高涨，玩兴正浓，爸爸妈妈难免头大。遇到这样的情形，怎么处理好呢？其实也不难！处在玩大小便年龄的孩子，正好同时处于"泛灵性"的阶段。利用他们"泛灵性"的特点，我们就可以既不责备孩子，又很好地处理他的大小便了：

◎ 夸张地责备他们的大小便："嘿，臭粑粑（尿尿），你怎么跑到客厅来了？快回你的厕所去吧！"然后很自然地打扫干净就好了。如果担心孩子继续玩，就拽着他们一起去拿工具。

◎ "我听到你的臭粑粑说：'我要回家！我要回家！'快，把它送回家（马桶）吧！"

◎ "我们以后让粑粑直接回家吧！它肯定会想妈妈的！找不到妈妈，它就没命地哭啊哭啊，你看看，它都把自己哭臭了。"

这样去跟孩子交流，孩子内心就不会有压力，出于同理心，他们通常都会很配合的。更何况，孩子不会一辈子送人重口味的礼物，也不会一辈子玩大小便。如此一想，我们便释然了。何必跟孩子这种阶段性的行为较劲呢？

Part 3

───── · 关注孩子的个性 · ─────

孩子总是有着各种各样令我们头痛的行为，这与他们的年龄有关，也和他们的个性有着直接的关系。正因为孩子各个不同，这个世界才丰富多彩。不同个性的孩子，要以不同的方式去教养。只有这样，我们对孩子的爱才不会扭曲。

孩子个性不一样，教养方式大不同

如果孩子是一颗种子，他的个性就是胚芽。这个胚芽决定了它会生出什么样的茎和叶，长成什么形态的植株。就算老天爷也改变不了它的属性。

实际上，将不同的种子分解后，它们的成分差不多，无非都是碳水化合物、各种矿物质、蛋白质……不过发芽之后，它们成长的方向却千差万别。正因为千差万别，这个世界才如此丰富多彩。不同的种子有不同的生长特性与需求，有的喜水，有的耐旱，有的喜阳，有的耐阴，有的需要肥沃的土壤支持，有的偏要在沙漠这种恶劣的环境下生长……

对不同的种子，我们就要提供不同的生长环境，采取不同的照料方法。即便是同样的种子，在同样的环境与照料下生长，最终成就的植株也是千姿百态的。每一颗种子都有自己的使命，并借由完成这个使命，成就一个大千世界。生命有如此神奇的特性，我们怎么可能不怀着敬畏之心去看待它们呢？一颗普通的种子尚且如此，何况是一个活生生、有思维、有情感、有灵性的小人儿呢？

孩子个性不一样，教养方式自然也大不相同。即便孩子个性一样，教养方式也不应该一样。毕竟，孩子之间普遍存在着个体差异。个体差异的存在，使教育成为一种非常个性化的行为。

前些年，每当有人问我该如何早教的时候，我会回复他们，该如何如何。现在越来越觉得这是个根本找不到标准答案的难题。如果只给一个大致的答案，又让人觉得有隔靴搔痒之嫌。因为孩子不是我的，我完全没有了解，怎么可能给出好答案呢？即便把孩子交给我，我也交不出十全十美的教养方案，因为没有绝对完美的父母。更何况，孩子每天都在变，我们的教养方式也要跟着变，因时因地、因人因事、因情形而异，才能适应孩子的这种变化。我们经常看到，孩子昨天还很乖巧，跟他们交流起来很顺畅，今天，他们突然变得逆反了，以往的那一套全都不吃了。孩子成长的过程中，他们总在变来变去，以致我们根本无法用一套具有普适性的方案去应对。顺应孩子的个性、成长的需求而变化，是最具普适性的教养原则。

有不少爸爸妈妈以为，把孩子送到早教中心、一个好幼儿园、一个好学校，让他们接受专业的教育，心里就踏实了。殊不知，养育孩子，是父母永远不可推卸的责任。别的机构、老师虽然也很重要，但他们承担不了教育的全部内涵。何况孩子与我们一体，就算将他们交与别人，我们对他们潜在的影响也是无法消除的。

令人遗憾的是，即便我们自己，也常常不顾孩子的个性，总想按照自己的理想来改造孩子，设计孩子。外向的孩子，我们期待他们内敛一些；内向的孩子，我们希望他们开放一些；敏感的孩子，我们期待他们粗犷一些；不敏感的孩子，我们希望他们细腻些；活泼的孩子，我们希望他们安静些；安静的孩子，我们期待他们好动些……如果有人反问一句："要是孩子真的走向反面呢？你能接受吗？"略微沉吟，就会发现这样的事实——我们一样接受不了。我们想要的是一个完美的孩子，而这个完美的孩子需要融合所有矛盾的特性，并在这些特性中找到某种平衡，让一切圆融无碍。这样的要求，对孩子来说是多么不公平啊。

从我们这些逆孩子个性而生的期望可以看出，我们的内心是多么矛盾。在这样一种矛盾心理支配下，不管什么样的孩子，我们都会嫌他们不够完美，也接纳不了他们的"不完美"。抱着这样的心态去养育孩子，我们聚焦的全是问题，又怎么可能不焦虑呢？即便是造物主本身，也满足不了我们这诸多的需求。

有一对夫妻来找我咨询，想知道如何让他们的孩子变得更外向一些。看着那一对腼腆的男女，我问他们："你们自己的性格外向吗？"回答当然是否定的。一对内向的父母，因为无法接纳自身的内向，转而期待改造自己的孩子，让孩子来圆自己外向的梦，这是多么不现实的事情。

正如这对夫妻一样，如果我们去透视自己的内心，就会发现，那些我们接纳不了的孩子的某个特性，其实骨子里接纳不了的往往是我们自己。明白了这个道理，我们才可以转换视角，去透视我们的内心，完成自我成长，同时给孩子一个更宽松、更有爱的成长环境。

如果我们不顾孩子的个性特点，只关注孩子的问题，总想着要去改造他们，孩子从我们这里接收到的就不是爱，而是苛求，进而让孩子产生自卑心理：我不被爸爸妈妈接纳，我不是个好孩子，我真没用，怎么努力都达不到爸爸妈妈的要求。一个不被爸爸妈妈认可的孩子，他怎么可能获得足够的自我价值感，又怎么可能自信地面对这个世界，拥有幸福美好的人生呢？

因此，与其纠结于去改造孩子的个性，不如尝试接纳孩子、赏识孩子，并顺应他们的个性需求，给予个性化的教育。这样，孩子就可以透过我们欣赏的目光，看到自己独特个性的可贵之处，进而以自己为荣，去成就一个真实快乐而与众不同的自己。

接纳孩子的个性，是爱孩子的第一步。

了解孩子的个性类型，是父母接纳孩子的前提。根据我的观察，我将宝贝们大致分为十种个性类型。当然，大多数孩子可能是多种类型的混合，所以爸爸妈妈们也不必过分纠结自己的孩子属于哪一类，只要了解到不同个性的孩子需要特别关注的问题就好。

事实上，个性无所谓好坏，有一利必有一弊。或者换个说法，利是弊，弊也是利，但看我们如何引导与面对。没有谁是完人，一个全才，基本也是庸才。想明白这一点，我们就不会强求完美，无端给孩子施加压力，最终让亲子双方都疲惫不堪了。

下面谈到的针对十种个性类型的孩子的养育建议，不仅适应于单一个性类型，也可以经过变通，用于其他个性类型，因为在理论上，它们是相通的。

谨慎型孩子：旁观是参与的前奏

谨慎型的孩子凡事有把握才有行动，因此，他们懂得权衡利弊，不莽撞，做事情比较"稳妥"，较少犯错误。这样的孩子比较慢热，融入集体环境，或者与人交往都不是太主动，因为太过谨慎，他们常常失去机会。当然，作为未来的社会人，融入特定的群体是我们必须面对的人生课题之一，也是我们赖以生存的基础。因此，当孩子能够自如地融入周围环境或小伙伴的活动，看起来很"放得开"时，我们往往深感欣慰。但是，倘若孩子融入环境有困难，甚至很长时间都在旁观，我们就很可能因此而感到焦虑。

偏偏有些孩子生性腼腆、谨慎，进入陌生环境、接触陌生人时，显得比较胆怯、慢热。牧夫就是这样一个小男孩。在家，或者跟他熟悉的人在一起还好，倘若进入陌生环境，或者与不太熟悉的人在一起，他就显得很警惕。为了锻炼牧夫，让他变得"大方"一些，妈妈特意给他报了一个亲子班。第一堂亲子课，牧夫的双眼光顾着盯妈妈了。只要妈妈离他稍微远一点儿，他就紧张地靠过去，生怕一不留神，妈妈就消失了。看牧夫这样的状态，妈妈很焦虑，不知道这个课程该如何继续。去了两三次后，牧夫的状态略微好一些了。他开始关注课程，不过只限于在一边观看，并不参与。并且，他还时不时需要回头看一眼妈妈。老师认为这可能跟妈妈在场有关系，因此建议妈妈离开教室试试。谁知，妈妈走后，牧夫一回头发现妈妈不见了，立刻大哭起来。

牧夫就是典型的谨慎型的孩子。这类孩子接触新事物、陌生环境、陌生人时通常比较审慎，需要有一个观察与适应的过程。只有在他们确认所处环境、人群及接触的新事物很安全，不会对他们构成威胁的时候，才会试探性地接纳一切。接纳了这一切，他们才会从旁观走向参与。对于这种类型的孩子来说，旁观有着特殊的意义。只要他们开始观看，说明他们已经对相关的活动产生了兴趣。因此旁观是他们参与的前奏。如果我们不给他们施加压力，他们就会很享受地去观察周围的环境以及其他人的活动。一旦做好了心理准备，他们也会慢慢地融入环境与小伙伴们的活动，并陶醉其中。

因为比较审慎，这种类型的孩子通常比较注重生活流程，他们最想知道的是接下来会发生什么，如果接下来发生的事情不是他们所熟悉的、预料之中的，而是陌生的、突发的，他们就可能比较抵制新情况。这类孩子做事情比较有规律，秩序感强，脾气通常也很好，显得很有耐心，一旦对某件事情产生兴趣，往往可以长久地保持探究的热情。

对于谨慎型的孩子，我们可以保持相对规律的作息时间，保证他们的生活环境不会发生太大的变化，让他们觉得一切都在可控的范围内。当然，如果过于机械，会让孩子变得刻板，也不是好事。因此，我们可以尝试在相对规律的生活中适当融入一点点变化，带给他们一些小小的意外。为了让他们更好地接受这种变化，我们可以事先给出一个提示，让他们有个心理准备的时间。因为有提示在先，他们就会更容易接受这种变化。当然，我们也可以人为地将这种变化与他们熟悉的一切关联起来，有了这种连带关系，孩子也会比较容易接受。这样的变化多了，他们就会习惯，并且不再惧怕这种变化。慢慢地，他们融入新环境、接受新事物的能力也会随之提高。

对于谨慎型的孩子，当他们进入陌生环境，接触陌生人时，最好不要急于让他们融入，允许他们先保持一个安全的距离去观察、体验，等他们准备好了，自然会逐渐靠近，最终放下防卫的盔甲，逐渐融入环境。如果我们不顾孩子的感受，急于促使他们参与，就会导致他们很有压力，适得其反。

谨慎型的孩子更热衷于观察，他们对事物的感受力往往比较强，内心细腻、丰富，这也是难能可贵的特质。这种特质可能成就他们，让他们在某个领域独树一帜。比如，他们可能成为很好的作家、艺术家等。当谨慎型的孩子不愿意立刻参与小伙伴们的活动时，我们不如转而引导他们更为细致地去观察："你看小姐姐在用小铲子挖沙子。她把沙子装在小桶里。小桶已经装满了，越堆越高，你看，多像一座小山呀！我们走近一点看看，那些闪光的小点是什么呢？有点像……哎呀，看不太清楚，再走近点……哈，这下看清楚了，原来是沙子在反光呢……你们在玩什么游戏呢？我们可以跟你们一起玩吗？"

当我们以这样的方式去引导孩子时，他们的注意力集中在周围的环境或者小朋友的活动上，好奇心也被调动起来，他们融入的进度无疑也跟着加快了。

家有一个谨慎型的孩子，作为父母，我们最需要做的是下面的工作：

◎ 接纳孩子，不去强求改变，尤其不要贬损孩子，打击孩子。

◎ 摆正心态，放轻松些。当我们很放松，不去逼迫孩子时，他们就会很放松。当他们很放松时，对外部环境就会放松警惕，自然可以更好地融入。哪怕只是偶尔放松警惕，孩子也会有意外的收获。

◎ 试着发掘他们的闪光点，创造更多的机会，引领他们去观察、体验，把他们内心细腻、丰富、感受力强的特点发挥到极致，鼓励他们以自己的方式去表达，帮助他们成为最好的自己。

◎ 注意父母自身的提升。当父母内心强大，安全感十足时，就可以给孩子以力量。从我们这里获得力量，孩子就可以更好地面对这个世界。

当然，如果孩子很享受这种状态，我们也不必焦虑。人生有许多变数与奇遇，也许某天，孩子机缘巧合地遭遇某个人某件事，这个人这件事就会促使他转化。作为父母，我们只要在孩子缺乏能量、内心恐惧时给他们支持，和他们一起面对，就是对他们最好的帮助。

雷厉风行型孩子：行动才是硬道理

雷厉风行型的孩子充满活力，行动力很强，这是他们最大的优势。对于雷厉风行型的孩子来说，等待是无法忍受的，行动才是硬道理。一旦想要做什么，他们会在第一时间去实践。倘若由于某些原因，致使他们的行动被延缓或者遭遇阻碍，他们会变得很急躁。因此，跟这种类型的孩子沟通，我们需要讲究点策略。

我们先来看看小男孩亮亮的故事，就会了解这种类型的孩子有什么特点，以及我们应该如何与他们互动。

每个周末，爸爸妈妈都会带亮亮外出玩耍。不过在出门前，爸爸妈妈和亮亮之间时常会闹点不愉快。这天一早，亮亮又不开心了。

"我要去八一湖玩冰车。"

"你先去刷牙、洗脸，吃过饭再去。"

"我不想刷牙、洗脸，我要马上就去。"

"你脸上脏兮兮的，怎么出去呀？人家看见你都得笑话你。"

"我就要脸上脏兮兮的出去。"

"脸上脏兮兮的，我们可不敢带你出去。再说，不吃饭，你待会儿就没力气玩了。"

……

几个回合下来，亮亮早就急不可耐，开始要横。爸爸妈妈虽然一再告诫自己要冷静，要给孩子讲道理，但是最终还是没有按捺住火气，在亮亮的小屁股上拍了几下。两巴掌下去，小家伙才算老实了，抽抽搭搭地去洗漱、吃饭，收拾好，跟着爸爸妈妈出门了。一场战事虽然结束了，却惹得全家人都不高兴。

对于亮亮这种雷厉风行型的孩子来说，父母这样的沟通方式无疑是一种折磨。要想让他变得配合，我们首先需要站在他的立场去思考问题，以他能够接受的方式跟他沟通。倘若我们换一种方式，对他的要求立刻做出响应，并且急他所急，协助他更快速地达成目标，情形就不一样了。

"你想去八一湖玩冰车啊？好啊好啊！哎呀，我也好想去，我都等不及了。抓紧时间，我们就可以更快地到达了。赶紧洗脸。来，把你小手伸进来洗洗，小手洗好了。快，把小脸凑过来洗洗！好了，赶快去吃饭！加油！马上就要出发了哦！"

虽然我们一样在要求孩子刷牙洗脸吃饭，但是因为是站在他的立场处理问题，我们的每一句话都在告诉他"要立刻行动"，尽快达成他的目标，亮亮自然就不抵制了。当然，提这些要求的时候，我们一定要注意自己的语气。虽然上面这段话听起来基本都是祈使句，但是语气把握到位，这些祈使句就不带命令的口吻，孩子就会从中受到鼓舞，心甘情愿地配合我们。

如果时候尚早，担心去了公园没开门，或者我们自己还没准备好，还可以继续就这个话题拓展一些相关的活动，比如准备一些跟玩冰车相关的装备。如果装备准备齐全了，还可以跟孩子商量，带上他最喜爱的一个玩具一起去玩冰车。当然，他的玩具需要做些"防冻"的准备工作……这么多活动组合到一起，孩子有事情可做，自然就肯配合并且充满活力，也就不会跟父母对抗了。

雷厉风行型的孩子凡事要立刻付诸行动，不愿意等待，也就不会去考虑后果，容易冲动，不太可能服从他人的约束，更喜欢按照自己的喜好来行事。因为敢于出头，他们常常是小团体中的领导者，如果别人不服从，他们情愿成为独行侠，也不愿被他人所左右。这种类型的孩子很容易"制造麻烦"。因此，他们需要在犯错的过程中摆正自己和环境的关系，从中吸取经验教训，最终领悟到正确的做事方法。提供机会让他们感受自然后果，有助于他们规范自己的行为，并学习以更好的方式行事。

有需求的时候，雷厉风行型的孩子特别期待立刻获得爸爸妈妈和其他人的关注。当他们的需求得不到满足时，他们常常因为急躁而发脾气，因此，他们可能会让爸爸妈妈很头痛。有的爸爸妈妈因为不懂得如何应付，可能会选择跟孩子发生冲突。冲突会让孩子更急躁。

对待雷厉风行型的孩子，我们可以尝试让他们成为主导者，让他们来负责某项任务。这会让孩子更有控制感。若需要等待，最好给他们安排一些事情做，免得他们因无聊而情绪波动。比如一家人外出的时候，恰巧有一个慢性子的小妹妹同行，等待对他来说就会变得难以忍受。此时，父母不妨多正面激励他："小妹妹还小，需要帮助。帮帮她，我们就能争取更多的时间，更快速地到达。快，给她准备鞋子、帽子，给她开门，保护妹妹，别让门夹到妹妹的小手……太好了！有亮亮帮忙，进度快多了！看看还有哪些影响我们速度的事情需要做呢？"仔细观察孩子的进度，及时把这些指令发出去，亮亮自然就会接收到相关信息，受到暗示去行动。他就不会因为需要等待而焦躁不安了。更何况，做这些都是为了更快速地去做他想做的事情，他的注意力集中于他理想中的目标，就不会因为被这些烦琐的事情所牵绊而烦躁了。

他也可能会抱怨小妹妹太磨蹭了。当他抱怨时，最好不要否定他，而要跟他共情，表示理解他的感受，同时暗示他，大家都将齐心协力，加快进度。甚至可以鼓励他来想想办法如何提速。

当然，准备一两个有趣的游戏排遣无聊也是很不错的办法。作为爸爸，不妨学几个小魔术，在必要的时候露上一手。如果一时找不到跟孩子玩的游戏，给孩子举个高高，来个倒立，他们也会很兴奋。

为了让孩子学会等待，我们也可以创设一些相关的游戏，在游戏中设置等待的环节。因为是游戏，这样的等待会让孩子比较容易接受。一旦他们习惯了，在做其他事情的时候，也就能够更好地控制自己了。

敏感型孩子：不切实际的"鼓舞"让他们更沮丧

敏感型的孩子往往有着非同一般的洞察力与感受力，要"骗"他们可不是一件容易的事情。这类孩子非常聪明，能够洞悉一切。引导好了，他们在处理人际关系方面可能是天生的好手。当然，如果引导不当，他们也可能因惧怕处理各种关系而走向反面。

这类孩子对家庭中各种微妙的关系有明察秋毫的本领，因此，家庭成员之间出现一点点问题，都会在他们心中荡起涟漪，导致他们的情绪与行为随之发生改变。倘若他们在做某事遇到困难时，我们试图去"鼓舞"他们，以为如此就可以起到积极的作用，那就错了。因为能够明确地察觉到自身的"不足"，这种"鼓舞"会给他们虚假的感觉，甚至带有讽刺意味，使他们更加担心自己力有不逮，反而变得更沮丧，甚至干脆放弃尝试。

敏感型的孩子与谨慎型的孩子有很多相似的地方。比较而言，敏感型的孩子感受力更强，情感更细腻，更容易有受伤的感觉。爷爷奶奶回老家，再回来，爸爸妈妈出差，家里来个客人，客人走了，这些都可能会带给他们影响。妈妈和奶奶之间不动声色的"较量"，爸爸和妈妈之间偶尔发生点小摩擦……他们一样能敏锐地捕捉到，并且反应强烈。如果换了非敏感型的孩子，他们可能根本就不会在意这些事，即便在意，也不至于有如此大的反应。敏感型孩子的这些特质，决定了他们在生活中会遇到更多的麻烦。因此，家有一个敏感型的孩子，作为爸爸妈妈，也会相对更头痛一些。

不过，如果我们智慧地面对敏感型的孩子，也可以在很多方面达到事半功倍的效果。比如，敏感型的孩子出现某些不符合社会规范的行为时，我们不需花大量的时间去调整他们，不着痕迹地暗示一下，他们就会敏锐而准确地接收到相关的信息，并尝试去调整自己。再比如，敏感型的孩子感受力吸收力都很强，那么，只要在他们生活的环境中融入某些元素，他们就会关注，就会敏锐地察觉到这种变化，并接收相关的信息。因此，无须我们耗费大量的时间与精力刻意而为，孩子就可以从所处的环境中学习到许多，时不时带给我们惊喜。

我有个朋友，非常敏感，因为过于敏感，内心受了很多煎熬。生下女儿后，她特别期待这个孩子"没心没肺"，不要步自己的后尘。但事与愿违，小女孩的敏感程度与妈妈相比，有过之而无不及。于是，为了不让女儿内心受伤，朋友凡事小心翼翼，生怕触动了孩子的心弦，给她带来伤害。然而，正如墨菲定理揭示的那样，你担心某事发生，它偏偏发生。尽管我这个朋友处处小心，小女孩还是变得越来越敏感，并且因敏感而谨慎、胆怯。上幼儿园之后，孩子出现了明显的适应性障碍。除了她特别熟悉的小伙伴，面对其他人的时候，她总是睁着一双大大的眼睛，警惕地看着对方，一旦有人靠近她，她便浑身不自在，似乎每一块肌肉都变得僵硬起来。

看到孩子这样，我这个朋友非常苦恼，但又不知如何解决这个问题。当她跟我聊起这事时，我的第一反应是她自己过于紧张，并把这种情绪传递给了孩子。果然，我的推测得到了印证。原来，因为孩子太敏感，我的朋友担心孩子入园后与小朋友相处遭遇障碍，适应困难，甚至可能受伤，这种过分的担忧导致了孩子进一步的紧张。因此，我给了她一个建议——先把自己调整好，相信孩子，相信自己，试着平和淡定地面对一切。为了调整自己的状态，她读了很多心理学以及心灵成长的书籍，参加了不少相关的工作坊与活动，逐渐地，她看问题的方式变了，状态一天天好起来，不再那么紧张了。她的状态好了，孩子的状态也奇迹般跟着好了。

孩子小的时候，因为人生经验匮乏，很难根据自己的经验去认知外部世界，判断它们是好是坏，是安全还是危险，而是更多地依赖于观察父母对外部世界的反应来做出判定。对于一个敏感型的孩子来说，因为他们能更敏锐地察觉到我们的内在想法，自然更容易受我们的影响。因此，养育一个敏感型的孩子，我们自己先要有强大的神经。只有我们自己内心足够强大，才能给予孩子更多的正能量，帮助他们更自如地面对外部世界。以"心"去引领一个敏感型的孩子，比给他讲道理、提供指导要有效得多。

对于一个敏感型的孩子来说，与其不切实际地"鼓舞"他做某件事，不如引导他把关注的重心放在做事情的过程上，而不是关注最终的结果，反而能让他更多地享受到做事的乐趣，而结果自然不会差到哪里去。

非常巧合的是敏感的父母，通常会养育敏感的孩子。在孩子成长的过程中，要么会更敏感，小小的心灵会遭受更多一些的煎熬；要么是敏感的爸爸妈妈更懂得细心呵护孩子幼小的心灵，帮助他们转化。如果是后者，我们就没什么好担忧的了。如果是前者，那么，孩子所受的这些煎熬是否会毁了他们呢？不见得，也许正是这些煎熬给了他们与众不同的体验，未来反而可能成就他们。所以，倘若真的家庭里双方、三方甚至多方都属于敏感型，也没什么大不了的。这正是大家一起成长的好机会。抓住这个机会，以孩子为镜，透过孩子看到我们自身的问题，然后跟孩子一起去面对，这种一体的关系就会形成一股强大的合力，滋养孩子的心灵，帮助他们成长得更好，同时也滋养我们自己的心灵，让我们在养育孩子的过程中蜕变。凡事看到它阳光的、积极的、正面的那一面，我们就可以让心安住。既然如此，与其纠结，带给孩子更多负面的影响，不如调整好心态，让我们彼此互相依靠，协同发展吧！

叛逆型孩子："道理"越讲越歪

叛逆型的孩子很看重自己的感觉，不畏惧权威，能够大胆地表达自己的想法，如果引导好了，他们将来有可能在某个领域获得突破性的发展。当然，他们这样的特质有点像双刃剑——如果我们能够尊重他们，给予适当的引导，他们就不容易被人带偏，反而是让我们比较省心的一种类型。反之，就可能把他们逼向反面，不是越来越叛逆，就是被打压得完全没了个性，骨子里却埋藏着叛逆的炸弹，一旦被引爆，就极具破坏力。

叛逆型的孩子热衷于说"不"，喜欢凡事自己做主，不太能听得进去他人的意见，尤其不喜欢受人控制。一旦有受人控制的感觉，他们就反应激烈。碰上他们不愿意做的事情，就算我们耐着性子讲道理，他们也拒不接受。给这种类型的孩子讲道理无济于事，反而越讲越歪。对他们来说，讲道理无异于一种软性的控制。当我们需要对叛逆型孩子提出要求时，最好讲究点策略。如果我们能让他们有自己做主的感觉，他们就会变得很配合。当然，让他们感受到自然后果，也是促使他们变得更配合的好办法。

对于叛逆型的孩子，当我们需要给他们提出建议时，一定要以平等的姿态去沟通。我们可以提供各种可能性，让他们自己权衡并做出决定。如此，他们就不会觉得受人控制，就会很满足。

牛牛是个典型的叛逆型孩子。在与牛牛"斗争"的过程中，牛牛爸爸妈妈积累了丰富的"实战"经验。每当需要向他们提出要求时，他们不再像以往那样跟他对抗，而是设好"圈套"，引他"就范"。

让牛牛按时吃饭，曾经是十分困扰爸爸妈妈的事情之一。追着喂，逼他吃，都试过，但效果都不好。吃饭这件事反而变成了牛牛的负担，抵制吃饭几乎成了他一个习惯性的反应。牛牛爸爸妈妈决定改变策略，不再在吃饭这件事上与牛牛较量。

某天，爸爸妈妈把家里所有的零食都藏起来，连水果、蔬菜都收拾得一样不剩。午饭时间，爸爸对牛牛说："牛牛，到吃饭时间了。如果这顿饭不吃，就得到晚饭时间再吃了。你想现在吃，还是到晚饭时间再吃呢？"

有了自己选择的权利，牛牛很兴奋，他当然选择不吃。爸爸妈妈尊重了牛牛的意见，不再强迫他吃，也不再劝说他吃。

到了下午三点来钟，牛牛饿了，开始到处找吃的。不过遗憾的是，家里什么吃的都没有。牛牛开始哭闹。爸爸妈妈跟他共情，平静地陪伴他，但是忍着没有给他提供食品。到了晚饭时间，饿坏了的牛牛吃了许多。

从此，每到吃饭时间，爸爸妈妈都不再要求牛牛去吃饭，而是直接询问牛牛："牛牛，吃饭了哦。你是这顿吃，还是下顿吃呢？"

当然，为了不饿肚子，牛牛一般都会乖乖去吃饭。他玩得正来劲的时候，偶尔也会"好了伤疤忘了痛"，那么，爸爸妈妈会让他再体验一次。有了几次饿肚子的经历之后，牛牛很清楚不按时吃饭的后果，自然也就不在这件事情上叛逆了。

为了减少牛牛的叛逆行为，爸爸妈妈还尝试了一种新的方式——将要求设定为一项任务，请牛牛自己来规划如何完成这项任务。这个新的"游戏"让牛牛很兴奋，他果然热衷于自主地规划一切，并付诸实施。当然，爸爸妈妈会在适当的时机给他提供一些参考意见，帮助他去分析各种可能性，最终让他自主做出更合理的选择。因为没有强迫他，只是给他客观地提供了各种可能性，牛牛没有被控制的感觉，反而更能接纳爸爸妈妈的意见。爸爸妈妈对待牛牛的方式改变之后，这个叛逆型的孩子不再叛逆了。

实际上，叛逆型的孩子与处在"逆反期"的孩子的表现有很多类似的地方，因此，应对处在"逆反期"孩子的策略同样适用于叛逆型的孩子。一旦我们给孩子营造了一个无须叛逆的环境，他们反叛的行为自然就会减少，最终变得越来越配合。习惯了以更好的方式与人互动之后，孩子的行事模式也会很自然地跟着转变。

涣散型孩子：三分钟热度，
未必一无是处

涣散型的孩子喜欢变化，当环境中某些事物发生改变时，他们会十分敏感地察觉到，并做出回应。因为这个特性，他们常常一件事情做到半截就转而被别的事物吸引，转换方向，显得专注力不够。做事情三分钟热度是涣散型的孩子非常典型的一个特点。这类孩子通常性格外向，喜欢交际，进入陌生环境时，能很快融入。他们观察力敏锐，容易接受新鲜事物，思维活跃，常常冒出一些特别的点子，富有创新精神。如果对他们随时冒出的一些想法加以赏识，他们活跃的思维就会被激发。

涣散型的孩子一般不会特别依赖某个人，因此，他们不会像其他孩子那么离不开妈妈。相反，他们谁都可以接受，很容易让妈妈产生失落感，似乎自己的付出都付诸东流了。"这小东西真是没良心，我花那么多时间来照顾他，保姆才来几天，他居然跟保姆的感情那么好，恨不得比跟妈妈的感情还好。"

涣散型的孩子对于父母制定的规则不甚在意，即便跟他们交代过很多次，他们当时答应得好好的，可能很快就抛之脑后了，这往往让我们认为他们总在对抗。他们通常更注重结果，却很少探究事物发生发展过程中的因果关系。

涣散型的孩子还有一个非常典型的特点，就是比较缺乏秩序感，因此他们的玩具经常会很随意地摊了一地，即便妈妈经常提醒他们要整理，他们也只当是耳旁风。

对于这种类型的孩子，理解他们，不急于去改变他们，是对他们最大的帮助。如果父母总是急着去改变他们，父母与孩子之间的冲突就会加剧，不仅于事无补，反而会出现南辕北辙的局面。给他们自由探索，在混乱中学习，做他们自己想做的事情的权利，他们就会在自主的过程中学会深度地去探索一些事情，变得越来越专注，做事也会越来越有恒心，而不会总是蜻蜓点水了。

因为涣散型的孩子不太容易记住规则，因此，我们需要不断地以他们能够接受的方式，比如一些约定的手势、一些特别的语言等提醒他们，而不是斥责、惩罚。给予他们更多的机会去牢记这些规则，他们也会成为一个很守规则的孩子，只是需要更多的时间去达成这个目标。

给这种类型的孩子恰当的指导，他们就会明白自己应该怎么做，并从混乱中找到秩序感。不过，若是给他们强制性的要求，他们通常都会比较对抗。因此，以"我们来做……吧"的方式提出建议，他们会更乐意接受。

为了帮助涣散型的孩子变得更加专注，我们可以拓展一些游戏或者活动，并且让这些游戏或活动在他们能够承受的范围内略有变化，以此吸引他们的注意力，帮助他们更深入地探究事物，养成专注的习惯。假如孩子对开公共汽车的游戏产生了兴趣，但是游戏才刚开始，他们就被皮球、秋千等吸引了注意力，那么我们可以适度参与，以他们能够接受的方式引导他们："小司机，让我们把公共汽车开到阳台上去吧。哈，我们在路边发现了一个皮球，快把它装上车，一起带到下一站吧……嘿，皮球不小心飞了出去，碰到秋千了。有在秋千站下车的吗？好了，关车门，我们的公共汽车又要开往下一站了……"如此，孩子对开公共汽车这个游戏就会有更多的期待，他们专注的时间就会更长久一些。通过这种方式，我们就可以潜移默化地对孩子产生影响，帮助他们从涣散转向专注。

当然，因为涣散型的孩子无法忍受没完没了地做一件单调的事情，因此，在他们忍受的极限范围内尽早结束活动，他们就会更多地享受做这件事情的乐趣。随着年龄的增长，自我控制力增强，他们坚持的时间也会越来越长。

如果涣散型的孩子能够关注事物发生发展的过程，他们的专注力会发展得更好。我们可以通过给孩子讲故事，帮助他们理解因果关系。在日常生活中，我们也可以有意识地引导孩子去观察一些现象，和他们一起探究这些现象发生的原因，以及现象之间的逻辑关系。比如，看到一片有小洞的树叶，我们可以提出问题，引起他们的关注："咦，这片树叶上怎么会有一个小洞呢？是被扎出来的，还是被小虫子咬出来的呢？"如果连续一段时间都去观察，也许他们就会发现小洞的由来。这些看似不经意的问题，也会调动孩子探究因果关系的积极性，帮助他们更长久地去关注某个事物。

暴躁型孩子：热情是动力，
冲动是魔鬼

暴躁型的孩子活力四射，不管什么样的活动，他们都会以极大的热情去参与。这种类型的孩子能迅速融入陌生环境，与陌生人没有太多的距离感，对新鲜事物充满好奇，并且乐于探索。他们常常是非常好的学习者、探索者。不过，因为他们脾气急躁，行事比较鲁莽，容易冲动，稍不如意就可能诉诸武力，引发争端。这类孩子的情绪来得快，去得也快，与小伙伴打过闹过，很快就置之脑后，和好如初。这种特性决定了他们很容易交到朋友，不管到哪儿，都能很快打开局面，建立自己的小圈子。但是时间长了，因为常惹"麻烦"，他们也容易受到同伴的排斥。同样的原因，爸爸妈妈也容易被他们的这种特性所困扰，继而忽略他们的长处，聚焦于他们的"短处"，给他们贴上负面的标签，甚至试图通过呵斥、体罚来改变孩子，结果导致孩子产生不被接纳的感觉，自我价值感降低，积累越来越多的负面情绪。负面情绪积累到一定程度，他们必然要找机会释放出去。同时，孩子被体罚，他们从爸爸妈妈那里习得的就是一种暴力的处理问题的模式，自然也会沿用同样的模式去解决问题，出现更多的攻击行为。寻找比自己弱小的对象发泄，无疑是比较简单的一种方式。这就是很多孩子攻击其他孩子，甚至虐待小动物的一个重要原因。

面对一个暴躁型的孩子，我们首先要看到他们的优势，多利用他们的好奇心、探索精神以及自来熟的特质，引导他们将更多的精力放在探究事物奥秘、学习新技能、拓展交往范围等方面，协助他们在这些方面获得长足的发展。首先，我们要接纳孩子，在接纳的基础上再去引导孩子改变行为。如果得不到爸爸妈妈的接纳，孩子因担心失去爸爸妈妈的爱而恐慌，缺乏安全感，他们就会变得更加暴躁。

孩子暴躁，另一个重要的原因是他们缺乏变通与解决问题的技巧。因为缺乏这些技巧，遇事就容易激动，最终让事情变得越来越糟糕。如果在接纳孩子的前提下，利用暴躁型孩子的特点，创设一些游戏来帮助孩子学会控制自己，改变行为模式，那么，当他们发现除了通过暴力手段解决问题，还有那么多更好的解决问题的方式的时候，孩子自然就会倾向于启用更好的方式来解决问题、达到目的。至于如何创设游戏，就要考虑孩子的喜好、特点，根据当时的情境，灵活机动地去发挥了。

在这里，我想跟大家分享一个案例。有个四岁的小男孩，在他的小弟弟出生后，原本就暴躁的小男孩变得更加暴躁了。因为经常在外面"惹是生非"，不是咬了这个，就是打了那个，隔三差五就有人来告状，爸爸妈妈因此伤透了脑筋。每次孩子伤到别的小朋友，爸爸都会揍他一顿，希望以此警示孩子，遏制他的攻击性行为，但是，爸爸这种严厉的管教方式并没有效果，反而导致孩子的攻击行为越来越严重。

有一次，这个孩子来我家玩。看到我笔筒里有一大把水彩笔，孩子突然问我："我可以画画吗？"

我给他找来纸笔，他就跪在小桌子旁边画了起来。画画，是孩子表达自己、释放压力的好办法。通过观察并参与孩子的画画游戏，我们可以了解孩子的真实想法，并且在必要时给他们提供帮助。因为前期了解到这个孩子的情况，我动了试试看的念头。于是，我也拿了纸笔，在小桌子的另一侧画了起来。

"我要在这里画一个南南（孩子的小名）。"我一边画，一边用余光观察他的反应。听到我说要画他，小家伙果然对我的画产生了兴趣，停下来看我。

我画了一个头足人，代表他。

"南南应该有个爸爸。你想把爸爸画在哪儿呢？"

他参与进来，画了他的爸爸，然后是妈妈。

"爸爸在干吗呢？"

听到我这句问话，孩子开始描述爸爸的行为。他说爸爸很生气，在骂人，还打人……孩子说了很多。等他停下来，我继续问他："爸爸为什么打人呢？"

……

"你喜欢这个爸爸吗？"

"不喜欢。"

"那你想把这个爸爸怎么样呢？"

"我要把这个爸爸扔掉。"

"不错的主意，我来施个魔法，让他消失（我用黑笔把坏爸爸涂黑了，其间，孩子来帮忙涂，并且很享受这个过程）。好了，现在，这个坏爸爸被关到黑雾里，出不来了。"

等到我们把这个"坏爸爸"解决掉之后，我看着孩子，问他："好了，这个坏爸爸消失了。你想要一个什么样的爸爸呢？"

接下来，我们又画了一个好爸爸。然后我们一边画一边讨论。通过这种很具象的形式，把他咬、打小朋友的行为也带了进来，然后又通过画面告诉他如何处理类似的问题：

"上次南南打航航，是因为什么呢？"

"因为航航抢南南玩具了。"

"玩具是南南的吗？"

"不是，是幼儿园的。"

"谁先拿到玩具的呢？"

"是航航，可是他老拿着玩具不给别人玩。"

"那是够急人的。这么好玩的玩具，肯定好多小朋友都想玩。如果下次

137

他还拿着玩具不给别人玩，你想怎么办呢？"

"打他。"

"可是，南南打了航航，回家之后爸爸会打南南呀！再说，航航会很痛的呀。如果他很痛，以后可能就不敢跟你一起玩了。还有别的办法吗？"我看着孩子，并不急着给他答案，而是给了他思考的时间。

他一时想不出别的办法。于是我接着说："我有一个好主意，你想知道吗？想知道？那好吧，我就悄悄地告诉你吧！下次我们可以试试这样：走过去对航航说'请给我玩一会儿，好吗？'。如果航航还不想给，我们就对航航说'你先玩一会儿，待会儿再给我玩好吗？'。我相信，航航玩一会儿会给南南玩的。"

"要是他还是不给呢？"孩子担心地问。

"那我们就先玩别的，幼儿园还有很多很好玩的玩具呢。你觉得我们可以先玩什么呢？"

"可是那些玩具我都不喜欢玩，我最喜欢那辆路霸。"

"哦，是这样啊！我明白了。你知道吗？路霸会变形的哦！比如，有时候它也会变成一个球，或者一堆积木，或者……当它变形的时候，你是很难认出它来的。我试过，那个球形的路霸比有四个轱辘的路霸跑得快多了，还会蹦跳着跑呢！你看，就像这样……"

就这样，我们一边漫无边际地聊，一边在纸上画。最终，通过这个画画的游戏，孩子自己找到了很多替代的解决问题的办法。他明白了，如果他能拿到那辆路霸，固然很好，但是，如果他一时拿不到，也不必过分执着于路霸，他也可以玩得很开心。比如，他可以拿其他玩具当路霸玩，而且还能玩出更多的创意。这时，这些新奇的游戏就会吸引小朋友们的注意，那么，他们之间的游戏就会更有意思，更好玩。

孩子通常会特别在意某个玩具，对其他玩具的热情相对较低。当孩子只能先玩自己不那么钟情的玩具时，如果我们能协助他们将这些玩具玩出新的创意，拓展出新的用途来替代他们喜爱的玩具，那么，孩子的思路就会更开阔，自然就不会过分纠结于一定要玩某个玩具了。而且，他们能用一个自己不那么喜欢的玩具玩出一些自己喜欢的、富有创意的游戏，这本身也会带动其他孩子参与进来，引发更多好玩的游戏，孩子之间争抢玩具的问题自然就化解了。一旦孩子的思路拓展了，他们就会以更开放的心态去面对周围的环境与人群，就少了很多烦恼。而这样的一种人生态度，对他们一生都颇有裨益。

事后，我把我和孩子玩的游戏告诉了朋友。回家之后，他们也开始跟他玩类似的游戏，据说小家伙很享受这个游戏，性情也变了许多。再后来，我就不曾听说他有打人、咬人的行为了。

不仅画画，搭积木、玩橡皮泥、捏面人、编故事……很多活动利用好了，都能帮助暴躁型的孩子学会以更好的方式处理争端。

合作型孩子：你好我好大家好

合作型孩子最容易沟通，他们跟谁都能玩得很开心，因此，他们往往是最受欢迎的玩伴。你好我好大家好，是合作型的孩子与人交往的一种境界。因为有众多的玩伴，他们能从不同的玩伴身上学到不同的本领，为自己的成长积蓄更多有益的能量。合作型的孩子很少较真儿，他们更容易随遇而安，也更快乐。当他们的想法与其他孩子发生冲突时，他们往往倾向于无条件合作。可以说，合作型的孩子是最让爸爸妈妈省心的个性类型。

当然，他们也有令爸爸妈妈比较担忧的地方。比如，他们太好说话，以致很难坚持自己的想法，容易人云亦云，跟谁在一起都像个小跟班。这与我们都想让自己的孩子出人头地的意愿是相违背的。所以，很多时候，我们也会因此而感到烦恼。

阳阳就是典型的合作型的孩子。每天从幼儿园回到家，布丁都会跟着阳阳回家，一起玩"保卫城堡"的游戏。两个孩子配合得非常好，从来不发生冲突。

布丁："快把霸王龙放在那边，让它守护城门。"

阳阳立刻响应，把霸王龙放在指定的位置。

布丁："这里有怪兽，需要一个奥特曼过来打败它。"

不待布丁吩咐，阳阳迅速拿了一个奥特曼过来。

阳阳："那边也有怪兽呢，让奥特曼去那边吧。"

布丁："那边没有怪兽，只有这边才有。"

布丁否决了阳阳，而阳阳立刻跟随布丁，转换了游戏方向。

阳阳："我需要一只大象。"

阳阳拿起一只大象，布丁立刻伸手过来，把大象拿了过去："这个大象给我吧！"

虽然大象被布丁夺去，阳阳却一点受伤的感觉都没有。可是一旁看着的妈妈心里很不是滋味。如果阳阳总是这样，不能坚持自己的想法、保护自己的利益，将来岂不是很吃亏、很受伤吗？

正如阳阳妈一样，我们会担心孩子轻易放弃自己的想法、缺乏主见，将来人云亦云，受人操控，或者因为无法坚持自我而吃亏，甚至受到伤害。即便孩子看起来很快乐，完全没有受到影响，我们也难免会小有焦虑。不过，正如我们看到的那样，所谓吃亏、受伤的感觉很多时候并不是孩子的，而是我们自己的。只要孩子没有这种感觉，我们就无须在意。他们能以自己的方式去享受与小伙伴游戏，不也是一件很好的事情吗？正因为他们的合作，才会拥有如此丰富的资源，这本身就是成就他们最好的基础呀！我们何须杞人忧天呢？何况，未来社会，要获得属于自己的利益，不靠争，而靠相互扶持，靠合作，靠奉献。双赢，已经是普遍达成的一种共识，双赢的思维模式，是孩子未来更好地立足社会的基础。而奉献，是更高层次的境界。奉献的当下，我们似乎没有获得，但是，未来我们必将获得。所谓舍得舍得，因舍而得，有舍才有得。

况且，即便一个合作型的孩子的需求被"剥夺"，也不是什么坏事。被"剥夺"的次数多了，他们自然会寻求改变。比如，他们可能会总结经验教训，或者通过向同伴学习，尝试新的交往模式，去表达自己的需求，维护自己的利益。只要我们自身不为这些事情焦虑，孩子的适应能力往往比我们想象的要强得多。相反，如果我们无端有受伤的感觉，这种负面的情绪就会传递给孩子，甚至给孩子施加压力，反而会对他们的社会交往活动产生负面的影响，导致他们不敢与人交往。更何况，在孩子遭遇困难的时候，只要我们给他们一个温暖的港湾，他们自然会到我们身边寻求安慰与帮助，此时，我们再为他们提供指导也为时不晚。

当然，在日常生活中，我们也要有意识地多鼓励合作型的孩子表达自己的想法。我们甚至可以根据孩子的年龄与发育水平创造不同的机会，让孩子来主持"工作"，给他们更多锻炼的机会。小到决定游戏内容，大到制订超市购物计划，设计外出的行程等，我们都可以鼓励孩子参与进来，或者视情况由他们做出部分决定。

为了让他们体会到当家做主带来的成就感，我们也可以将家庭计划细分，让孩子负责其中的某一项内容。比如，去超市购物前，我们可以把购买零食的计划交给孩子决定，让他们选定要购买的品种、数量。当然，金额、数量可以事先限定，以免孩子进了超市后场面失控，并以此约束孩子，帮助他制订一个合理的规划。当我们把权利交给孩子时，他们会乐意开动脑筋，让自己的计划更加科学、合理。

孩子有了这种自我做主的经验，他们也会越来越多地尝试去表达自己的想法与需求。这样，一个合作型的孩子就可以拥有更为广阔的天地啦。

执拗型孩子：执着固然好，
变通也重要

只要认准了的事，执拗型的孩子一定坚持到底。他们不怕困难，不怕失败，"一根筋"地往下走。当然，他们也有挫败感。当挫败感生起的时候，他们常常是一边跟自己斗争，一边跟困难斗争，在纠结中继续前行。这类孩子有坚强的意志力与自我约束力，容易追求完美，专注力一般都很好，对某个事物产生兴趣之后，他们通常能够长久地维持这种兴趣。执拗型的孩子有成大事的特质，但是，因为过于执着，他们很难转弯，不懂得变通，有钻牛角尖的倾向，也容易走进死胡同。

对于执拗型的孩子，从他们很小的时候就能看出他们性格上的端倪。当他们有需求时，若得不到满足，反应往往很强烈，并且难以安抚，注意力不容易被转移。执拗型的孩子有时候会让我们深感头痛。比如，孩子在搭积木的时候，因为搭不好有挫败感，显得非常烦躁，但是他们再怎么烦躁也不肯放弃，往往一边生气，一边继续搭。如果我们去帮忙，就等于是给他们添乱。孩子会拒绝，并且反应更为强烈。这就是典型的执拗型孩子的表现。遇到这样的情形，我们会很头痛，一方面心疼他，另一方面又因为不知如何应对而焦躁不安。

实际上，遇到类似的情形，劝说，他们往往听不进去；不理睬他们，他们又得不到支持，不如就安静地陪在他们身边，等待他们将情绪发泄出去。一旦情绪发泄出去，他们就会重获平静，继续游戏。如果孩子情绪激烈，我们可以紧紧地抱着他们、拍拍他们，给他们一些心理上的支持。有的孩子可能连抱都不让抱，那就尊重他们的需求，简单共情后安静地守候在他们身旁，提醒孩子，我们就在他们的身边，随时准备回应，同时保证他们的安全，并在他们需要的时候，顺应他们的需求为他们提供支持。

当孩子情绪激烈的时候，我们若能保持平和淡定，就会传递给孩子正能量，帮助他们更快地平静下来。如果我们乱了手脚，孩子就会更加难以控制。当然，这种平和淡定应是发自内心的，而不是装出来的。要做到这一点，确实不容易。孩子的行为，很容易将我们内在的某些东西激发出来，让我们反应激烈。因此，自我修炼就显得更为重要了。

当我们因为不知如何应对孩子的这种行为而产生挫败感时，我们可能需要即刻作一些自我调适，让自己平静下来。当然，明白孩子的很多行为只是阶段性的，也会让我们平静很多。

面对执拗型的孩子，我们既要看到执拗的好处，也要帮助孩子在必要的时候学会转弯，而不是一条道走到黑。当孩子已经较上劲的时候，要改变他们往往很难。此时，最好耐心地等他们平静下来。事后，我们可以创设一些孩子喜欢的游戏，通过引导让游戏富于变化，隐含许多的可能性。通过这种游戏，我们可能潜移默化地对他们产生影响，让他们明白，要达到一个目的可以有很多种方式，无须"一根筋"。当某个方案实在行不通时，我们还可以寻找第二条路，甚至第三、第四……第 N 条路。如此，孩子就能学会变通。这样的游戏可以随时随地进行，也可以融入日常生活中进行。

豆丁，一个典型的执拗型孩子。面对豆丁的执拗，妈妈很淡定。不过，在接纳豆丁的同时，妈妈并没有放弃引导。

一个周末，豆丁妈在包饺子。当然，这是豆丁非常喜爱的活动。每次包饺子，他都会满腔热情地参与，这次也不例外。看到豆丁热情高涨，妈妈灵机一动，包饺子未必要一成不变，何不就着这个机会，帮助豆丁打开思路，拓展一个包饺子的趣味游戏呢？

"我们今天要包一些奇怪的饺子。要包奇怪的饺子，我先得擀一些奇怪的面皮。"豆丁妈揪出一些小面团，压成各种各样的形状。豆丁觉得这是一个很有趣的游戏，他也参与进来，这里揪一点儿，那里压一下，于是，那些面皮有了更丰富的变化。

"嘿，真不错！豆丁把这些面皮变得更奇怪了！"妈妈竖起一根大拇指，对豆丁的行为给予肯定。

"有了奇怪的面皮，我们还要试试奇怪的包法。"之后，豆丁妈开始尝试各种不同的包法：在一块面皮上放上馅，把面皮对折，捏出均匀的小褶皱，饺子包成元宝形状；双手大拇指与食指相扣，往中间一挤，挤成一个蝴蝶形状的饺子；将馅放在一块面皮中间，再压上一块面皮，把两块面皮的四周捏紧……当然，豆丁也如法炮制，创造了更多反传统的包饺子方法。

不仅如此，豆丁妈这次特意少准备了一些馅，结果剩下一些饺子皮，没有馅可包。"馅不够了，豆丁，怎么办呢？"

豆丁抓起一把面："用面粉做馅吧！"

"好主意！我们还可以用什么当馅呢？"妈妈立刻给予肯定。

之后，他们往饺子皮里包了很多奇怪的馅——大米、白糖、豆沙、甜面酱……

豆丁妈还准备了一些蔬菜（紫甘蓝、菠菜、胡萝卜）并榨成汁，然后用干净的毛笔给包好的饺子上色，很快，一批特别的饺子包好了。当然，这顿奇怪的饺子宴吃得大家都很欢乐，时不时爆发出惊呼声。

就这样，豆丁妈利用各种机会拓展豆丁的思路，让他明白，不管做什么事情，我们都可以变通，可以有更多的想法。当我们尝试利用生活中这些小事件，将变通的思路融进去，带领孩子一起去实践时，他们的潜意识就会接收到这些信息，进而对孩子的行为产生潜移默化的影响。当然，他们的"一根筋"也会或多或少被改变。

更重要的是，当孩子"一根筋"时，我们不能"一根筋"地跟孩子对着干。否则，孩子从我们这里习得的就是更严重的"一根筋"。如果我们换个思路处理孩子的"一根筋"，他们自然就学会了变通。如前文提到的引导孩子洗澡的案例，这个思路就可以借鉴。

特立独行型孩子：走自己的路，
让别人说去吧

　　特立独行型的孩子非常有主见，很清楚自己需要什么，不需要什么。这类孩子爱憎分明，只要是自己喜欢的事情，他们都会全心投入。对自己不喜欢的事情，他们往往表现得很淡漠，一副"事不关己，高高挂起"的姿态。若有喜欢的活动，他们能跟小伙伴们一起玩得热火朝天，即便没有同伴，他们也能独自陶醉其中。他们不怕孤单，也不拒绝热闹。独自玩儿，还是跟小伙伴一起玩儿，完全取决于正在进行的活动或参与游戏的伙伴。

　　特立独行的孩子受外部环境的影响比较小。他们有很多独特的想法，不会轻易被人带偏，有比较强的创新意识。他们的专注力通常都发展得比较好，有比较强的意志力，但有固执的倾向。这种类型的孩子一般比较以自我为中心，不太关注他人的感受，情商方面会表现得差一点儿。因为不太在意他人的感受，又比较有个性，他们在人际交往方面可能会出现一些困扰。跟小伙伴们在一起，或者上幼儿园、上学之后，在集体场合，他们常常是不太听招呼的那一类，难免会有令爸爸妈妈或者老师头痛的时候。如果爸爸妈妈或者老师处理问题简单粗暴，就会给孩子带来压力，对他们产生负面影响。

　　养育一个特立独行型的孩子，我们最担心的是他们不合群，处理人际关系出现问题，或者过于独特，不为周围人群所接受，导致他们很孤立。在这样一个越来越推崇个性化的年代，独特倒不是什么大问题。但是，因此而与环境及周围人群格格不入，并因此深受其伤，那就是一个问题了。如果我们重视孩子的情商培养，帮助他们学会理解他人，尊重他人，减少因人际关系出现问题给他们带来的障碍，他们未来就可能活得更快乐，融入社会也会容易些。

要提升孩子的情商，我们首先要尊重孩子，理解孩子，接纳孩子。如果没有得到尊重、理解与接纳，他们心中积淀的都是自贬、对立、怨怼等情绪，自然就难以去尊重、理解与接纳他人。我们自身的行为对孩子来说是最好的示范。当然，光做到这一点还是不够的。与此同时，我们也要引导他们试着去观察、分析他人的行为与感受，以恰当的方式做出回应。否则，只有吸收，没有输出的机会，他们就会认为被他人理解、尊重与接纳理所应当，却不懂得理解、尊重与接纳他人。

当然，要求一个特立独行的孩子去迁就他人的喜好有些强人所难。但是至少，我们可以引导他们试着去理解他人的感受，并以恰当的方式将这种理解表达出来；或者以不伤感情的方式拒绝他人，让对方心里舒坦些；抑或通过别的方式给对方一些安抚，表达我们的友善之情。比如：

"小妹妹哭了，她肯定很伤心。我们去安慰安慰她吧。"

"小弟弟的玩具被摔坏了，他很难过呢！我们能为他做点什么呢？"

"你不想玩这个游戏，那就对小哥哥说'对不起，我想玩……你愿意跟我一起玩这个新游戏吗？'"

如果孩子不说，我们可以暂时先替他们表达出来。这种表达既是一种示范，也是一种暗示。类似的，如果我们利用各种机会，或者创设一些游戏引导孩子试着去体察他人的感受，尝试以恰当的方式做出回应，就可以潜移默化地影响孩子。

当我们自己有情绪的时候，我们也无须压抑。相反，如果我们能坦然地谈论自己的感受，以我们的实际行动向孩子展示处理情绪的技巧，实际上就相当于为孩子提供了一个认知他人情绪、学习处理情绪的契机。

不管什么类型的孩子，他们对父母的爱，以及对父母之爱的期待都是一样强烈的。因此，以爱的名义邀请孩子加入集体活动，帮助他们从孤立走向群体，也是特立独行型的孩子普遍能够接受的一种方式。

　　"哎呀，这个游戏没法玩，还缺一个我最喜欢的小孩呢。我得把他找来！"然后假装到处寻找，突然"发现"了他，然后很兴奋地把他带进游戏就好了。孩子对这样的方式通常都比较乐意接受。一旦孩子体验到更多与小伙伴游戏的乐趣，他们就会更加热衷于这些活动，自然就不会那么孤立了。当然，如果孩子不肯加入，那就尊重他们，不要强求。

　　若孩子独自游戏时很投入，很享受，并不因为无法融入小伙伴的圈子而有沮丧、孤单的感觉，那就随他好了。一个能够忍受甚至享受孤独的人才是内心真正强大的人。如果我们需要依赖外界才能找寻到快乐，那种快乐就是虚幻、短暂、不靠谱的。只有当我们的心不被外界所影响，无论遭遇什么样的境地，都能不为所动，始终活得喜悦、安宁、踏实、真诚时，我们的生命才会趋于圆满。因此，只要特立独行型的孩子不与社会、环境、群体为敌，不为其所伤，他的特立独行便是很好的一种特质。

散漫型孩子：管他天崩地陷，我自岿然不动

散漫型的孩子天生很有定力，不管外面发生什么情况，他们都镇定自若，按照自己的进度与需求做事情。他们富有耐心，轻易不会急躁。"慢腾腾"是他们呈现出来的最典型的特质。就算你急得跳脚，一再催促，他们也能稳住阵脚，一脸无辜地看看你，继续慢悠悠地完成手头的"工作"。散漫型的孩子集体观念比较淡薄，他们更愿意沉浸在自己的世界里，根据自己的喜好行事。除非有硬性的要求，他们才会跟随，但是在节奏上，他们往往比其他孩子慢半拍，就算落单了也一副无所谓的态度。

一个散漫型的孩子困扰我们的最大问题是他的"慢腾腾"。面对一个散漫型的孩子，如果我们不能耐着性子等待，就只好越俎代庖，迅速帮他结束手头的"工作"。但是，这不是好办法。如果我们总是代劳，他正好乐得如此。这对帮助他提速毫无益处，反而导致他更加依赖，更加"不思进取"。

家有一个散漫型的孩子，我们不由自主地就会给他贴上"磨蹭"的标签。这个标签只会强化他的"磨蹭"，哪怕我们的"指令"是"不许磨蹭"。不仅"磨蹭"如此，所有贴标签的做法都对解决问题没有帮助。这是我们最需要克服的一种教养模式。

对于那些性子比较急的爸爸妈妈来说，他们可能不仅仅是给孩子贴上"磨蹭"的标签，还可能采取高压手段去改变孩子，试图迫使他们更快一些。但是，高压手段只会让孩子内心恐惧，或者变得更加疲沓，对改变他们"慢

悠悠"的作风没有好处。接纳他们本来的样子，是我们最需要做的工作之一。

让散漫型的孩子将关注的重心放在每个步骤上，以便他们明确地看到"进度"，是鼓舞他们的好办法。因此，我们可以尝试把一项工作分为 N 个步骤，让孩子把行动的目标定在每个分步骤，形成多个分阶段的目标，引导孩子像迈台阶一样，一级一级去完成。这会带给他们成就感，帮助他们欣喜地迈向下一步。当一项"工作"难度比较大，延续的时间比较长时，我们可以帮助他们完成其中某些难度比较大的步骤，以提高效率。最初，我们可以分担大部分"工作"，让他们完成小部分"工作"，再逐渐调整比重，直至将全部"工作"移交给他们。这样一个过渡的过程，可以不着痕迹地影响孩子，帮助他在没有压力的情况下悄然进步。当然，在完成这个目标的过程中，我们要以孩子喜爱的方式去引导他们。比如，孩子喜欢托马斯，那么，我们就可以让他来当托马斯，将任务的每一个步骤想象成一个个站台，每完成一个步骤，就停靠一个站台，然后继续前行，直至目的地。当托马斯顺利到达目的地时，庆祝一下，给托马斯补充能量，继续下一个任务就是顺理成章的事情了。

散漫型的孩子需要我们多一点耐心，配合他们的步调，帮助他们一级一级启动行动的马达，让他们变得更快速一些。但是，我们永远不要拿他们跟别的孩子比。正因为他们散漫，他们才有自己的独到之处。他们的独到之处也是其他个性类型的孩子无法媲美的。比如，散漫型的孩子内心强大，他们不轻易被环境所影响，因此他们对压力的承受力更强。

别强求改变孩子的个性

孩子的个性不同，他们的成长之路必然就有差异。个性无所谓好坏，各有所长，也各有所短。不试图改变孩子的个性，接纳孩子原本的样子，顺势而为，是我们首先需要做到的。

每个孩子都是独立的个体，有其自身成长发展的需求，也有其注定的人生方向，不以我们的意志为转移。如果我们试图把自己的一些想法强加在孩子身上，对其规之矩之，他们就很难成为自己本该成为的样子，他们的成长轨迹会被我们扭曲。这样的教养方式，对孩子的成长无疑是不利的，也是不公平的。

在自身成长的过程中，我们不可避免地会留下诸多遗憾。弥补这些遗憾的"捷径"是让孩子成为我们理想中的自己，变相地去满足我们内在的缺失感。若抱着这样的心态养育孩子，孩子就成了为我们而活的傀儡。当他们无法成为自己的时候，注定会痛苦、叛逆、自卑、自贬。

有一位爸爸跟我说过这样一句话："我们自己都做不到的事情，凭什么要求孩子做到？我们自己都不完美，凭什么要求孩子完美？"诚以为然。孩子不是超人，我们做不到的，凭什么要求他们做到呢？并且，孩子也不是神，他们无须对我们的要求有求必应。哪怕是那些我们自以为对孩子好的要求，也要站在孩子的角度想想：

我以这样的方式对孩子提要求合适吗？

我这样做真是为了孩子好吗？

我这样做，孩子会有什么样的感受呢？

如果他不听从，真的会带来我臆想中的可怕后果吗？

"让他成为我理想中的那个孩子，导致他很痛苦"与"让他成为他本该成为的那个孩子，但是他很快乐"比，孰轻孰重？

想明白这几个问题，或许我们就可以冷静下来，放下焦虑、急躁，让孩子成为原本的自己，让我们自己走向平和、淡定。

不同个性的孩子，有不同的人生之路。养育孩子不是流水线上出产品，没有固定的模式可循。孩子想做的事情，就算我们再怎么限制，那个欲望也存留在他们心底，一旦遇到合适的机会，他们就会千方百计达成自己的目标。孩子不想做的事情，就算我们逼他们，他们迫于压力，暂时勉强去做了，但只要脱离我们的约束，他们就会放弃此事，走上一条截然不同的道路。当然，前提是，我们要保证孩子走在正道上。因此，相比智力开发、情商开发，更重要的是品德培养。只要我们的孩子是一个品德良好的胚子，不管他们怎么走，都不会走歪，尽管他们可能走一些弯路。

有的时候，即便我们清清楚楚地看到孩子走进了死胡同，他们注定会碰壁，但是，如果孩子无法接受我们的意见，那也只好随他们去。让他们经受挫折未必不是好事。人都是在挫折中成长起来的。一次碰壁胜过我们千百次说教。况且，很多时候，碰壁也是财富。因为碰壁，我们才能获得顺境中无法获得的人生体验，而每一种人生体验都可以滋养我们，让我们的生命迈向圆满。

明白孩子有一种内在的成长的力量在支撑他们，我们就无须跟孩子较劲。相反，我们应该顺应孩子的需求因势利导，协助他们规划、实现自己的人生蓝图。如此一来，我们与孩子之间的种种抵牾就会自然消解。

没有谁该为谁活着，也没有谁真正为谁活着。成全别人（包括我们的孩子）便是成全我们自己。当我们放下我们执着的那些妄念,就不会太挑剔,而我们的孩子就会活得更快乐、更自在、更洒脱……当孩子成为他们本该成为的自己,就算多走一些弯路,这些弯路也不过是提供了多一些机会让他们去欣赏人生路途的风景,虽然有时候累,有时候苦。但是正因为累,因为苦,他们才可以看到别人看不到的美景。这种内在的生命体验是难以分享的,所谓"如人饮水,冷暖自知"。

我们与孩子彼此都是独立的,不需要为了他们的安全与幸福将他们捆绑在我们身上。捆绑的生活,我们累,他们也累,得不偿失。放手,让他们如其所是,然后看着他们的背影,祝福他们,在必要的时候扶他们一把,如此,孩子才能走好,他们的人生才是圆满的人生。不要对孩子过分地规之矩之,只要他们品行没问题,将他们导归正途即可,其他无须过多地修修剪剪。最美的树不在园丁的刀剪之下,而在自然的泥土与风霜雨雪中。

Part 4

—— 爱孩子，要用对方法 ——

爱孩子，殊途可以同归，殊途又绝不同归。方法不对，千头万绪如同乱麻，剪不断，理还乱。方法对了，轻轻松松，一切搞定。是吗？育儿竟可以如此从容？

孩子的问题，都是爸妈的问题

经常有爸爸妈妈因为各种困扰咨询我，诸如孩子晚上不肯睡觉，每天上床后都要折腾一两个小时，甚至更长时间；妈妈晚上加班的时候，孩子总是去捣乱，怎么说都不听；孩子故意跟爸爸妈妈对着干，不把爸爸妈妈惹急了，挨一顿揍决不罢休⋯⋯

乍一看，似乎都是孩子的问题。但是，如果我们细细地追寻下去，站在孩子的角度去分析，就会发现，孩子上述种种表现皆情有可原。真正的"问题"并不在孩子身上，恰恰在我们自身。比如，真正的原因可能是我们陪伴孩子不够，或者陪伴他们时心不在焉，所以，孩子才不得不通过所谓的"问题"行为来重新唤醒我们的关注。

试想想，如果我们是孩子，一整天没有见到爸爸妈妈，好不容易盼到爸爸妈妈下了班，谁不想开开心心地跟爸爸妈妈多待一会儿呢？而我们，虽然在陪他们，却心不在焉，甚至表现得很烦躁，弄不好还要责罚他们，试问，孩子会有什么感受呢？对于还没到独立的年龄，还需要依赖爸爸妈妈才能生存的孩子来说，确认爸爸妈妈无条件地爱他们，对他们来说是多么重要的一件事！唯有如此，他们才能获得足够的安全感，才能找到快乐的理由。否则，为了确认爸爸妈妈依然爱他们，他们只好不断地通过那些我们无法接受的方式去试探、唤起我们的注意，以确信我们真的爱他们。

实际上，孩子是非常讲道理的。只要我们满足了他们的心理需求，他们甚至会像个小大人一样，尝试去照顾我们的心理需求。与其心不在焉地陪伴孩子，导致孩子心有缺失感，浪费更多的时间，带给孩子伤害，不如干脆调整时间，多陪他们一会儿，在陪他们时放下其他的一切，充分地满足孩子。孩子被满足了，就不会再跟我们持续纠缠，就能安心去探索外部环境，或者安然入睡了。

就拿睡觉这件事来说，与其跟孩子斗争三个小时，闹得彼此不愉快，不如全心全意陪伴孩子一个半小时（若我们的心足够安定，也许半小时、二十分钟就够），让他们安然入睡。享受与孩子在一起的时光，哪怕我们陪孩子的时间短一点儿，但他们的需求满足了，心安宁了，他们的行为自然也会跟着改变。如果我们认真观察分析遇到的每一个孩子，就会发现，孩子的骨骼肌肉都透着灵性，似乎都在向我们诉说着什么。那些获得足够关注、爱与尊重，内心很满足的孩子，他们身体的每一块肌肉都更加舒展、柔软。相反，那些内心没有获得满足，尤其经常被恐吓、责罚、贬低的孩子，他们身体的每一块肌肉都显得更加紧绷、僵硬，整个人看起来也更加萎靡，缺乏生气。

做有心的爸爸妈妈，多站在孩子的角度思考，很多问题就不会发生，即便发生了，也会更快找到问题的根源并有效地解决问题。

有位妈妈发现，与小区内其他同龄的孩子比较，自己家孩子语言发育得更慢一点。很多朋友发现孩子有类似问题时，往往很焦急，甚至怀疑孩子的语言能力是否有问题。不过，这位妈妈并不着急，也不拿自己家孩子与别的孩子比较。她相信，这种差异只是暂时的，说明不了什么问题。并且，她还嘱咐家里人，当有人问起孩子说话怎么样时，不要去评判孩子语言能力如何，而是从正面给予答复，如："已经会说许多词语和简单的句子了""他说话的热情可高了，经常带给我们惊喜""这些天发现他又学会了一些新的词句，每天都有进步"。当全家人都以这样的方式去评价孩子的语言能力的时候，孩子也就没有了压力。不仅如此，说话这件事还成了他的一大乐趣。妈妈可以明显地看到，孩子很重视说话这件事，会为自己的每一个小小的进步而高兴。

某天，孩子学会了一句话——"摔个大屁蹲儿"。不过，孩子发音不太准，听起来就像"塞个大屁多"。妈妈惊喜地问："哇！你又学会新句子了？"孩子因为学会了这个新的短语而兴奋不已。每每想起，就反复练习。每当他觉得自己说得更准确些了，就会走到妈妈面前，对着妈妈说上一遍，乐此不疲。当然，妈妈也会给予热烈的回应。不久后，这个孩子的语言能力突飞猛进，不仅赶上了其他孩子，甚至还远远超过了他们。

倘若这位妈妈换一种方式面对孩子，在孩子语言能力赶不上其他孩子时，给他贴负面的标签；在孩子发音不准时，不断去纠正他；在孩子没完没了重复某句话时，厌烦地来上一句："好了，说点别的吧！"那又会是什么样的结果呢？

站在孩子的角度想想看，一切都会不同。如果发现孩子有这样、那样的"问题"，请先试着问问自己："我需要调整些什么呢？"

被软性控制的孩子长不大

　　"不许拿笔在纸上乱杵，要画画就好好画。""你必须把小手洗干净再吃饭。""你再这样，我就生气了。""你再那样，就不许看动画片了。"这种硬性的控制很容易分辨，它带来的问题，大多数家长都一清二楚。然而，另一种控制却是我们很难意识到的，我们姑且称其为软性控制。软性控制与硬性控制殊途同归，一样是妨碍孩子自我成长的绊脚石。

　　我遇见过一些看起来极其温和的妈妈，从来不跟孩子发脾气，不管遇到什么事情，她们都会很有耐心地跟孩子讲道理。孩子一般也很乖巧，不管他们多想做某件事情，只要妈妈跟他们讲明白不可以做的道理，他们通常会无条件服从，绝不耍赖……

　　妮妮就是这样一个小女孩。一方面，妈妈因为妮妮的懂事而欣慰，另一方面，妈妈也隐隐有些担心："我女儿似乎太讲道理了，有时候，我甚至觉得她不像孩子，缺少了孩子应该有的那种天真。像她这样是不是也有问题呢？"这是妈妈的直觉，尽管她说不出个所以然，但是，她的焦虑是有理由的。

　　妮妮很腼腆，需要经过很长时间的预热，才敢跟外人略有些交流，但是这种交流不太顺畅。她需要不断地去观察妈妈，只有当妈妈鼓励她的时候，她才会大胆地尝试做某些事情。

　　让我们来看看妮妮上绘画课时的情形。在上课的过程中，妈妈总是很温和地在旁边提醒她："这边加太多紫色了，我觉得要再加点别的颜色就好看了。哟，不小心加多了点，加一点点就好。你看，要是在这个位置再加点橙色的颜料，这幅画就平衡了。红色、紫色和绿色不可以混到一起，混到一起就变脏了。"

此刻，别的孩子都在按照他们自己的想法随意创作，大胆自信，无拘无束。只有妮妮，从头至尾都在妈妈的指导下完成自己的作品。每当她有自己的想法时，妈妈一发话，她立刻改弦易辙，按照妈妈的指导去实施。当然，最终的结果是，妮妮的画是结构最均衡、色彩搭配最"和谐"，也最缺少灵性和个性、雕琢意味最重的一张。其他孩子的画则有着掩饰不住的童趣，鲜活得就像他们可爱的脸庞，各有各的特色。

虽然只是一堂课的时间，我们也可以看出，妮妮妈看似随和的态度下似乎隐藏着一双看不见的手，在操控着妮妮的一举一动。妮妮传达的全是妈妈的意志，缺乏孩子的天真也就是情理之中的事了。

如果妈妈给妮妮多一些自由，让她自己去安排画面，选用她喜欢的颜色，感受三种颜色混到一起会变"脏"的结果，她的好奇心、探索的积极性得到保护，她自然会在探索的过程中领悟到更多的东西，获得自我成长的机会。妈妈给予她过多的指导，实际上相当于给了她一种软性的控制，导致她养成凡事依赖父母做决定或提供指导的习惯，若没有父母的决定与指导，她就无所适从。

硬性控制可能会导致孩子对抗，唤醒孩子自主成长的动机，所以，一部分孩子会因此变得十分逆反，最终顽强地走出一条属于自己的路。而被软性控制长大的孩子，更容易变得依赖他人，产生无力感。他们容易身大心不大，变成未来的巨婴。啃老、缺乏自主性、依赖、畏缩、逃避、凡事找借口……这就是在软性控制下长大的孩子未来的图景。

当然，给孩子自主的空间，并不等于我们就不可以给孩子任何的引导了。实际上，恰当的引导对孩子来说也是非常有益的。比如，孩子总是以同一种颜色涂鸦，尤其在他们总是选用那些暗淡的色调涂鸦的时候，可能表明他们内心有压力，或者遭遇了某些自己难以排解的困扰……要允许孩子使用这些暗淡的颜色，通过这种方式把孩子内在的压力释放出去。同时，尝试跟孩子沟通，观察他们，了解他们遭遇了什么，在这个基础上给予疏导，并在适当的时机，尝试引导他们去使用一些鲜艳的色彩，让画面发生一些改变。当他们体验到这些变化的色彩带来的别样感受时，潜意识就会接收到这些信息，找到一个突破口。这对孩子消除压力、释放负面情绪也会有帮助。当然，要想让孩子有根本性的改变，还需要找到导致孩子如此的根本原因，从因上努力，消除障碍。因不消除，其他都是枝末，再怎么在枝末上用功，效果都不显著，甚至做的全是无用功，更不会有好的效果。

引导孩子没有错，但引导的方式有问题，就很容易变成软控制。所以，只有用正确的方式引导孩子，我们才可能给孩子以滋养。如前文所述，假定妮妮妈换一种方式来引导妮妮，情形就好多了：

"哇，好多的紫色！你看看，这里还有好多别的颜色，你想试试吗？要是加点别的颜色，会变成什么样子呢？"

"这个地方还有好多空儿呢，你想在这里加点什么呢？"

如果这样跟妮妮交流，主动权在她，就不会形成软性控制的局面。一般情况下，出于好奇，她都会乐意去尝试一下。如果孩子坚持自己的方式，那就不要强求，而要尊重他们的选择。当我们以尊重孩子为前提，给他们提一些建设性的建议时，孩子的自信、自尊和好奇心以及探索的精神都会因此得到保护，自然，也因此获得更多自我成长的机会。

孩子究竟在表达谁

看到这个标题，很多爸爸妈妈可能都会感到疑惑：他们当然在表达自己啦！难道还能在表达别人？毫无疑问，孩子会表达自己。不过，有的时候，他们表达的可能并非自己，而是他们最爱的人。当孩子表达的不再是自己，而是其他人时，他们呈现给我们的很可能就是"问题"，于是，我们就很容易陷入如下的模式：改造孩子—改造不成便心生焦虑—因焦虑引发更多的问题。

我们先来看两个真实的案例。

第一个案例的主人公是一个可爱的小女孩。一次，在厨艺课上，进入品尝环节时，其他孩子都吃得津津有味，唯有这个孩子尝了一口就撇下了。不仅如此，她还把嘴里嚼碎的甜饼全部吐了出来。问她缘由，孩子回答："我不喜欢吃甜的东西。"

孩子的回答让我深感诧异。要知道，孩子是很难抵挡糖的诱惑的。莫非这个孩子是个特例？于是，我诧异地望向孩子妈妈。妈妈立刻以眼神与手势向我示意。我意识到，孩子的话恐怕有水分。果然，趁孩子不注意，妈妈附在我耳边告诉了我实情。原来，这孩子特别喜欢吃糖，见到糖就完全失去控制。妈妈不得不采取高压政策限制她吃糖，于是，为了获得妈妈的认同，她开始刻意压制自己的需求。某一天，她突然宣称自己不爱吃糖，并且，从那天开始，一有人给她甜食，她就坚称自己不喜欢甜食，并拒绝进食甜食。

听了妈妈的描述，我突然明白，小女孩表达的实际上并非她自己的需求，而是妈妈的意志。最初，她迫于妈妈的压力，遏制了自己的这种需求。时间长了，她被自我催眠了，开始抵制甜食。如同这个小女孩一样，很多孩子都会在某些方面压抑自己的需求，去表达他们所爱的人的意志。爸爸妈妈看到孩子这样，不禁窃喜。殊不知，让孩子如此压抑自己，对他们心理的成长并无好处。将来有一天，一旦逃离爸爸妈妈的控制，他们甚至有可能病态地弥补小时候未满足的这些需求。

我们再来看另外一个故事。

辰辰，三岁半，小女孩，什么都懂，心智发育相对超前。她最喜欢玩照顾娃娃的游戏——哄它"睡觉"，给它喂饭、喂水、把尿、换衣服……那小模样，温柔耐心、充满爱意，简直就是一个迷你版的妈妈。辰辰沉迷于这个游戏已经一年多了，天天如此，百玩不厌。

最初，妈妈觉得孩子沉迷于某个游戏很正常，也就没有太在意。直到辰辰上了两个月的幼儿园，老师找到妈妈，反映辰辰似乎有些不太对劲，妈妈才意识到可能真的有问题。不过她并不清楚问题的根源是什么。原来，除了娃娃，辰辰对周围的一切都视而不见。小朋友们在一起玩得热火朝天，她却无动于衷，丝毫不感兴趣。除了美食还对她有点吸引力，其他一切她都置若罔闻，视若无睹。辰辰完全沉浸在自己与娃娃的世界里，不参与课程，不参与小朋友的游戏，或者拿到别的玩具之后，不管是什么玩具，她都拿它当娃娃玩。对她来说，不管这个玩具是方的还是圆的，软的还是硬的，它们唯一的功能就只是充当娃娃。如果把她手中的玩具拿走，她也会空着双手，假装抱着娃娃走来走去，继续她的游戏。

辰辰如此热衷于玩娃娃，与辰辰妈小时候的经历有关。辰辰妈小时候上过几天幼儿园，但是由于身体严重不适应。无奈之下，妈妈给她退了园。因为无人照看，妈妈只好每天将她锁在家里。为了给她找点事情做，帮助她排解寂寞，妈妈特意给她买了一个布娃娃，教她玩妈妈照顾小孩的游戏。

小女孩天性对这类游戏情有独钟，辰辰妈自然也不例外。从此，一个人被锁在家里的日子，玩娃娃成了辰辰妈唯一的乐趣。

反思之后，辰辰妈意识到那段日子对自己影响深远，尽管当时的很多感受已经被她的意识给掩盖了。不过，她的潜意识却没有放下这一切。从她给辰辰买很多娃娃就可以看出，娃娃在她内心深处占有多么重要的位置。敏感的辰辰准确地把握了妈妈的内心，并复制了妈妈的这个行为。即便她的周围有小朋友，有老师，但是，她始终自己一个人玩，而且，她玩娃娃游戏也吸引不了小朋友们的注意力。她与小朋友们的关系似乎停留在仅仅"看见"他们的层次——仿佛当年辰辰妈站在窗前，只能看到外面的人，却无法与人互动，外面的人也根本意识不到她的存在，所以也没人理睬她一样。这情形真实地再现了二十多年前那个孤独的小女孩，正独处于一个简陋的小房间里，忍受无边的孤独与寂寞的情景。辰辰以她独特的方式表达了妈妈至今无法释怀的内在感受，唤醒了妈妈被压抑的感觉。

恍然大悟的辰辰妈不得不感叹：孩子与父母之间的关系实在太神奇了。她不再苛责辰辰，逼着她去参与小朋友的游戏，也不再强行夺走她的娃娃限制她，不过，她也不清楚究竟该如何引导辰辰，让她成为她自己。

我们设定了一个帮助辰辰走出妈妈的内心世界的方案。第一步，先帮助她与她"看见"的一切发生联系，让她意识到，这一切不仅可以"看见"，还可以"触摸"到，它们并没有被关在门外，而是就在身边。

再带辰辰外出玩耍的时候，妈妈不再逼着她去参与，而是引导她靠近，给她的感官一个近距离"触摸"的机会，唤醒她关注其他小朋友的欲望："辰辰，你看，豆豆在滑滑梯呢／那边有两个小孩在玩沙子呢／毛毛在荡秋千呢，看起来很好玩哦……我们也过去看看吧。"这个阶段，辰辰只是一个旁观者的角色，她对小朋友们的游戏产生了兴趣，但还没有参与的冲动。

第二步，在辰辰对环境中的一切产生兴趣，并且意识到它们是可"触摸"的之后，我们就可以鼓励她参与进来了。当然，要帮助辰辰从她的世界里走出来，顺利参与小朋友们的游戏，最好先借助她的娃娃。由娃娃"带领"或陪伴她一起参与，如此，她会过渡得更自然一些。

"你的娃娃肯定特别想滑滑梯，我们带它一起跟豆豆滑滑梯吧。"在娃娃的"带领"与陪伴下，辰辰开始参与小伙伴们的游戏。

渐渐的，辰辰意识到，她看见的一切，离她并不遥远，她不仅可以看到，还可以触摸到，甚至可以参与。参与得多了，她对娃娃的依赖程度自然就降低了。虽然她还是会玩娃娃，但是现在的玩法跟以往的玩法已经截然不同。因为，她表达的不再是妈妈，而是她自己。

当然，辰辰能走到这一步，跟妈妈自身的努力也有直接的关系。妈妈参加了一些心灵成长的活动，在导师的指导下，她明确地"看到"了自身的问题，并坦然接纳自己的问题。能够"看到"并接纳自身的问题，辰辰妈勇敢地迈出了一大步。如果妈妈自身没有成长，始终无法从童年的阴影里走出来，辰辰也许很难发生根本性的改变。

意识到孩子有时候表达的并非他们自己，我们才有可能透过孩子的"问题"，试着去省视我们的内心，发现我们那些被隐藏的需求与伤痕。我们自己的问题解决了，才能释放孩子，还他们自由。

你的宝贝被"催眠"了吗

我相信，很多爸爸妈妈都会被"催眠"这个词吓到。孩子很容易被暗示，又非常在意父母对自己的评判，因此，我们的一言一行、一举一动都在对他们进行催眠。看不清这个事实，我们就会无意间伤害自己的孩子。反之，我们就可以更好地协助孩子成长。

早餐时间。小女孩佳佳拿着一支软塑料包装的番茄酱，正往面包上抹。佳佳的小手一使劲，没控制好力度，番茄酱喷溅出来。桌上、地上、衣服上，这边一摊，那边几点，一支番茄酱就这样被她浪费了一大半。

"哎哟！看看你，弄得到处都是。"爸爸情不自禁来了一句。

佳佳的小嘴撇了撇，眼泪跟着掉了下来。

爸爸意识到这话说得欠妥当，语气有点生硬，马上补救："好了！好了！没关系！别哭了！"然而，这种补救来得有些晚。佳佳早已控制不了情绪，心里委屈极了。

下次再想吃抹番茄酱的面包，佳佳就不再自己动手了，而是取一片面包，直接递给妈妈："妈妈，帮我抹番茄酱吧。"

妈妈将番茄酱递给佳佳："佳佳自己来吧！佳佳早就会抹了。"可是，佳佳怯怯地把番茄酱推开了说："妈妈，我抹不好，弄得到处都是。你帮我。"

"佳佳能行，自己来吧。"妈妈继续鼓励，可佳佳还是拒绝。很显然，爸爸不经意间冒出的那句话让佳佳感受到了压力。对于佳佳这样一个敏感型的孩子来说，一句在我们看来很普通的话，都可能对她产生很大的影响。爸爸的话，让佳佳读到了以下的信息：

◎ 我抹不好番茄酱，我真笨。

◎ 都是我不好，弄得到处都是番茄酱，把爸爸惹生气了。

◎ 爸爸生气了，我很害怕。

◎ 下次我可不敢抹番茄酱了，要是再弄得到处都是，爸爸肯定又会生气。以后做事情我得小心点，要么干脆不做了，不然会出错的。

……

于是，佳佳的自我价值感降低，内心的恐惧增长，她就会惧怕尝试。失去尝试的机会，孩子的自我成长就被抑制了。

当然，并非所有的孩子都如佳佳一般敏感。换了另外一种性格类型的孩子，在受到责备之后，他们可能该干什么还干什么，看似没有受到任何影响。但实际上，这种影响可能是隐形的，它最终会通过别的方式表现出来。因为孩子的看似不在意，就会给我们一个假象，让我们误以为可以继续使用这种责备的语言。而事实上，他们的潜意识接收到的信息可能是："哦，我把番茄酱弄得到处都是。我就是这样一个做事毛毛糙糙的小孩。爸爸不喜欢我这样。"他们会认同爸爸的看法，朝着爸爸评判的方向去发展，以更多类似的行为来印证爸爸的判断，真的成为一个干什么都毛毛糙糙的孩子。

或者，另外一种情形是，爸爸平时不怎么关注他们，但是他们一"出错"，爸爸就会因为纠错而给予关注，即便这种关注是负面的，他们也可能非常珍惜，并更多地通过这种方式来获得爸爸的注意。这类孩子不怕批评，会继续"一错再错"，并很有可能每一次都把事情搞砸，仿佛就为了期待爸爸给一句负面的评判，或者引发爸爸更激烈的反应。由于这个原因，当那些顽劣的孩子受到惩罚时，惩罚往往起不到作用，甚至可能导致他们变得更加顽劣。事实上，他们只是被负面的评判给催眠了。

一个长年被负面的评判催眠的孩子，将来很难成长为一个真正自信、乐观、积极的人，他们或许变得自卑、悲观、消极，或许变得没脸没皮，看似对什么都不在意，但那很可能是一种伪装。

而且，父母与孩子互动的每一种模式都会成为习惯，未来被孩子复制到其他关系之中。比如，孩子成年后，组建了自己的家庭，就算他们找到了尊重他们、与他们相敬如宾的伴侣，也会无视对方，直到惹恼对方，促使对方改变，给他们各种负面的关注，才会觉得内心安宁。因为，尊重与温和的态度，是他们深感陌生的，只有相反的方式是他们熟悉的。对他们来说，熟悉的，才是安全的。如此，不把一个温文尔雅的伴侣逼成泼妇或者悍男，他／她是决不罢休的。当然，把对方逼成泼妇／悍男，他／她一样难受，因此，他／她的家庭生活也注定不会是那么幸福的，除非他／她真正成长了，意识到自己的问题。换言之，想要孩子未来的伴侣如何对待他／她，作为父母，我们先要如何对待他／她。想要他／她未来有什么样的伴侣关系，我们先要向他／她示范什么样的伴侣关系。总之，爱孩子，不单纯是我们对他／她好就行了，还涉及方方面面。让我们自己的生活变得越美好，孩子未来的生活才会越美好。对孩子来说，我们的一言一行、一举一动都是催眠。

还是上面的事例，如果我们换一种方式跟佳佳交流，不去责备她"弄得到处都是"，而是惊喜地看着她说："哇，不错呃！你都会自己抹番茄酱了？"那么，佳佳这种行为得到赏识，她的自我价值感得到提升，就会更加热衷于尝试去做些事情。如此一来，我们给予她的就是一种正面的积极的催眠，她潜意识里接收到的信息是："我是个很能干的小孩，我可以自己做很多事情。我下次会做得更好。"下次再抹番茄酱的时候，佳佳还会抢着去做的。锻炼得越多，她的小手越灵活，控制得越好，她做这些事情也会做得越来越得心应手。并且，在某一方面的成功，还会波及其他方面，

168

让她做别的事情时也会满腔热情，信心十足。因此，一个被家长定性为"好孩子"的孩子，他全面发展的可能性更大。而一个被家长定性为"坏孩子"的孩子，他成为"坏孩子"的可能性也更大。

当然，如果爸爸妈妈舍不得让那些番茄酱四处喷溅，我们也可以换别的方式来处理这个问题，比如：

◎ 以欣赏的眼光看着孩子："哇，不错呃！你都能抹番茄酱了。请你给爸爸也抹一个吧。我得把面包窝起来一点，免得番茄酱掉到地上。来，我俩紧密配合，试试看。嘿，你看，番茄酱被我们成功地裹住了，一点儿都没洒！嗯，干得不错！"

◎ 假装很笨拙的样子，拿着一块面包靠近孩子："哇，你都会抹番茄酱了？太好了！请你帮我也抹一片吧。等着啊，等我的面包挨着番茄酱了再使劲哦，要不我该接不着番茄酱了。"

◎ 提出新的要求："我就喜欢番茄酱抹在面包的正中间呢。来，瞄准了再挤哦。预备，挤！嘿，不错，我要把面包卷起来压一压，然后打开看看。哇，一整片面包都沾上番茄酱了呢！看来这个办法也不错哦。还有别的抹番茄酱的好办法吗？"

……

当我们以这样的方式跟孩子互动的时候，他们的行为得到赏识，同时，我们也通过这种方式，将更多如何做好事情的方法不着痕迹地传递给孩子，让他们在观察与实践中悟到更多技巧，并养成爱思考、多方位多角度解决问题的好习惯，如此，便两全其美了。类似的互动无疑给了孩子一种正面的、积极的催眠，对他们身心的发展更有补益。

实际上，孩子更在意的不是语言本身，而是我们的态度。因此，同样的语言，以不同的方式说出来，带给孩子的感受也是不一样的。仍然以佳佳抹番茄酱为例，如果爸爸不带情绪，只是平静地描述发生的一切，佳佳也不至于有胆怯的反应。当然，如果爸爸这句话以赏识或者喜悦的态度说出来，佳佳就会从爸爸那里得到另外的信息："看来爸爸很赏识我把番茄酱弄得到处都是。"那么，她就会会错意，误解爸爸的意思，一而再再而三地把番茄酱弄洒。

因此，如何去"催眠"孩子，主动权在我们自己。

当然，我们不可避免地会从父母的身上继承，或者在成长过程中习得很多固有的处理问题的模式，并且很难完全摆脱这些模式带来的影响。那么，当我们不由自主地陷入既定的行为模式，并且带给孩子伤害的时候，也无须过于焦虑，尽量做到下不为例就好了。好在人都有自我修复的本能，我们如此，孩子亦如此。过去了的，就让它过去，不要执着。关注当下，放眼未来，我们自可以做得更好。

爱孩子，怎么可以讨价还价

"你再这样，我就不喜欢你了。"

"你再这样，我不理你了！"

"你不听话，奶奶回老家了，不带你了。"

"你不听妈妈的话，妈妈就不爱你了！"

"不哭了，妈妈就抱你。再哭，妈妈就不要你了。"

"你再不好好吃饭，我就生气了。"

......

大致扫一眼这些话，我们就会发现，它们有一个共同的特点——附加了某个条件。因为附加了某个条件，我们对孩子的爱不再那么纯粹，甚至已经不再是爱，而是要挟、讨价还价。

得到父母的爱、关注与赏识，是孩子最大的心理需求。孩子的很多行为都为了达成这样一个目标。当我们持续地以"爱"来要挟孩子，就会传递给他们下面的信息：

● 爸爸妈妈（或其他人）对我的爱是有条件的。只有当我成为他们认可的那个"好孩子"的时候，他们才会爱我。

● 如果爸爸妈妈不高兴，那一定是我不好。

● 我必须成为爸爸妈妈心目中的好孩子，否则，他们的爱就不存在了。甚至，他们还可能会抛弃我。

◎只有让爸爸妈妈高兴，我才是个好孩子，我才是有价值的，否则我就一文不值。

……

在我们"爱"的要挟下，孩子会逐渐形成一个习惯性的思维模式与行事模式——一切都是为了讨爸爸妈妈（或其他人）欢心，而不是为了自我发展。

于是，孩子小的时候，为了讨好父母，他们会勉为其难做一些自己并不想做的事情。一旦爸爸妈妈因为某件事情不高兴了，他们会将责任归咎到自己头上，内心恐慌，自我价值感匮乏。等他们长大成人后，还会不自觉地将这种模式复制到其他人身上，让其他人成为他们潜意识中那个曾经以"爱"要挟他们的"父母"，即便他人提出一些不合理的、让自己很难接受的要求，他们也不敢拒绝，反而逼迫自己刻意去迎合对方：

◎上学的时候，他们会特别在意老师、同学的态度；
◎工作了，他们会特别在意上司、同事与朋友的态度；
◎成家了，他们会特别在意配偶的态度。

……

就这样，为别人而活，成了他们不得不接受的现实。当然，这样的人活得很累，也难得开心。一方面，他们需要刻意去讨好周围的每个人，来认可自身的价值；另一方面，他们自己的需求也在蠢蠢欲动。不迎合别人，他们会觉得自己不好，有一种罪恶感、恐慌感，就好比当年惹爸爸妈妈生气的感觉；迎合别人，他们又觉得个人权利被剥夺，也很难受。更让他们难受的是，他们内心深处的这种冲突，周围的人也可以察觉到，于是，他们虽然事事处处替人着想，但这种带有被剥夺意味的"好"会让人觉得很勉强，结果反而给人虚伪的印象。一旦人家觉得他们很虚伪，对他们的态度就会产生变化。感受到对方的这种态度，就会加重他们"不好"的感觉，使他们内心更加纠结。

即使他们这种矛盾的感受被掩盖了，当他们的讨好得不到认可，自我价值感受到挑战时，他们一样会惶惶然不得安宁。不仅如此，一个只知道一味讨好他人的人，他们的自我价值感必定很低。而自我价值感低的人，也难得有人会发自内心地尊重他们，认可他们的价值。相反，他们往往成为被鄙视的对象。被人如此看待，他们的内心该是多么的纠结。这多重的伤害让他们如何承受啊！

这类人对自己的亲人，尤其是至亲，反而不是那么在意，甚至不惜牺牲亲人的利益来讨好外人。这并非他们不爱亲人，而是因为在他们的潜意识里，亲人也是自己的一部分，所以他们会以对待自己的模式来对待亲人。最终，不仅伤了自己，也伤了自己最亲近的人，而外人并不会因此高看他们一眼。这会让他们活得加倍地累。

既然要挟与讨价还价的方式会带来上述的影响，在给孩子提要求时，我们就要把握一个原则——对事不对人。不管他们做了什么样的事情，也不管这个事情我们如何不能接受，都要让孩子明白，他们的某个行为需要修正，但我们对他们的爱永远不变。引导他们改变某个行为并非是他们不好，也不是为了讨好他人，而是为了让他们成为更好的自己。如果我们给孩子这样的感觉，就算他们偶尔有某个行为不被接受，甚至因此受到批评，也不至于损害他们的自我价值感与安全感，如此，我们才能给孩子最恰当的爱。

如果我们已经形成这样的模式，改变势在必行。但是，要改变一个习惯性的行事模式是需要时间的。不仅如此，如果哪天爸爸妈妈意识到自己的问题，很诚恳地告诉孩子："不管你做了什么，我们都爱你。"孩子也会尝试去做各种我们无法接受的事情，来考验我们的诚心。因此，当我们已经习惯以"爱"来要挟孩子，某一天突然醒悟，并试图去改变的时候，一定要做好应对孩子考验的思想准备。

当孩子试探我们的时候，该坚持的原则，我们一定要坚持，与此同时，我们也一定要记住一个更高层次的原则：我们可以去调整孩子的行为，但爱永远不变。如此，孩子经过试探，就会明白，不管他们如何试探，我们对他们的爱都不会改变，于是，他们就会很安心，进而放弃试探，发生全然的改变。

既然改变需要经受考验，那是不是维持原状更好呢？当然，就当下来说，维持原状会简单很多，但是，它带来的问题却需要我们将来花费更多的时间与精力去解决。正如前文提到的，如果它影响到孩子未来的生活，岂不是很遗憾吗？况且，一旦孩子某天察觉到，不接受我们的要挟，其实也没那么可怕，我们的要挟就失去了作用。当我们在孩子心目中变得没有威信、不可信赖的时候，我们怎么可能给孩子更好的引导？孩子又如何从我们这里寻求帮助，获得心理上的支持呢？

除了在尊重孩子的前提下坚持原则，很多时候，我们还可以跳出来，以更灵活的方式去处理问题。

朋友家有个小男孩，三岁的时候痴迷《汽车总动员》，见到相关的玩具就要买。买回家之后，小家伙就跟着了魔似的玩。叫他吃饭他不吃，叫他睡觉也不睡。叫他洗漱，更没门儿。因为这件事情，爸爸妈妈经常跟他起冲突，冲突到最后，收拾不了局面了，就只好以"再不听话就不要你了"等话语要挟他。时间长了，要挟也不管用了，于是，爸爸妈妈只好诉诸"武力"。小家伙不服从命令，爸爸妈妈就在他的小屁股上拍几巴掌，最终以孩子的一通号哭结束游戏。下一次，这种冲突还会重演。

某天，小男孩跟我在一起玩了一天。因为了解到他痴迷《汽车总动员》，我决定根据他的这一喜好加以引导。那时候，他的角色是"路霸"。

于是，吃饭的时候，我就悄悄地附在他耳边说："嘿，路霸，今天我们还有好多比赛，得先加满油，要不中途抛锚，可就比不过板牙了。你看，我都给路霸准备好汽油了。加油吧！"于是，小家伙乖乖地跟着我走了。当然，"路霸"的油箱很大，能加很多油，"路霸"还不挑食，什么颜色的油都能加，"路霸"加油的时候，可以选择自助加油，不需要别人帮忙……吃饭的问题就这样解决了。

到了午睡时间。我对"路霸"说："嗨，路霸。下午会有一场激烈的比赛哦。到了保养汽车的时间了。我们的路霸要去修理厂了。"然后，小男孩自然而然就到了修理厂——躺到床上："车窗关闭（轻抚一下他的双眼，暗示他闭眼），车门关闭（轻抚一下他的小嘴巴，暗示他不再说话），熄火（保持安静），嘘……"不一会儿，小家伙安然入睡。

以孩子之心为己心，我们才能进入孩子之心，解孩子之意，我们对孩子的爱才是纯粹的爱、智慧的爱。而孩子，才可以因此活得更本真，更快乐，像花朵般自在地怒放。

吓唬，让爱变了质

"你再哭，警察叔叔就来抓你了。"

"你再不睡觉，大灰狼就来吃你了。"

......

当孩子正哭得起劲的时候，听到警察叔叔要来抓他们，立时止住了哭声。想到大灰狼要来吃他们，孩子兴奋的情绪顷刻间蛰伏，变得安静下来。这些方式看起来立竿见影，很容易让我们误以为它很有效，并对它产生依赖。虽然有时我们内心也会隐隐有一丝丝不确定，担心这样处理问题可能会给孩子带来伤害。但是，当我们缺乏足够的智慧去应对的时候，还是会下意识地采用这一"简单有效"的方式。

某天，在小区散步，碰到一位妈妈。这位妈妈跟我聊到最近令她特别苦恼的一件事：

孩子两岁左右的时候，因为小家伙越来越调皮，奶奶无意间来了一句："你再不听话，就把你放马桶里冲走。"果然，孩子立刻就乖巧了。从那以后，"你再不听话，就把你放马桶里冲走"成了奶奶的撒手锏。拿孩子没辙的时候，奶奶就会放出这句"狠话"，而孩子也即刻被"制服"了。奶奶的撒手锏轻轻松松解决了很多问题，但是，更令人头痛的问题随之而来——小家伙再也不敢在马桶上大小便了，甚至连洗手间的门都不敢进。最后，家长没辙了，只好让他用便盆在客厅解决问题。在家还好，外出就麻烦了，因为缺了小便盆，孩子那个闹腾，实在是让人有些下不了台。眼看孩子马上就要上幼儿园了，这就更成了一个令人头痛的问题。

正如这个案例呈现的一样，当我们以吓唬的方式去解决问题时，孩子因此失去安全感，就一定会带来新的问题。新的问题往往更令我们头痛。很多成人莫名其妙地抗拒某些事物，或者对某些事物有着"天生"的恐惧感，大多源于小时候的类似经历。

我的一个朋友拿到驾照好多年不敢上路，原因是害怕警察。只要一想到可能遇到警察，她就紧张得不行，以致手忙脚乱，彻底失控。她之所以如此畏惧警察，就源于小时候经常被吓唬："你再不听话，警察叔叔就来抓你了。"试想想，一个被吓大的孩子，他从何处获得足够的心理能量，让自己成为一个内心强大的人呢？

当然，不是所有的孩子将来都会像我这个朋友一样，成人之后依然害怕某些事物。大多数孩子随着年龄的增长、生活经验的不断积累，都会明白，原来大人吓唬他们的话都是假的。于是，吓唬不再起作用，我们也在孩子心目中失去了威信。一个缺乏威信的人，他说什么话，孩子都不会当真的。

从另一个角度来说，吓唬孩子，对孩子来说是多么不公平的事情。看看孩子澄澈的双眼，他们是那么依恋我们，信赖我们，不管我们是刚吓唬过他们，还是刚打过他们的小屁股，他们全都既往不咎，一如既往地爱着我们，不带任何附加条件。早上一睁眼，他们最先想到的一定是我们。如果看不到爸爸妈妈，他们一定翻身下床，四处寻找，或者惊恐地呼喊我们。如果发现我们因为他们的某个行为不高兴了，他们会尽快去改变，以迎合我们。

客观地衡量一下，我们对孩子的爱，与孩子对我们的爱是多么的不对等——只有当他们是我们期待的小天使时，我们才视他们如心肝宝贝，否则我们就会变脸。

所以，从现在开始，试着向孩子看齐，别再吓唬他们，给孩子无条件的爱吧！

或许，您会在心里嘀咕，你说得轻巧，不吓唬，有时候实在没辙，又能怎么办呢？

还是那句话，只要我们入得了孩子的心，办法自然就会有。就拿孩子很晚都不肯睡觉这件事来说，他们不肯入睡的原因无非是这样一些：

◎ 想跟爸爸妈妈多玩一会儿；

◎ 白天睡多了，不困；

◎ 太兴奋，睡不着；

◎ 恐惧（如害怕某些事物，担心睡着了妈妈就会莫名其妙地消失……）；

◎ 睡觉带给他不愉悦的心理体验，所以抗拒睡觉；

……

明白了原因，我们就可以具体原因具体分析，先从消除诱因入手，如：

◎ 安安心心陪孩子玩一会儿（但要注意玩一些比较安静的游戏），满足他们的心理需求；

◎ 白天多进行一些好玩的游戏与活动，让孩子少睡；

◎ 睡前不过分刺激孩子，防止他们大脑过度兴奋难以入睡；

◎ 消除孩子恐惧的原因；

◎ 让睡觉变成一件令孩子期待的美事；

……

当然，在处理这些问题时，依然是需要讲究技巧的。那么，技巧从哪里来？从入孩子之心而来。举例来说，如果孩子是因为害怕做噩梦不敢入睡，那么，我们就需要帮他们"清理噩梦"。比如，我们可以每天晚上跟孩子玩这样一个消除噩梦的游戏：

　　将孩子紧紧地搂在怀里，抱抱他，让他安定下来，然后用语言引导："现在，妈妈（爸爸或其他人）来帮你把噩梦抓走。我们从头顶开始，然后小脸，然后小脖子，然后……"每提到一个部位，就用手指稍微带一点点力度，像扫地一样触摸孩子身体的某个部位，将"噩梦"归拢到一点，然后将"噩梦"抓起来，"关"进一个小盒子里。将孩子全身的"噩梦"清理一遍，用绳子把装"噩梦"的小盒子捆绑起来，最后暗示孩子："现在，所有的'噩梦'都被关在盒子里了，它们再也不会骚扰你了。"

　　抓"噩梦"的过程，就是一个通过抚触让孩子肌肉放松的过程，语言的引导以及将"噩梦"关进小盒子的过程，则是一个心理暗示的过程。这些工作可以有效地帮助孩子克服内心的恐惧，真正安定下来，最终安然入睡。

　　其他问题的解决亦复如是，懂得这个道理，我们就足以举一反三。解决问题的方案不是我们预先设定的，而是我们与孩子的心相碰撞而自然化生的。这种因入孩子之心而自然化生的解决方案才是智慧的、灵活的、独特的、立竿见影般富有成效的。

感受缺失，孩子不是瓷娃娃

一位妈妈曾给我讲过这样一个故事：她有个三岁多的儿子，小名叫叮当。小家伙超级迷恋《汽车总动员》——路霸、板牙、车王、老爷车、哈德森博士、拖车梅特尔、莎莉，很多《汽车总动员》里的小车，他都如愿以偿地拥有了。他的下一个目标是闪电麦昆。

每天晚上，叮当都会万分期待地问妈妈："妈妈，你说，我要表现得好，闪电麦昆真的会来我们家吗？"

"那当然了，你要表现好，闪电麦昆就会在你睡着的时候悄悄地来看你。"

"他来我们家就不会再离开了吧？"

"那可不一定哦！你要表现得好，他可能就留下了，你要表现不好，也许他就溜走了。"

恰逢叮当这段时间进入逆反期，这个难缠的小家伙常常让妈妈下不了台。不过幸好有闪电麦昆帮忙，妈妈因此少了很多烦恼。每当妈妈想要他去做某事，而他坚持不肯去的时候，只要提到闪电麦昆，他就会变得极其配合。比如，叮当不肯去洗澡，妈妈只要来上一句："闪电麦昆肯定希望看到你马上就去洗澡！"听到闪电麦昆，他立刻风风火火跑向浴室。

看到叮当如此渴望拥有一辆闪电麦昆，妈妈有时候也会心软，也会犹豫要不要给他买一辆，满足他的这种需求。不过，转念一想，如果把闪电麦昆请回家，那么麦昆的作用就不复存在了，于是，犹豫再三，妈妈还是决定不买了。

虽然叮当至今不曾拥有一辆闪电麦昆，但是，想象中的闪电麦昆时时刻刻都在陪伴着他。也因此，他有了更多幻想的空间，于是闪电麦昆就不再仅仅是一辆车，它还成了叮当亲密的虚拟小伙伴，带给他一个充满梦幻色彩的童话世界。

如果妈妈满足了叮当的需求，闪电麦昆就不会带给叮当如此丰富的内心体验，他的新奇感过去之后，一切便都跟着淡去了。事实上，孩子需要的，更多的是一种美好的体验与感受，而不是单纯拥有闪电麦昆本身。既然如此，满足孩子的物质需求并不是重点。孩子的物质需求没有被满足，也不会给他们带来严重的伤害。相反，缺失能让孩子有所期待，处理好了，还可以带给孩子更丰富的情感体验。不仅如此，一个懂得恰当处理缺失性体验的人，会很阳光，遇到困难不轻易退缩，也不会因为自己的要求没有满足就怨天尤人，而是会积极地想办法，通过别的方式达到目的，或者主动调整方向，朝着别的方向努力。于是，缺失反而成了一种动力，滋养了他们奋斗的激情，激励他们更加勇敢地朝着自己期待的目标前行。从这样的角度来看，适当的缺失性体验对孩子来说反而是一件好事。

事实上，很多艺术家的创作灵感有不少就来自这种缺失性体验。当他们将这种缺失性体验嫁接到作品中的时候，他们的作品因为带有真情实感而变得更富生命力、震撼力。不仅艺术家，很多发明家、企业家或者其他领域的大家，也都是从缺失中找到灵感与动力，成就了他们与众不同的人生。既然如此，我们在养育孩子时，就可以换一种思路来对待孩子的缺失性体验。

我们可以尝试给孩子的需求分类：必须满足的需求，无疑要无条件地满足；可以满足也可以不满足的，那就视自己的底线来定。我们需要做的是在孩子有缺失体验时，给他们提供心理支持，帮助他们以恰当的方式释放情绪，而不是冷漠地面对正在经受缺失感折磨的孩子。

现实生活中，我们常常会面临各种状况，与孩子纠缠。比如，带孩子逛商场时，我们常常会因以下的情形头痛：孩子不断地提要求，要了这个要那个，不满足就倒地撒泼。每当遇到类似的情景，我们往往很纠结，不满足他们，在公共场所如此闹腾，既影响到其他顾客，也搞得自己很没面子，不知道如何收场；满足他们，又担心惯坏孩子。实际上，类似的情景，也是让孩子体验缺失的好时机。不过，让孩子体验缺失不等于要跟他们较劲，跟孩子较劲只会导致冲突越来越激烈，因此，比较稳妥的办法是，在孩子倒地撒泼时，将他们抱到一个相对安静的角落，搂着他们，简单共情，表示理解他们的情绪，然后安静地守候他们，允许他们哭个够。一旦通过哭闹把情绪发泄出去，他们自然就会平静下来。等平静下来，再跟他们讲道理，他们就能听进去了。甚至很有可能，我们根本就不需要讲道理，他们就自己平静下来了。当然，我们在处理类似问题时，一定要先关注并处理孩子的情绪，并且做到自己不带情绪，平静地面对孩子。这样孩子就更容易被安抚，也不至于产生严重的挫败感。另外，如果在准备去商场之前就跟孩子有个约定，让他们明白这一趟商场之行可以买多少钱或者多少个他们想要的东西，让他们明白自己的权限在哪里，有了心理准备，他们到了商场就不会那么闹腾了。

让孩子体验缺失要把握一个度。不可没有缺失，也不可缺失过度，并且还要根据孩子的年龄与理解力做调整。给孩子缺失性体验不是简单地拒绝孩子的需求。限制需求或者需求被延迟一样可以让孩子体验到缺失感。需求缩水，是很多爸爸妈妈都懂得采用的一种方式。比如，很多爸爸妈妈都会规定孩子每天只能吃一块糖，超过一块就会受到限制。这就是让孩子的需求缩水的做法。

需求延迟，也是很多人都在采用的一种方式。但是如果不了解孩子心理发展的特点，就可能在实施的时候走极端。比如，在孩子才几个月，还听不太懂话，更不知道如何表达自己的时候，他们有需求，唯一表达需求的方式就是哭闹、喊叫。有的爸爸妈妈过于机械地理解延时满足的意义，非要等待孩子不再哭闹了，不再喊叫了才满足他们的需求，以为这样才叫不惯孩子。但是，这种方式对这个年龄段的孩子来说，是非常不恰当的。如果孩子长期在表达需求时得不到满足，即便事后满足他们的需求，他们也无法将这种结果与自己的表达联系起来，于是，他们表达需求的冲动就会被抑制，产生无助感，进而丧失表达的欲望。鼓励孩子表达自己，对他们各方面的发展都有好处，也有助于我们更好地了解孩子，增进亲子关系。如果因为不恰当的延时满足抑制了孩子的这种冲动，我们给予孩子的无疑就是一种伤害。这种伤害甚至延续终生，除非他们有特定的机缘解决掉这个问题。

有个经典的心理学实验很能说明问题。实验人员设计了两块按板，当小老鼠无意间按到其中一块按板时，奖励它一小块肉。当小老鼠按到另一块按板时，它会遭到电击。探究几次后，小老鼠找到了规律，它开始频繁地按那块给它带来好运的按板。等它熟悉这个规律后，实验人员改变实验条件，无论小老鼠按哪块按板，它都将遭到电击。多次被电击后，小老鼠变得心灰意冷，再也没有探究的欲望了。小老鼠尚且因此深受打击，何况是个孩子呢？

因此，让孩子感受缺失性体验，一定要视孩子的年龄、心智发育程度调整。对一个饿了只知道哭的孩子来说，让他感受缺失性体验未免太残忍了些。对于心智发育程度较高，已经能够理解一些道理的孩子来说，给他们缺失性体验也要把握一个度，不可过于剥夺他们的需求。过度缺失，他们将来脱离爸爸妈妈管束之后，就很可能变态性地寻求补偿。对于孩子那些特别强烈，我们能满足，但是又不想满足的需求，我们可以采取让他们的需求缩水的方式来应对。

比如吃冰激凌，这是很多孩子特别渴望，而爸爸妈妈从孩子身体健康考虑，通常不愿意满足的一种需求。那就可以考虑让他们适度地吃，而不是硬性地遏制他们吃。如果家长过于硬性地遏制他们的这种欲望，可能事与愿违。

一个典型的案例，很能说明问题。一个女大学生，上大学后每天晚上不吃饭，代之以两大桶冰激凌。这样吃了很长时间，因为大量摄入糖分，她变得极其肥胖，加上营养失衡，不得不接受治疗。药物治疗完全没有效果，最后，她不得不寻求心理医生的帮助。心理医生给她做心理疏导时，发现这个女孩疯狂摄入冰激凌并非享受冰激凌，相反，她吃冰激凌吃得很恶心，但就是停不下来，她不过是借此反抗父母，变态性地弥补儿时的缺失罢了。

这就是我们过分压抑孩子，导致孩子脱离我们监管后开始寻求病态性补偿的结果。

让孩子体验缺失很有必要，但是一定要适度。在孩子的需求得不到满足而情绪激动时，我们一定要理解他们，并想办法帮助他们疏导情绪，而不要在剥夺他们需求的同时，因为他们有情绪而打压。只有允许孩子发泄情绪，并指导他们以更正面的积极的方式去应对这种情绪，他们处理缺失性体验的能力才会得到提升。

试想想，那个拿冰激凌当晚餐的女大学生，如果当年她的父母允许她适当吃一点冰激凌，并且在她因为需求被缩水而情绪激动时以如下的方式跟她沟通：

女孩：我要吃冰激凌。

妈妈：冰激凌吃多了会生病的。

女孩：妈妈，我就吃一点点。

妈妈：好的，吃完这一点，我们今天就不吃了。

女孩：可是，妈妈，我还想吃。

妈妈：妈妈知道你还想吃。不能多吃冰激凌，你一定很失落。

女孩：我再吃一小口，行吗？

妈妈：我们刚才说了，吃完这点就不吃了。现在我们已经吃完了，只能等明天再吃了。

女孩开始伤心地哭。妈妈将她抱在怀里，轻轻地拍着她的后背："妈妈知道，你很想再吃，可惜今天不能再吃了，因为吃多了会生病的。看到你生病，妈妈一定会很担心的。"小女孩继续哭泣，妈妈始终温柔地抱着她，轻轻拍着她的后背。妈妈的平静给了小女孩力量，她哭了一会儿，也平静下来，然后离开妈妈的怀抱，跟小伙伴玩去了。

又或者，女孩的父母出于健康考虑，虽然当年限制了她吃冰激凌的需求，却又通过别的方式予以补偿——比如跟孩子一起制作一个布丁来替代冰激凌。那么，制作布丁的过程本身充满趣味又令人期待，等待布丁出场的过程、布丁到嘴后带来的美好味觉体验，这一切都会让孩子很满足，有充盈的幸福感与被深爱的感觉。

如果当年，这个女孩经历的是这样的情景，她就不至于在摆脱父母控制后，病态地去寻求补偿，自然也就不需要寻求心理医生的帮助了。况且，当孩子有某个需求时，我们不是简单粗暴地打压孩子的需求，而是支持他们自己想办法或者跟他们一起想办法,通过自身"奋斗"或努力而达成目标，这个过程对孩子来说就成了一种很好的滋养。这种处理问题的模式最终会内化成孩子的一种人生信念，转化成他们自我奋斗的动力，而这，何尝不是处理孩子缺失性体验的更好的办法呢？

给孩子多少关注才算够

有了孩子之后，朋友们聚到一起，谈得最多的话题自然是孩子。"一切为了孩子"的想法把我们与孩子紧紧地绑在了一起，甚至改变了我们的人生轨迹——为了孩子外出打工，为了孩子辞职，为了孩子搬家，为了孩子出国，为了孩子……然而，在"为了孩子"这个目标的引领下，很多爸爸妈妈却走入了两个误区。一个误区是以为给孩子营造充裕的物质环境，就万事大吉了。另一个误区是生怕孩子心灵受伤，一切以孩子为重，给予孩子过多的关注，恨不得把他们长年关在恒温箱里，以防意外。

对孩子来说，在生存的需求得到满足的前提下，物质的需求与被关注的需求相比，他们对后者的需求要强烈得多。父母对孩子的关注程度对他们的影响也深远得多。孩子的很多行为都是为了吸引爸爸妈妈的注意。只要他们的某个行为受到关注，不管这种关注是正面的还是负面的，这种行为都会得到强化。因此，被物质需求宠坏而被关注不足的孩子，会不断地提出物质方面的要求，让爸爸妈妈去满足他们。孩子之所以永不满足，真正要的并非是他们提到的那个玩具或者其他，而是爸爸妈妈的关注。如果爸爸妈妈只看重满足他们对物质的需求，其他事情则交由老人或者保姆打理，那么，向爸爸妈妈提出更多的物质需求，就是他们与爸爸妈妈发生联系，获得爸爸妈妈短暂关注的最佳方式。爸爸妈妈给予他们的关注越少，他们的要求越多。这也是孩子根本就不珍惜自己强烈要求拥有的那个物件的原因。相反，与大量满足孩子的物质需求相比，如果我们给他们的物质的满足比较少，陪他们玩的时间及玩的花样更多，他们会更满足。

对孩子来说，小树枝、小石子、小花小草、旧报纸、毛线……所有看似不起眼的小物品都是很好的玩具。从外面捡一堆树枝，他们也许会用橡皮筋绑成飞机、大炮；搜罗一堆石子，他们可以拼成各种有趣的图案；几朵小花，一个核桃壳，可以成就一个小小的盆景……哪怕捡到一段棉线，他们都能弯来扭去玩半天，并乐此不疲。如果一个孩子足以从这些游戏中找到乐趣，找到价值感，他们就不会因为自己玩具比别人少，家境不如别人好，父母不如别人有权势等而产生失落感。从小获得父母足够关注与赏识的孩子，他们有更高的自我价值感，内心更强大，根本无须依赖那些外在的条件来自抬身价，当然，他们也用不着盲目地追星、追名牌。当孩子内在富足的时候，他们自有足够的定力不被他人带偏，也有足够的自信展示自己的与众不同。

如果我们真懂孩子，就会发现，对孩子来说，一辆昂贵的电动车与一颗心仪的小石子之间，根本就没有价值高低之分。只要是他们自己喜欢的东西，哪怕一文不值，他们也敝帚自珍。对孩子来说，玩出花样带来的乐趣，比玩一个高档的玩具带来的乐趣要多得多。因此，成为孩子的游戏伙伴，甚至成为孩子的"大玩具"，而不是游戏的指导者，是爸爸妈妈最需要做的一项工作。

近些年，各种高科技电子产品的出现不仅吸引了爸爸妈妈的眼球，也吸引了孩子的眼球。从两三岁起，很多孩子就已经痴迷这些产品。而不少爸爸妈妈们看到孩子无师自通，玩得那么娴熟，也引以为傲。这些产品无疑会带给孩子一些有益的刺激，但是这些产品给予孩子的只是一种单向输入性的刺激，缺乏互动，时间长了就会带来问题。如果爸爸妈妈们依赖这些产品来安抚孩子的话，孩子被关注的需求就被转移了，对孩子心理成长是没有好处的。我们可以看到，很多热衷于玩游戏的孩子喜欢宅在家里，不愿意与小伙伴互动，不愿意上幼儿园、上学，即便跟小伙伴有交集，也仅限于电子游戏，对其他活动缺乏热情……

更何况，现在很多电子游戏都是面向成人而非儿童的，因此会有一些暴力或色情因素。如果孩子沉迷于这些电子游戏，实在是弊大于利。

不少忙碌的爸爸妈妈一提到要跟孩子一起玩耍就会觉得是一种压力。之所以有这样的想法，是因为我们不理解孩子，不懂得如何去跟孩子玩耍。实际上，对孩子来说，如果家长能与他们互动，哪怕跟他们玩一些超级"傻瓜"的游戏，他们都会很知足。

我有个朋友的孩子，从两岁多开始，每次到我家就黏着我不放。原因很简单，我会很耐心地陪她玩一个很傻瓜的游戏——我躺在地上，准备好。然后，她将瑜伽球放在我腹部。我假装不知道那是个什么东西，很害怕地"使大力"把瑜伽球推走。当然，我每次都"力气不够"，推不走瑜伽球，于是我会更加"害怕"。当然，我要让孩子明确地意识到，我的"害怕"是假的，否则，这么小的孩子如果误以为我真的害怕，她也会变得紧张起来。就这么傻的一个游戏，玩多少次，她都不会厌烦，每次都乐得咯咯的。自打跟她玩过一次这个游戏之后，小家伙只要一进我们家门，就会很兴奋地提议："我们去玩球吧！"

这就是孩子，他们的要求并不多。看似这么傻、这么简单的一个小游戏，就可以让她无比开心。如果爸爸妈妈每天花一二十分钟时间跟孩子玩一个他喜欢的游戏，他们被爱被关注的需求就可以得到满足，他们就会在这样的关注中获得足够的心理能量，更加健康地走向未来。如果父母实在太忙，哪怕每天抽出五分钟、十分钟和孩子一起做游戏，对孩子也是有益的。

这些年，我遇到一些孩子，三四岁了还没有与小朋友玩耍的欲望，对外界的人与事表现得很冷漠。别人跟他们打招呼，或者交谈，他们往往跟没有听到一样，除非你去谈论他们感兴趣的话题，他们才会象征性地给予回应。孩子之所以这样，是因为爸爸妈妈错误地理解了"不能打扰孩子"的说法，看到孩子在玩，就放任他们自己去玩，根本不参与孩子的游戏，并且不管他们玩什么，都不加限制，结果就人为地降低了与孩子互动的频率，最终导致孩子因缺乏关注而失去互动的需求。相比较而言，哪怕给孩子一些负面的关注，也比完全不给他们关注要强。当孩子习惯了沉浸在自己的世界里，就很难融入周围的环境。一旦上了幼儿园，上了学，他们就会遇到很多适应性障碍。到此时才想起要去改变，就不那么容易了。

关注是孩子成长的有益养分。没有获得足够关注的孩子，他们的成长就会存在缺陷。当然，关注也要适度。关注无度，孩子就无法发展自我，就会养成过于依赖爸爸妈妈或者其他抚养人的习惯，没有他人协助，他们就像一只"小木偶"，无法自己动弹，除非有人提线，他们才会活动。这种类型的孩子上了幼儿园、学校，则会过于依赖老师、同学，如果无人吩咐他们做点什么，或者明确地告诉他们如何参与活动，他们就不知所措，显得很茫然，既不知如何发起游戏，也不知如何参与伙伴们的游戏。

获得足够关注的孩子，才会有足够的安全感，才可能放心地自我探索，这是首要的前提。当然，给孩子足够的关注，与给孩子自我玩耍的时间，二者同样重要。教育孩子，永远都是一个寻找平衡点的过程，过于偏重或过于偏废某一方面都是有害无益的。把握好这种平衡其实不难，只要我们多观察孩子，就会发现，什么时候需要关注，什么时候不需要关注，孩子会给我们明确的信号。当孩子玩得特别投入的时候，即便我们跟他们说话，他们也听不到，那就说明他们此时并不需要我们介入，我们自然就无须打扰他们，给他们一片自我探索的空间好了。他们会在这样探索的过程中获得自我成长的机会。当孩子需要我们的时候，他们会要求我们关注他，或者还没提出要求，但是已经显得有些烦躁，或者看似有些无聊时，我们就要做好出现在他们面前，给他们支持的准备了。当孩子提出要求，而我们由于某些原因无法立刻满足时，也要立刻回应，让他们意识到，你已经在关注他们，在这个基础上再引导他们学会延时等待，那么孩子就不会因为得不到关注而烦躁、沮丧，同时也学会了等待。

当然，该不该延时满足也要视情况而定，不可刻板为之。我们如何对待我们的孩子，他们就会（复制我们的做法）如何对待我们及他人。因此，设想一下，如果我们在同样的或者类似的情形下被如此对待，我们会有何感受，以及我们期待对方如何对待我们，我们就会很清楚这个度如何把握，而不需要冥思苦想，或者寻求他人来帮助如何确定这个界限。

到底该不该"打扰"孩子

　　蒙氏教育传到中国之后，"工作"成了一个时髦的用语。在孩子"工作"的时候，不打扰孩子，是很多爸爸妈妈的共识。不过，也有一些爸爸妈妈将"不打扰孩子"理解偏了，以致在孩子游戏的时候完全不敢参与，生怕因此妨碍了孩子的自我发展。过度"不打扰孩子"的结果是，孩子错失了早期与爸爸妈妈交往的机会，因为习惯了独自一人玩耍，其社会交往能力、对他人情绪与动机的感知能力获得发展的机会都被无形中剥夺了。等到孩子三岁之后，在本该进入社交敏感期时，这些被过度"不打扰"的孩子却依然沉浸在自己的世界，"看不见"周围的小伙伴，对他人的互动没有感觉，或者只在对方关注自己正在进行的活动时才能"看见"对方，完全没有社交敏感期的迹象。

　　这些年，我很痛心地看到个别家长因为偏颇地理解了"不能打扰孩子"的观点，在育儿路上走偏，导致孩子出现社会交往障碍。一个看不见其他人的孩子，当他融入外部环境时，会遭遇很多障碍，诸如：

　　◉当他沉浸于自己的世界，不小心侵犯到其他孩子的领地或利益时，因为对他人的情绪与动机缺乏感知能力，结果，他常常对对方发出的警报视而不见，继而引发冲突，无法及时规避危险。

　　◉过于以自我为中心，容易成为小伙伴们排斥的对象。

　　◉虽然也在小伙伴们的周围转悠，但是常常不被小伙伴们"看见"，成为小伙伴们眼中的"空气"。

◎上幼儿园、上学之后，总是游离在外，无法跟上教学的正常进度，成为班级的问题儿童。

◎发现孩子与众不同之后，爸爸妈妈通常会很焦虑，无形中又会带给孩子很多压力，导致孩子更加畏惧交往，更加自我封闭。

......

这种过于偏颇的"不打扰孩子"，与将孩子交给各种电子产品带来的影响类似。二者有一个共同的特点，即孩子与外界的互动是单向的，所有的反应都由他们自身引起，这些无生命的物体不会根据孩子的状态、感受、情绪及临时出现的特殊状况给予恰当的回应，尤其不会变通，出现灵活多样的互动模式。孩子也就无从学习更多的互动模式。于是，我们无形中就剥夺了孩子学习的机会。

实际上，孩子渴望我们参与他们的游戏。当爸爸妈妈陪他们玩耍时，他们常常会很兴奋。如果我们在跟孩子游戏时，能玩出更多的花样，就可以拓展孩子的思路，为他们提供更多模仿、学习与探索的机会，这对孩子的发展无疑是有益的。爸爸妈妈陪孩子玩得越多，孩子在社会交往能力、观察力、理解力、模仿力、想象力、创造力、体能、心理成长等多方面也会发展得越好。

打扰还是不打扰，什么情况下可以打扰，没有严格的界限，需要我们自己去观察、判断。一般来说，当孩子正在很专注地探究某个玩具或者某件物品的奥秘时，对其他事物看起来缺乏兴趣；当我们想叫孩子去做某件事情，但他们完全听不到或者表现得很抗拒时，能不打扰他们，最好不要打扰。当然，如果孩子专注于某项活动时间太长，可能会影响健康时，我们还是需要转移一下他们的注意力的。比如，现在很多孩子喜欢看动画片，一集接一集，如果不干预，可以几个小时不动。此时，如果我们再置之不理，无疑是没有尽到责任的。总之，我们需要综合衡量，本着"两害相权取其轻"的原则，一切以对孩子的发展利益最大化为准绳。有的爸爸妈妈会问我，应该让孩子玩多长时间才去打扰他们呢？这一样没有确定的答案。要根据他们所玩的游戏性质、游戏的意义，以及游戏带给孩子的身心影响等因素灵活确定。大多数时候都可以跟着感觉走，不能太机械了。

中断孩子正在进行的游戏，要讲究策略。以孩子看动画片上瘾为例，如果我们想中断孩子看动画片的活动，并且我们很清楚，如果中断活动，孩子可能会闹腾，那么，我们可以尝试考虑以孩子更能接受的方式达到目的。假定孩子看《汽车总动员》看了很长时间，需要出去活动一下了，与其强行制止而引发冲突，不如就着他们喜欢的角色，或者利用其中的剧情引导孩子做一些拓展活动："我们的路霸需要出去兜兜风了，要不都闷坏了。"

总之，过度打扰孩子，与完全不敢打扰孩子一样，都对孩子的成长不利。

倘若很不幸的，孩子因为被过度打扰，已经缺乏自己游戏的能力；或者相反，孩子养成了自己玩的习惯，对外界的一切已经处在"看不见"的状态，我们就需要采取一些措施进行调整了。

如果孩子缺乏自己游戏的能力，我们可以先从鼓励他们短时间自己玩开始，哪怕他们能自己玩一两分钟，也是一个好的开端。这个时间定多长合适，要根据孩子的情况来，千万不要过于急迫。并且，当看到孩子努力了，有进步了，要及时对他们表示赞赏。

如果孩子对外界的一切处在"看不见"的状态，我们可以先从他们感兴趣的游戏或者活动介入，在游戏的过程中适度修改游戏的内容，帮助他们学会更多地关注周围的环境，关注其他人，再逐渐过渡到与成人或者其他孩子有更多的互动。

比如孩子喜欢《汽车总动员》中的板牙，那么我们就可以以板牙为中心，拓展相关的游戏。让孩子对其他的游戏伙伴产生兴趣，一点点地过渡。当孩子发现，跟其他伙伴游戏更有趣，他们自然就会爱上与小伙伴游戏，也就可以从自己封闭的世界里走出来，融入一个更为丰富多彩的世界了。

慢慢来，不要着急，只要我们开始了，一切都会改变。

总而言之，养育孩子不要过于执着于某些概念与理论，否则，我们很容易走偏。养育孩子的重中之重不是培养一个十全十美的圣人，而是先培养一个正常人。没有这个作为前提，其他都是白费力。

给孩子一个宣泄的空间

孩子发脾气是困扰爸爸妈妈们的一个大问题。阻止孩子发脾气，则是我们最常见的应对方式。孩子发脾气，是因为他们有情绪。情绪是遭受某些刺激之后必然的反应，是人类与生俱来的本能，无所谓好坏，而我们总想给它定义个好坏。

于是每次孩子发火时，很多爸爸妈妈不去疏导孩子的情绪，反而会惩罚孩子。但惩罚对解决问题起不到任何实质性的作用，反而会摧毁孩子的自尊心，打击他们的自信心。因此，惩罚是最得不偿失的应对孩子发脾气的方式。

倘若我们将困扰孩子的情绪视觉化，以一块块垫子替代，编好号，将其码放在孩子的周围，那么我们会惊讶地发现，原来我们的孩子承受了如此大的压力。让我们列举一些实例：

◎ 想要妈妈陪，可是妈妈要上班，为此，他等待了整整一天。好不容易等到妈妈回了家，妈妈陪他时却心不在焉。不被关注的感觉真难受。

◎ 在外面跟小伙伴玩，与小朋友发生冲突，玩具被抢，还挨了打，很不开心。

◎ 中午，肚子不饿，本来不想吃饭，却被逼着吃了满满一碗饭。自己做不了主，感觉实在不爽，小肚子胀鼓鼓的感觉很不舒服。

◎ 搭积木的时候，小手控制不好，积木总是倒塌，那种无能为力的感觉令人沮丧。

◎早上没睡醒，被妈妈硬拽起来，还挨了一顿训，很郁闷。

◎看到花园里的小石子，很想捡回家玩儿，却被奶奶硬生生给夺下来，还被贴上"不讲卫生"的负面标签。真够闹心的。

◎很用心地画了一幅画，得意地拿去给爸爸看，爸爸却说："这画的什么呀？乱七八糟的。"被贬损的感觉真不好受。

◎跟小朋友们玩游戏，因为不懂游戏规则，被排斥，好孤单。

◎晚上睡觉时，想多听一个故事，妈妈就是不给讲，真失望。

◎很多情绪挤压着，很难受，哭了，结果又被训了一顿，更难受了。

◎第一天上幼儿园，妈妈不见了，好恐惧。

◎手工没做好。别的小朋友都被表扬了，自己没被表扬，好没面子。

◎好朋友突然不理他了，好伤心。

◎上学时，大多数孩子都被老师表扬了，就他没被老师表扬，很沮丧。

◎被同学冤枉，老师不明所以，反而批评了他，很委屈。

……

当然，还有好多好多实例，不胜枚举。想象一下，当这些情绪的垫子一块块在他们面前码放起来，孩子的视野里除了那些垫子，还能看到什么呢？换了是我们自己，当我们被一堆情绪的垫子挡住了视线，我们又是什么感觉呢？此时，我们最想做的事情一定是把这些垫子摔在地上。摔完了，我们才能看到眼前的花花草草、参天大树及远处的湖光山色。看到那么美丽的景色，我们的心情才会变好。

孩子缺乏处理情绪的技巧，因此，发脾气成了他们最直接的发泄方式。玩命地哭闹、打人，打自己头，以头撞墙……孩子出现这些行为，都是因为他们面前的情绪垫子堆得太多了，自己已经被团团围住了。他们内心恐惧，想从情绪的垫子堆里爬出来透透气，否则他们会被憋疯的。此时，除了发脾气，他们想不到更好的处理情绪的办法。当孩子如此无助时，我们却生硬地阻止了他们，就好比我们将这些垫子捡起来压在孩子的小身体上，再加上一个更沉重的垫子。时间长了，孩子深陷其中，想透透气都不行，想扔垫子都已经扔不出去了。单是想一想这样一个场面，就已经让人无法透气了，何况孩子身处其中呢？

当然，摔垫子是有风险的。因此，我们最好给孩子一个宣泄的空间，引导他们学会如何把垫子一个个搬走，排除可能的风险。卸垫子的方式多种多样，可以根据孩子的情况灵活把握。下面推荐几种安全的卸垫子的方法：

让孩子想哭就哭

哭是孩子发泄情绪最方便快捷的一条通道。哭过了，情绪就平稳下来，他们自然就有心情将注意力转移到其他事情上，很快变得愉悦起来。不过，很多人听不得孩子哭，一发现孩子哭，我们的第一反应就是劝说孩子："哭不是好孩子！不哭了！""好了，好了，没关系，不哭了！""男子汉要勇敢，不能哭！""都这么大人了，还动不动就哭！"这等于在告诉孩子，哭不是一个好的行为，他们的情绪不重要，他们的感受不重要，不哭才重要……如果孩子总是被这样否决，他们只好自贬，或者变得麻木，又怎么可能学习到恰当表达、排解负面情绪的方法呢？

当孩子有情绪，试图通过哭来发泄的时候，那就让他们哭一会儿吧。孩子哭的时候，我们无须给他们讲大道理，也不要过分安慰，跟他们简单共情，然后搂着他们，轻拍后背，安静地等待他们平静下来就好了。这样的方式没有否认孩子的情绪，也没有在他们有情绪时把他们撇在一边，任由他们独自去承受，而是通过拥抱与轻拍或者抚摸他们的身体给予安抚。这样一来，孩子很快就会平静下来。当然，在我们如此安抚孩子的时候，极其重要的一点是，我们要保持内心平静。当我们内心平静时，孩子自然会从我们身上获得力量，能够更快地平静下来。否则，我们的安抚将变得空洞，最终我们自己也会失去控制，不由自主又回到以往打压孩子的老路上。

对待孩子如是，对待配偶，或者其他重要的人，亦复如是。当我们不堪重负，在自己信赖的人面前痛哭一场，即便对方什么都不做，只是由衷地接纳我们暂时的软弱，这又何尝不是卸下心理重负的一种方式呢？

和孩子一起写写画画

涂鸦或者画画是孩子表达情绪非常好的方式。当孩子情绪激动时，给他们一大张纸、一些颜料，或者彩笔，让他们把自己的"不高兴""生气""失望"……写出来，或画出来，这是帮助孩子释放情绪非常好的方式之一。

比如，当孩子正以不恰当的方式发泄时，我们可以走过去，搂住他们，说："我看到你很不高兴。我能理解。今天我也很不高兴。走，去把我们的不高兴都写出来吧。"

一个不高兴的孩子，当他遇到另一个有同样情绪的人时，他对自己的情绪就会产生接纳感，而对方也会带给他一种亲近感。于是，他会放心地去表达。也许，一开始，他会选择各种暗淡的色调，"写字"的动作激烈、冲动，明显透着愤怒的情绪。随着纸面上"象形文字"越来越多，他的动作也会逐渐趋于平稳，表情趋于平静，选用的色调也渐次明亮起来。到这里，就说明小家伙的不高兴发泄出去了。甚至写着写着，他写的内容还可能由"不高兴"转变成"高兴"。于是，写与画的游戏不仅帮他发泄了情绪，也拓展了更多获得快乐的可能性。

……

对于已经有过运笔经历的孩子，写出来或者画出来是释放情绪安全又有效的一种方式。在孩子的情绪写出来或者画出来之后，我们还可以在写与画的过程中，跟他们一起讨论解决问题的办法，融入更多更深层次的内容，如：

妈妈小的时候，也遇到过这样的事情。当时，我也很伤心。后来我才明白，问题是……于是，我想了一个办法……

当我们一边画，一边以这样的方式跟孩子交流时，往往能更直观地把一些方法传递给孩子，他们理解起来更容易，掌握得也更快速。当然，我们也可以引导孩子自己去思考如何解决问题。有时候，孩子们解决问题的方法往往比我们自己设想的更有效。

对于大孩子，他们可能不需要我们的陪伴，那就让他们自己去面对好了。如果他们需要帮助，我们随时准备好出场就好。当然，我们也可以看准时机主动跟孩子分享自己的"经历"，当我们以朋友的身份跟孩子忠诚地分享时，他们会从我们的分享中获得力量，找到方法，并且身体力行地实践。这样，我们就算是帮到他们了。

设立情绪发泄角

给孩子准备一个沙袋或者枕头，放在某个固定的角落，设置一个"情绪发泄角"。每当孩子情绪不好的时候，就可以引导他们去这个"情绪发泄角"发泄。一通捶打之后，他们的情绪就发泄出去了。如果妈妈带着他们一起捶打，"帮助"孩子发泄情绪，他们会更过瘾，情绪平息得更快。通常，当我们带着孩子去发泄时，用不了一会儿，他们就破涕为笑。如果孩子经常发脾气，在家里设置这样一个固定的"情绪发泄角"是很有必要的。让孩子养成习惯，但凡有情绪，就去这个角落发泄一通。那么，他们就不会以其他具有破坏力的方式去发泄情绪，既可以满足他们发泄的需求，同时也避免很多麻烦。

玩水

水是具有安抚与疗愈作用的。在孩子情绪不好的时候，给他们一大盆水，让他们去击打、搅动，用不了多久，他们的情绪就变得平稳下来，将注意力转移到玩水这个游戏上了。

编故事

当孩子情绪激烈的时候，把他们搂在怀里，给他们的情绪下一个定义，再根据他们的喜好随意编故事，通过故事帮助他把情绪释放出来。我们不一定非得是编故事的高手，也无须过多考虑故事情节是否合理，只要能把他们的情绪以某个象征物表达出来，给他一个想象性的发泄机会就好。如：

"我看到了，你很生气。你的生气就像一只大老虎。这只大老虎现在看什么都不顺眼，它用牙撕扯，用爪子挠，用脚踢，用屁股顶，用肩膀扛……它的窝变成了生气窝，里面到处都是生气碎片——有生气碎纸片、生气碎布片、生气碎木头片、生气碎石头片、生气碎铁片……大老虎在碎片生气窝里打滚、大喊大叫、跺脚、煮生气汤、揉生气面团、烤生气饼干、唱生气歌、打生气拳……它太生气了！屋子里到处都是它生的气，越堆越多，房子都快挤爆了……

"然后呢，你猜猜这只可怕的老虎还会做什么呢？"

……

就这样，在与孩子互动的过程中，我们会发现，他们很快就奇迹般地平静下来了。这种发泄式观想适合在孩子情绪特别激烈时使用，目的是引导他尽快以更安全的方式将情绪释放出去，只能作为初期的一个环节使用。在如此"发泄"之后，我们还有必要让那只"老虎"意识到如此发泄可能带来什么样的恶果，引导它平静下来，将孩子从那种具有破坏性的场景，导归另一个温暖、有爱、安宁的场景，通过这种画面的转换引领孩子改变心性，趋向平和、安宁，并将更温和，更不具伤害性的释放情绪的方式传递给孩子。这才是对孩子更负责任的做法。

当然，我们还可以根据孩子的特点，创设更多发泄情绪的游戏，找到更多释放情绪的好办法。只要我们能站在孩子的立场，体会他们的感受，那些妙点子就会源源不断地涌现。

Part 5

这样去和孩子沟通，
孩子知道你爱他们

倾听孩子，让孩子自由说话；站在孩子的立场，以他们愿意接受的方式去表达……

表达不必拘泥于形式，和孩子一起画幅画、打个滚儿、讲个故事……你会在其中感受他们的快乐，他们也会在你的一颦一笑中享受被爱包围的温暖。

放慢你的教养节奏，别再对孩子说"快一点"

好友转给我一首诗，张文亮的《牵一只蜗牛去散步》。读罢，突然有一种冲动，想把它推荐给所有的父母。

《牵一只蜗牛去散步》

上帝给我一个任务
叫我牵一只蜗牛去散步。
我不能走太快，
蜗牛已经尽力爬，为何每次总是那么一点点？

我催它，我唬它，我责备它，
蜗牛用抱歉的眼光看着我，
仿佛说："人家已经尽力了嘛！"
我拉它，我扯它，甚至想踢它，
蜗牛受了伤，它流着汗，喘着气，往前爬……
真奇怪，为什么上帝叫我牵一只蜗牛去散步？
"上帝啊！为什么？"

天上一片安静。

"唉！也许上帝抓蜗牛去了！"

好吧！松手了！

反正上帝不管了，我还管什么？

让蜗牛往前爬，我在后面生闷气。

咦？我闻到花香，原来这边还有个花园，

我感到微风，原来夜里的微风这么温柔。

慢着！我听到鸟叫，我听到虫鸣。

我看到满天的星斗多亮丽！

咦？我以前怎么没有这般细腻的体会？

我忽然想起来了，莫非我错了？

是上帝叫一只蜗牛牵我去散步。

每个孩子都是这样一只小蜗牛，"慢腾腾"地，按照他自己的节奏在成长。不管我们多么焦急，也不管我们如何催促、牵拉，他，依然故我。有时候，牵拉的力度大了，他貌似会走快一点，却不可避免地会受伤，还不如慢一点，等等他。当我们自以为付出了很多却看不到成效时，我们甚至开始怀疑自己，怀疑孩子。于是，我们"生闷气"，催他唬他责备他，拉他扯他，甚至想踢他。然而，天有时，孩子的成长亦有时。如果我们试着让教养的进度慢下来，接受孩子"成长亦有时"的现实，接纳孩子那些阶段性地困扰我们的行为，不再强求孩子速速改变，就会发现，一切都会自然而然地转化。一旦慢下来，我们就会欣喜地看到，无须我们催促，小蜗牛就会自己努力往前爬。在育儿的路上，我们就可以闻到花香，触摸到微风，听到鸟鸣虫喧，看到满天闪亮的星斗，享受沿途的风景。小蜗牛再也无须因赶不上我们的步伐而内疚，也不会因为我们拉他扯他而受伤，流着汗，气喘吁吁，疲惫不堪……

邻居家有个小男孩，一岁半了还走不太稳当，两岁半了还不敢爬楼梯。与小区里其他孩子一比较，妈妈难免焦虑，于是，决定加大训练力度。可是，小家伙见到楼梯就伸手要抱，不抱就哭，怎么逼他爬都不管用。妈妈无奈，只好放弃。忽一日，逛公园，孩子爱上了上下台阶，拉着妈妈的手，好多级的台阶他不厌其烦爬了好几趟，累得妈妈气喘吁吁，他却甘之若饴。接下来几天，每天外出、回家，他都不愿意乘电梯，一定要走楼梯。小家伙就这么慢悠悠地爬上去。从妈妈牵着手一点点试探着往上爬，到坚定地甩开妈妈牵引的手，自己奋力往上挪，仅仅隔了短短的几天时间。这就是孩子，他们天生就有一种内在的驱动力。只要准备好了，无须我们逼迫，自然就会不断尝试。当然，孩子学会爬楼梯之后，妈妈很快就遇到了新的问题——孩子似乎爬够了，再也不肯爬，又回到了哭着要抱的阶段。当然，这个阶段也会很快过去。

这就是成长的节奏。孩子，是来引领我们散步的小蜗牛。每一只小蜗牛都有自己行走的路线和爬行的速度。他们也可能中途停下来，欣赏一下沿途的风景，甚至倒回去走几步，再修正方向继续前行。不去比较，不去催促，尤其不去逼迫，让我们的心慢下来，坚信该来的迟早会来，该走的也迟早会走。多年后，等孩子长大成人，我们会惊讶地发现，时光飞逝，孩子的成长只是倏忽间。那么多美丽的瞬间，想珍惜、想回味，已然成了回忆，那么多焦虑、担忧、无奈、恐惧，都不过是庸人自扰。与其到时再怅然若失、反躬自省，不如现在就跟着那只小蜗牛，悠闲地散步，安然享受沿途的风景。

压力果真是动力吗

　　我曾经跟很多家长玩过这样一个游戏：在规定的时间内快速推演，得出一道智力游戏题的答案。在给出这道题之前，我先各种渲染，给他们施加压力。在大家都感受到压力之后，我再把这道题呈现给他们。结果一道很简单的推理题，只有极少数人得出正确答案。绝大多数人不是给出了错误的答案，就是根本想不出答案，或者因为害怕给出的答案错误而放弃。甚至有一次，参加游戏的人数多达五百人，居然没有一个人给出正确答案。

　　事后，大家一致反映，在看到这道题后，他们脑子里一团糨糊，根本就没有心思去推演答案，当时唯一在脑子里转悠的念头是：我可千万不能在同事朋友面前丢脸。于是，在这种念头压迫下，他们集体失去了正常思维的能力。只有个别心理素质比较好的朋友很淡定，在规定的时间内给出了正确答案。

　　作为成人，我们尚且在感受到压力时无法正常发挥，何况是排解压力技巧匮乏的孩子呢？然而，我们总是错误地以为，只有给孩子施加压力，才能促使他们将压力转化成动力，促进他们发展。殊不知，这样的做法与孩子成长的需求南辕北辙，不仅不会带给孩子益处，反而会导致孩子走向错误的方向，并且往往，施加的压力越大，错得越离谱。

　　在孩子小的时候，我经常听到爸爸妈妈们宣称，他们不在乎孩子学不学东西，只要他们快乐就好。然而，一到孩子三四岁，许多曾经很"沉得住气"的爸爸妈妈也开始心虚起来，为孩子是否会输在起跑线上，能否顺利幼小衔接，将来能否在一个竞争激烈的环境里具备良好的生存能力等担忧。于是，不给孩子报个班，学点什么技能，爸爸妈妈的心就没法安宁了。然而，当我们变得很功利的时候，孩子感受到的只有压力，没有乐趣，其结果可想而知。

有个五岁半的小男孩，突然间脾气大得惊人，跟妈妈冲突频繁，与小伙伴的关系也越来越吃紧，动不动就出手，不是伤了这个就是伤了那个。因为孩子性情突变，妈妈非常头疼，苦于找不到好的应对方法，只好带孩子来寻求我的帮助。跟孩子玩了一会儿以后，我发现这是一个超级喜欢画画的孩子，于是，我决定先陪孩子画画。果然，在画画的过程中，我发现了些端倪，顺利地找到了问题的症结所在。

"我想画一个小男孩。这个小男孩五岁半。嗯，他跟你一样大。你知道吗，这个小男孩最近脾气可大了，因为他遇到了一些不开心的事情。你猜猜他遇到什么不开心的事了？

"他肯定不愿意上车。"

"哦，他为什么不愿意上车呢？"

"因为他要坐车去上课。"

"上什么课呢？"

"轮滑。"

"他喜欢轮滑课吗？"

"不喜欢，他滑不好。"

"他滑不好的时候会发生什么呢？"

"老师会批评他的。妈妈也老批评他。他不喜欢轮滑老师。"

……

就这样，我们一边画，一边聊。聊到后来，我发现，这个可怜的小家伙每个礼拜竟然要上五六个课外班。他不仅不喜欢轮滑老师，还有声乐班的老师、英语班的老师……孩子唯一喜欢的是绘画班的老师。因为绘画班的老师不给他压力，常常鼓励他，而他又特别喜欢画画。

事后，我把这幅画拿给他妈妈看，妈妈才恍然大悟——原来问题的根源在自己身上，是妈妈给小男孩的压力太大了。于是，小男孩不得不通过发脾气来释放压力。跟我聊过之后，妈妈征求小男孩的意见，最终停了大多数的课外班，只留下他喜爱的绘画班。当小男孩意识到自己再也无须迫于压力去上那些讨厌的课外班后，他变得开心了，与妈妈的对抗，与小伙伴们的冲突也奇迹般地减少，最终消失了。

这位妈妈还算明智，发现问题之后能够及时纠偏，这才消除了她带给孩子的压力，给了他更多快乐成长的空间。可惜，还有更多的爸爸妈妈执迷不悟。就算他们清楚不该给孩子压力，但是基于对孩子未来的担忧，他们依然舍不得放弃这种压力。然而，长期处在这样的重压下，孩子怎么可能爱上学习，享受生活，享受游戏呢？

况且，爸爸妈妈们对孩子的担忧真的有必要吗？有心理学家做过一项研究，选择不同领域的人群做样本，搜集他们都有哪些担忧的事情，事后再统计这些担忧的事情发生的概率究竟有多高。结果发现，这些担忧85%都属子虚乌有。即便发生了的，也远不如我们想象的那么严重，终归"车到山前必有路，船到桥头自然直"。若深究我们的担忧，就会发现，这与孩子无关，与我们自身安全感缺失有关。这些担忧反映的，往往是我们自己内心的恐惧。想明白这一点，或许对我们调整心态，更好地养育孩子有帮助。

回想一下，我们就会发现，以下的情景并不陌生：

◉刚学走路的时候，孩子摔痛了，抹一把眼泪，爬起来继续走。

◉第一次拿到美食往嘴里塞的时候，孩子不是塞进鼻孔，就是碰到耳朵，不过，他们并没有被这种挫败感打败，相反，他们不急不躁，试了一次又一次，偶尔放对了位置，能够啜上一口，他们就欣喜无比。

◎ 到了识字敏感期，孩子不管拿到什么物品，但凡上面有个字，他们都会拿去急切地问爸爸妈妈："这是什么字？"

◎ 爱上问"为什么"之后，孩子们常常追着爸爸妈妈，一个接一个地问"为什么"让爸爸妈妈应接不暇，头都大了。

◎ 打电子游戏时，不管多少次冲关失败，孩子们都毫不气馁，在沮丧地感叹一声之后继续战斗。

……

从孩子们这些行为可以看出，他们天性爱学习，只是我们不恰当的方式带给了孩子压力，打压了他们学习的热情，才导致他们像躲避瘟疫一样躲避学习。当孩子某天变得厌学的时候，我们是不是该想想谁才是罪魁祸首呢？

不仅学习如此，其他亦如此。如果我们能引领孩子享受做事情的乐趣，不去压迫他们，他们自然就会陶醉其中，也渴望获得一个更好的结果。没有压力或少有压力的亲子相处模式，才是最高效、最能被孩子接受的模式。因此，为了少给孩子压力，我们最好：

◎ 将"你不许……""你必须……""你再……我就……"之类的句型去掉，换之以更人性化、更贴近孩子心声的方式跟孩子沟通："如果我们……那一定会……（各种激励孩子的话语）""要是我们……一定会很有意思（或其他能够鼓舞孩子的话语）""你想怎么样来做这个事情呢？""你有什么好的想法呢？""你的感觉是什么呢？"……

◎ 把目光瞄准过程，而不是结果，去享受过程带给我们的快乐与惊喜。

◎ 和孩子一起参与他们感兴趣的活动，并陶醉其中，让我们成为孩子的同盟。如此，孩子就会贴近我们，从我们身上获得前行的力量。

这样的方式不仅可以带给孩子愉悦的心理体验，还可以改变孩子的思维模式，让他们学会以更积极的正面的心态去看待一切。有了这样的思维模式，当他们遇到困难与挫折时，抗压能力自然也跟着提升了。

好故事胜过大嗓门

爱听故事，是人类的天性。

我们小时候，物质与文化同样匮乏。能吃饱饭，已经是很幸福的一件事。物质的匮乏使我们的味蕾变得极其敏感，真是吃嘛嘛香。因为没有了挑三拣四的余地，对我们来说，有食物到嘴便是值得庆幸的一件事。不过，相比美食而言，在乡下，更匮乏的是书籍。于是，在美食与小人书之间，我通常会毫不犹豫地选择小人书。就这样，我也算多少"读"了几本"书"。于是乎，每到傍晚，吃过晚饭，总有一群跟我年龄相仿的小伙伴围坐在我们家，催我讲故事。虽然我的故事讲得平淡无奇，只是讲个大概轮廓，并且常常是一个故事讲很多遍，有时候还自己瞎编，但没有一个小伙伴嫌弃。

从儿时的小人书，到上了大学读小说，故事带给我的回忆总是那么美好。只是在我渴望阅读的年龄，没书可读，这一直都是我觉得很遗憾的事情。在我为人母之后，讲睡前故事成了我们母子每晚的功课。"妈妈，再讲一个故事吧。"小家伙总在我讲完一个故事之后如是请求。一个，又一个，从来没有满足的时候。

讲睡前故事是我们母子都很享受的一件事。给琛琛讲睡前故事经历了两个阶段。第一个阶段是共读——每天洗漱完毕，娘俩在被窝里相拥，读了一本又一本，其结果是小家伙很晚都不能入睡，越读越兴奋。因为考虑到他的睡眠问题，我只好调整讲睡前故事的模式——每天晚上只读一本书，然后关了灯，我就开始胡编。我讲述的内容大都与我们母子每天共同的见闻相关。他很清楚，那些故事都是以他为蓝本，在此基础上发挥。因为与他关联，他便觉得很亲切，很有体验感，因而更享受这个听故事的过程。其实对孩子来说，故事可以很简单，只要稍微有点情节，他就很满足。何况，他更享受的，其实是与妈妈相处的这个过程。如此，故事本身是否精彩就显得不是那么重要了。当然，如果故事也精彩，那自然是锦上添花的事情了。

了解孩子对故事的这种特殊感情，延伸开来，就可以帮助我们解决许多问题。比如，当孩子不遵守规则，试图突破我们的底线时，若我们采用富有故事感的方式与孩子互动，就可以化解很多亲子间的冲突，让他们变得更配合，而我们自己也更省心。富有故事感的沟通模式其实很简单，只要稍微有点情节就好。

记得某天晚上，与朋友一家共进晚餐。他们家四岁的孩子手舞筷子，一通乱戳。爸爸不断警告孩子："不可以这样！""不能拿筷子对着人戳！""好好吃饭！"然而，小家伙置若罔闻，时不时拿起筷子一通乱舞。爸爸眼看就要被激怒了，小家伙才稍微老实点。不过，孩子毕竟是孩子，很快，她就忘了爸爸的叮嘱，继续舞动筷子，几乎戳到我眼睛。于是，我贴近她耳朵，悄悄对她说："我刚才听到你的筷子说，它想回家了，因为它想妈妈了。你知道它的家在哪儿吗？你能悄悄地把它送回家吗？"小姑娘听了我的话，小心翼翼地将筷子摆放到了筷架上，然后抬起头，骄傲地看着我。我立刻以欣赏的表情看着她，对她竖起大拇指："哇，你这么快就把它送回家了？真不错！"小姑娘那个得意呀！从那以后，直到我们离开饭桌，她再也没舞动筷子乱戳。

这一招，对于低龄的孩子尤其管用。他们泛灵性的特点，决定了他们会以更富有人情味儿的方式对待万事万物。也因此，当我们以这样的方式去给孩子"讲故事"的时候，他们通常都会很配合。

比如孩子迷上动画片，看完一集又一集，总不愿意关电视。我们不妨如此处理：

抱着他摸摸电视机背后，让他感受一下机壳的热度，然后对他说："哎呀，电视机生病了。你摸摸，它是不是发烧了？我们赶紧把电视机关了，让它好好休息，要不它病倒了，我们就没法看电视了！"通常，孩子都会乖乖地同意把电视机关了，甚至还可能时不时满心牵挂地询问："电视机还生病吗？它好点了没有？我们给它吃点药吧！"

这就是孩子。从对抗的模式跳出来，好好利用孩子爱听故事的特点，我们就可以将很多的"指令"变通一下，以带故事感的形式表述出来，让孩子欣然接受。当孩子出现某些我们认为需要改变的行为时，让故事来帮忙同样不失为一种很好的方式。对于四岁以上的孩子，我们可能需要编情节更复杂一些的故事，才能吸引他们。如果想省事，我们也可以借助故事书引领他们前行。如果编故事的水平有限，又找不到合适的故事书，我们还可以将这个球踢给孩子，提出一些问题，引导他们自己来"编故事"。

以孩子不肯关电视机为例：让孩子去摸摸发热的电视机机壳，然后提问："电视机怎么发热了呢？"他们或许会给出一些答案。然后，我们根据这些答案灵活应对，就可以引他们"上钩"了。

编故事不仅可以解决这些日常的小问题，当孩子受到打击，有情绪问题，某些行为需要修正，甚至受到严重刺激而产生心理阴影时，故事也是疏导孩子情绪、协助他们改善行为、尝试更好地面对现实、帮助他们消除心理阴影的有效手段。当然，编故事如果能配合涂鸦，会更直观，效果也更好。

你在堵塞亲子交流的通道吗

　　与孩子相处的时候，我们常常急于将自己的想法给予孩子，却很少想到要去倾听他们。甚至很多时候，当孩子主动向我们倾诉时，因为不愿意听他们那些翻来覆去的描述，我们还可能自以为是地打断："好了，妈妈已经知道了。我们做点别的吧！"有的爸爸妈妈还会急于对孩子的想法与行为作出评判，最终惹得孩子很不开心，严重的可能引发亲子冲突。

　　这两种方式都不是有效的交流方式。前者传递给孩子的信息是："爸爸妈妈不想听我说，他们看起来很不耐烦，我以后还是不说了吧！反正说了也没用。"后者传递给孩子的信息是："他们总是批评我，我还是什么都不跟他们说的好！"

　　当我们以这样的方式去回应孩子的时候，孩子会觉得话不投机，于是，亲子交流的通道就被关闭或者堵塞了。孩子失去了与我们交流的欲望，将来遇到问题，当我们需要去跟孩子沟通的时候，难度就大多了。更严重的是，如果我们交流的通道被堵塞，孩子陷入困境时就无从寻求帮助。这是很多悲剧发生的一个重要原因。而且，一个没有被倾听的孩子，他们也会复制父母的模式，将来不懂得去倾听他人。一个急于表达自己，不懂得倾听他人的人，在人际互动时很容易太过自我，因而出现交往方面的问题。比如，他们很可能误解他人，或者被人误解，进而产生很多不必要的麻烦。

　　相反，在孩子有意愿与我们沟通的时候，如果我们能耐心点去倾听，对他们的想法与需求表示理解，给予适当的回应，孩子就会更信赖我们。

一旦孩子养成与我们交心的习惯，我们就可以更好地了解孩子的心思，增进亲子关系，在恰当的时候鼓舞他们、安慰他们、支持他们，帮助他们释放压力，甚至在必要的时候拉他们一把，防止他们走偏。如此，孩子成长之路就顺畅多了。

当然，倾听孩子也有技巧。有的时候，我们只需对孩子的话做出简单的回应，如"是吗？""后来呢？""是这样啊！""然后呢？""这么神奇！""听起来不错！"表示我们在听，我听到了，并且对他们后续的话题感兴趣。如此，孩子就很满足了。但是，也有的时候，孩子之所以找我们来倾诉，背后可能隐含了他们的情绪、感受、期待等深层次的需求。若是碰到这样的情形，我们还停留在表面、无法与他们的内心发生呼应的话，孩子就会觉得我们的回应是一种敷衍，或者不解渴，他们就会因为自己没有得到理解而深感失望。这时，他们会尝试各种方式吸引我们的注意，直到我们理解他们、满足他们。

当然，令很多爸爸妈妈困扰的是，有时候，我们实在不清楚孩子究竟在想什么，自然也就难以做出恰当的回应。我们之所以摸不透孩子的想法，主要因为：

◎ 在跟孩子沟通的时候，我们常常不看孩子，甚至心不在焉，只简单地根据我们听到的信息来分析判断，结果，因为与孩子缺乏眼神的交流，无法准确地观察到孩子的表情、肢体动作及肌肉的细微变化，我们往往忽略了很多重要的信息。

◎ 我们总是站在自己的角度去分析、判断孩子，却很少站在孩子的立场思考。结果导致我们彼此对某个事情的理解出现偏差。

◎ 孩子的表达能力有限，无法还原全部事实，或者孩子不敢如实表达，只表达了部分的想法，我们无法获得全面的信息，以致判断失误。

了解到这样三个层面的问题之后，我们就可以避免很多问题。

首先，我们要注意多观察孩子的眼神、表情、肢体语言与肌肉动作，因为这些往往能透露给我们很多被忽略的信息，帮助我们更好地读懂孩子的内心。很多次，朋友去找我，只要有孩子发现我们坐在大厅聊天，他们总是会频繁地跑过去，扑进我怀里，或者爬到我膝盖上跟我说点什么。如果我继续跟人聊，他们还会拍我的脸，吸引我的注意，一次又一次，乐此不疲。尽管我已经做出回应，但他们依然不满足。后来我才明白，小家伙们是醉翁之意不在酒。因为我没有认真去观察他们，以致遗漏了很多信息。我低下头来，认真地看着孩子，结果发现一个很有意思的现象——他们常常是一边跟我说话，一边好奇地瞟着跟我谈话的人，于是，我明白了。他们并非真要跟我说某件事情，或者想要纠缠我，他们只是对我面前的那个陌生人产生了兴趣。他是谁？他来干什么？他为什么要跟林老师说话？他们在说什么？这才是孩子真正感兴趣的。在我明白这点之后，再遇到类似的情形，我会郑重地向他们介绍我对面的人，并告诉他们我要跟对方谈点事情，谈完我会去找他们。对方当然也会跟孩子们打个招呼。于是，在听完我的解释，对方也与他们打个招呼之后，孩子们的好奇心得到满足，他们一般就不会再来打扰我们了。

　　正如这个事件呈现的那样，很多时候，孩子没完没了跟我们聊某个事情，他们真正的意图未必是想让我们了解事情的经过，而可能是想找到一个吸引我们注意力的借口，或者是因为对某些事情产生了好奇心，希望从我们这里寻求答案。如果我们主动去关注了他们，满足了他们的好奇心，他们就无须通过这样的方式来唤醒我们的注意，这些行为自然就消失了。当孩子出于这样的目的跟我们谈论某个事情时，若我们认真观察孩子的眼神，往往会发现，在谈论这些事情的时候，他们的表述显得有些机械，神情也不专注，思路不太连贯，他们会很仔细地去观察我们的脸部表情、我们的反应等。在发现我们注意力涣散的时候，孩子甚至会提醒我们看着他。如果我们继续注意力涣散，孩子还可能会生气。相反，在他们需要我们关注的时候，如果我们能够全心关注，享受地跟他们在一起，或者当他们好奇

215

的时候，我们满足他们的好奇心，他们往往会很开心，自然也无须通过这些方式来获得我们的关注了。

除了细致地观察孩子的反应，我们还需要多站在孩子的角度去考虑他们的感受。在孩子小的时候，因为语言表达能力有限，他们的很多话，我们不能单从字面来理解，还要透过字面看到他们背后的情绪、期待等。

让我们来看一个案例：

在小区玩耍的时候，一个三岁小男孩的玩具被一个四岁多的男孩抢走了。小男孩非常生气，立刻去追那个大孩子，但是没有追上。于是，他躺在地上打滚儿、号哭。妈妈走过去，抱着他。当妈妈靠近他时，他哭得更伤心了，哭喊着："我要打他。"

妈妈很清楚，孩子不过通过这种方式在表达自己的愤怒而已。因此，妈妈没有在这个时候去跟孩子纠缠该不该说这样的话，而是把重心放在帮助孩子释放情绪上。于是，妈妈很平静地回应道："我知道，你很生气。你想打他。"

"我要踢他。"

"你想踢他。"

"我要咬他。"

"嗯，你实在太生气了。你想咬他。"

……

过了一会儿，小男孩不哭了，从妈妈怀里挣脱出来："妈妈，我要跟他一起玩儿。"

这就是孩子，他们不记仇，内心没有积怨，只要我们耐心地去倾听，允许他们把情绪发泄出来，他们很快就会雨过天晴。就算眼泪未干，他们又可以开开心心地跟小伙伴玩到一起，去享受游戏的乐趣。如果这位妈妈在听到孩子说他要打、踢、咬小朋友时，不去倾听，而是严阵以待，不顾孩子的感受，急于去批评他："你怎么能说这样的话呢？不许这么说！"或者给他讲一通不能说这种话的大道理，那么，孩子的情绪就会越来越激烈，他们之间的"斗争"就会持续更长时间，甚至难以平息。即便平息了，孩子也会很受伤。

孰轻孰重，这位睿智的妈妈掂量得很清楚。当然，她并没有纵容孩子以这样的方式表达愤怒情绪，她很清楚，这些话很伤人，很暴力，应该让孩子明白这些语言的杀伤力，并清楚该如何以更恰当的方式去表达自己的愤怒情绪。等孩子平静下来，妈妈才严肃地告知孩子这些语言的危害性。并且，事后，妈妈通过讲故事、绘画等方式，将这个情景再现给孩子，也将正确的表达愤怒的方式与技巧传递给孩子，而不是在他情绪的巅峰期跟他对抗。

事实上，在孩子情绪激烈的时候，他们感受到的只有愤怒，其他一切都不在他们关注的范围内。因此，就算此时讲道理，他们也会自动地将这些道理屏蔽。这个时候讲道理，起不到任何作用。纵使我们即刻制止了他们，看似管教有方，但这样的方式对孩子学会更好地处理情绪以及心理的成长未必更有好处。

当然，如果孩子有攻击对方的行为，我们还是要先控制住他们，防止他们伤到对方，然后共情，做一些安抚的工作，等待他们的情绪平复下来再做处理。

如果我们对孩子要求严格，很少给孩子自主的权利，或者他们的需求常常得不到满足，又或者我们常常批评孩子，那么，孩子就不敢在我们面前放开自己，而是会更多地隐瞒他们的真实想法，于是，我们从孩子那里获得的信息就可能不真实。因此，平时处理好亲子关系，尊重孩子，拉近与孩子的距离，遇到我们不认可孩子的某个行为时，对事不对人，允许孩子犯错误，及时赏识他们改正错误的行为，等等，这些都将有助于孩子大胆地向我们敞开心扉，避免问题发生。

共情，给孩子加满分

　　明白什么叫共情以及如何共情，往往可以帮助我们更好地解决孩子的问题，同时也培养出一个高情商的孩子。简单地说，共情是体验他人内心世界的一种能力。一个懂得以恰当方式关注并处理自身、他人情绪与感受的人常常更受人欢迎，更容易被信赖。这样的人能交到更多的朋友，在朋友圈更游刃有余。与孩子共情，我们需要关注以下三个层面：

　　◎ 站在孩子的角度，体验他们的情绪、感受，帮助他们把情绪、感受表达出来，表示我们理解他们。如果孩子的情绪、感受从来没有被别人理解过、关注过，他们是不可能学到以同样的方式与他人互动的。

　　◎ 引导孩子理解他人的情绪、感受，而不仅仅局限于关注自己的情绪与感受。

　　◎ 引导孩子以恰当的方式应对自身及他人的情绪。

　　让我们再通过一个案例来练习共情的技巧。

　　有个四岁的男孩摔了一跤，额头上破了皮，需要去医院缝针。听到要去医院缝针，小男孩很紧张地问妈妈："缝针会痛吗？"

　　妈妈如实回答："会有一点痛。不过要是太疼，医生会给你打麻药的。打了麻药就不痛了。"

　　小男孩继续问："缝针以后就不痛了吗？"

218

妈妈："麻药不起作用了，还是会有一点痛的。不过，我们是小小男子汉，我们能勇敢地面对。"妈妈竭尽所能，以各种方式劝说小男孩勇敢面对。

然而，小男孩听不进去，反而大哭起来，并且坚决不肯去医院。妈妈将他搂在怀里："妈妈知道，你有点怕痛对吧？妈妈小的时候也怕。你知道吗？有一次，妈妈也去缝针，也打麻药，一开始也很害怕，我也哭得很厉害。不过，真的缝的时候，也没觉得多痛。"妈妈的这句话才算切中了他的"要害"。

小男孩看着妈妈，继续哭。不过，因为妈妈理解了他的感受，他哭得不像刚才那么凶了。妈妈搂着孩子，问他："如果你是医生，碰到小朋友怕疼，你会怎么办呢？"

小男孩想了想："那我告诉他，忍一忍，一会儿就好了。"

妈妈："真是个好主意！"

当然，在小男孩帮医生出了这个主意之后，他自己也变得平静了。到了医院，小男孩居然出奇的平静，整个缝针的过程一声没有哭。小男孩的恐惧被理解了，也学会了站在医生的角度去体察患者的感受，他反而平静了。这就是共情的魔力。

再举个例子。一个小女孩刚上幼儿园，每天早上出门都是一场战斗。从起床开始，小姑娘就情绪不好，到出门飙升到情绪顶峰，小家伙几乎是歇斯底里地哭喊："我不去幼儿园！不去幼儿园……"每天这个时刻，爸爸妈妈都要给孩子讲道理，而孩子总是听不进道理。最后，爸爸妈妈不得不将她强行抱上车，送到幼儿园。从准备出门，到最终被抱出门，小家伙每天都要痛哭半个小时。那情形，让人心疼而又无奈。夫妻俩都为此伤透了脑筋。

一天，孩子妈妈找我来咨询，我给了她一个简单的建议：当孩子哭闹时简单共情——重复孩子的话，以此表示理解她的感受，待孩子平静之后，给出新的建议。

于是，第二天早上，同样的场景，便有了不一样的结果：临出门，小姑娘依旧歇斯底里地哭喊："我不去幼儿园。"这一次，爸爸妈妈没有急于跟她讲道理。妈妈搂着小姑娘，平静地看着她说："妈妈知道，你不想去幼儿园。"

小姑娘："我就是不想去幼儿园。"

妈妈："嗯，我知道，你就是不想去幼儿园。"

几个回合下来，小姑娘的哭声不那么激烈了。

妈妈："今天妈妈给你准备了两条漂亮的小裙子，一条蓝色，一条粉色，你想穿哪条去幼儿园呢？"

小姑娘："我要穿……粉色裙子去……幼儿园。"

这一天，他们只花了五分钟就搞定一切，并且，是孩子自己上的车。到了幼儿园，孩子虽然也哭了，但是比往日平静了许多。

又过了两三天，孩子居然奇迹般地不哭了。

这就是共情的魔力。

孩子永远是活在当下的，他们首先关注的是自己的感受与情绪。在他们的感受与情绪没有被理解、被接纳之前，他们是无法抽身出来去关注其他的。因此，但凡孩子有情绪，与他们共情是第一步。通过共情，让他们的内心熨帖了，我们后续的引导与教育才能真正发挥作用。

奇怪的是，也有家长反映跟孩子共情一点用都没有。为何会这样呢？也许问题就出在我们与孩子共情的方式有问题。为了让共情发挥更好的效用，在与孩子共情时，我们需要注意以下四点：

◎ **我们的心要安定**。如果我们的心是焦虑的、动荡的，那么孩子就无法从我们这里获得安慰与力量，这种共情就可能是无效的。

◎ **共情要恰到好处**。既要表达出孩子的感受，又要避免过分强调，起到反作用，反而把孩子一再地拉回到那种激烈的情绪中。

◎ **共情的内容要简单、明了**。当孩子完全沉浸在负面情绪中时，他们没有心思听我们长篇大论。

● **共情的态度要真诚。** 缺乏诚意的共情，孩子的小心灵足以看透。看透了，我们的虚假就会让他们深感困扰，于是，共情便不会有任何效用。

总之，做到这几点，共情就会产生神奇的效用，在尽可能短的时间内化解孩子的情绪，让他们很快安定下来。一旦孩子的心安定下来，我们再跟孩子讨论其他，他们就能沉下心来思考与接纳我们的建议了。

幽默地对待孩子吧，快乐会发芽

不管进入什么样的环境，如果其中有一个充满趣味而幽默的人，这个环境就会充满欢笑与活力。不管我们是什么样的性格类型，对于这样一个人物，我们总是更能接纳他，也更乐意为他做点什么。孩子也是这样。当然，他们衡量趣味与幽默的标准跟我们成人不太一样。在我们成人看来很傻很无趣的一些活动，孩子偏偏觉得乐趣无穷。

让我们回想一下，下面这些看起来很傻的活动，孩子是不是很喜欢很期待呢？如果没有这样跟孩子玩过，那么，请每天抽几分钟时间跟孩子玩一次。如果每天都有这样的开心一刻，我们会惊讶地发现，小家伙变了，他们将因此变得更满足、更快乐、更充满活力。

◎ 回到家第一件事，"捉住"孩子（不是强迫，是假装强迫，孩子对这种小花招往往十分期待），把他举得高高的，放下来，再举高，再放下来，跟孩子玩一个举高高的游戏。那么，孩子每天都会满心期待这个被"捉住"的时刻。

◎ 将孩子抱在肘弯里，悠上去，悠回来，再悠上去，再悠回来，偶尔转个圈，嘴里再模仿飞机飞过的声音，给孩子来个"开飞机"的游戏（当然，我们要注意速度，太快可能伤到孩子）。

◎ 胳肢孩子一下，停下来，假装在找机会突袭，再胳肢他一下。

◎ 把帽子戴头上，假装怎么也戴不好，然后很笨拙地让帽子从头顶上掉下来，你显得很慌张地抓住帽子继续往头上戴。

　　◉来一些违反常规的动作，假装眼神不好，把衣服和裤子搞混了，把裤子当上衣穿，把衣服当裤子穿，显得很困惑的样子。

　　◉把孩子抱起来，虚张声势但最终轻轻地"扔"到床垫、沙发等柔软的表面。

　　……

　　在这样跟孩子玩儿时，如果再配上一些充满趣味的描述，孩子会更加开心。除了这些，我们还可以根据孩子临时出现的反应及他们的一些想法，拓展出更多令孩子心动的游戏。

　　琛琛小的时候，我也经常以这样的方式跟他游戏。有段时间，琛琛痴迷涂鸦。有一次，他说他画了一幅"火山"。画面上到处都是红点点，那是喷溅出来的岩浆。看到这幅"火山"，我立刻紧张地回应："天哪，这岩浆都喷到我身上了。好烫啊！不行，我得赶紧逃，逃到一个安全的地方。"然后我开始"紧张"地躲藏，他则抓着"火山"到处追我。就这样，我让这个安静的孩子动了起来，跟我一起玩得身心舒泰。

　　如果我们每天都能跟孩子这样玩一二十分钟，我们带给他们的就是无边的快乐，他们的童年就会充满温暖而愉悦的色彩。

　　当然，趣味与幽默不仅仅体现在游戏的过程中。在处理某些棘手的问题时，趣味与幽默，同样是很好的润滑剂，不仅可以帮助我们更有效更快速地解决问题，还可以避免亲子冲突。

　　某天，蒙蒙户外回来不肯洗手。听到要他洗手，立刻大哭起来。我走过去，把他抱在怀里："我知道，你不想洗手。没关系，不想洗就不洗。"

　　听说可以不洗手，蒙蒙的哭声立刻小了。

　　"你刚才在户外玩什么了？"

"捡树叶，玩泥巴。"

"你知道吗，你的手上还有一些你看不见的东西，你猜猜是什么？"

"不知道。"

"是病毒和细菌。它们太小了，我们根本就看不见它们，要用显微镜才可以看到。你知道病毒和细菌最喜欢干什么吗？"

他好奇地看着我，期待我给出答案。

"它们老想跟小孩玩生病的游戏。生病是不是很不舒服呀？"

"嗯。"

"你知道细菌和病毒最怕什么吗？"

"不知道。"

"它们最怕肥皂和水。我都听到你手上的病毒和细菌说话了，你听！它们说：'可别用肥皂，可别洗手。我就想粘在蒙蒙手上，让他生病，让他陪我玩儿。'"

小家伙好奇地看着我。我趁热打铁："那可不行，我们可不想跟它们玩什么生病的游戏。我们要玩让它们去下水道的游戏。快，抹肥皂啦！这里抹抹，那里抹抹！使劲搓搓！哗哗哗，用水冲冲，走你！细菌病毒下水道集合去吧！"

等洗完了，我捧起他的小手闻闻，然后很陶醉地来上一句："啊，好香啊！"于是，蒙蒙得意地笑了。

当我们带着享受与愉悦的情绪面对孩子，换一个思路跟他们交流的时候，他们通常都会很开心、很享受，当然，亲子之间的冲突消失了，我们自己也少了很多烦恼，多了一份轻松。

当然，这个世界总是有一部分人很幽默，而另外一部分人天生就缺乏幽默细胞。比如我自己就是一个缺乏幽默细胞的人。那么，一个缺乏幽默细胞的人有可能帮助孩子变得更幽默吗？我想是有可能的。向人传播幽默的媒介多的是，图书、小品、相声、电影……况且，我们身边也总会有一些天生就很幽默的人。如果我们自己缺乏幽默细胞，何不借力呢？通过借力，我们一样可以弥补自己不够幽默的缺陷。经由这些媒介与人群，让孩子习得幽默。

人多点幽默感总是好的。恰到好处地幽它一默，人的神经就松弛了，很多的尴尬就化解了，人和人的关系自然也就拉近了。若我们天生就是幽默大师，当然很好，若我们天生就缺乏幽默细胞，借力，未尝不可。

灵活变通，是爸妈的必修课

孩子永远是活在当下的。因此，与孩子交流，一定要跟随孩子的状态、情绪、感受、需求及当时的环境而变化。此一时彼一时，不可过于机械。如果我们过于机械，就很容易引发亲子冲突，让孩子不开心，我们自己也因此产生无力感，变得很疲累。

有位妈妈在网上咨询我如何让孩子乖乖午睡，每个字都透着焦虑。原来，她家两岁半的孩子每天都因为不肯睡午觉号哭一个多小时，直到他哭累了，才能入睡。我回复她："午睡真的那么重要吗？"这位妈妈回答："如果睡眠不够，我担心影响孩子健康。"我再问她："让孩子少睡一两个小时的午觉，与每天惹她痛哭一个多小时，哪种情形对孩子伤害更大呢？"妈妈很纠结，但最终还是坚持认为要让孩子睡，接受不了孩子不睡午觉这个事实，希望我给她一些能让孩子乖乖午睡、又不号哭的建议。

遇到这样的问题，我也很纠结。这原本不算问题的问题，被这么一强化，就真的成了问题了。虽然妈妈的出发点很好，她清楚孩子需要更多的睡眠，因此认为让他按时午睡对他健康有益。但是，如果天天因为午睡这件事如此纠缠，那么，午饭后的时间会让孩子满心痛苦与恐惧，试问，这个午觉有何意义呢？况且，如果午睡成为一个无可变更的条规，导致孩子因此产生心理阴影，这种影响可就不仅仅是哭一个多小时那么简单的事了。要知道，无论对孩子还是成人而言，身心都是一体的。如果孩子长期因为被迫午睡承受心理压力，这种压力早晚会转换，变得更具杀伤力。

相反，如果我们不那么强制性地要求孩子，把心态放平和点，孩子感觉不到来自我们的压力了，他们反而不会在这个事情上纠缠，也许，给了他们自主的权利，他们困了，自然就睡了。即便不睡，两害相权取其轻，让他们开开心心度过每一天，也总好过让孩子每天痛哭一个多小时吧！

事实上，我们不焦虑，不给孩子施加压力了，孩子无须再跟我们较劲，他们反而能更自如地入睡。很多孩子刚上幼儿园的时候，最典型的表现是中午不睡，个别孩子尿裤子次数增多。若家长学会以平常心待之，不试图急速改变孩子，那么，通常，家长不焦虑、不紧张了，孩子很快就适应了。也有个别的家长始终放不下，总给孩子施加压力，或者不断地给孩子做思想工作，要求孩子在幼儿园必须午睡，不许尿裤子，等等，结果，孩子一到午睡时间就很紧张，反而不肯睡觉，或者尿裤子更加频繁。

正如孩子新入园一样，在养育孩子的过程中，我们经常会碰到一些特殊情况引发的问题，比如，家里来客人了，带孩子外出旅游，搬家……这些变化都可能打乱孩子的作息，或者导致孩子临时出现某些状况——不午睡了，晚上睡得晚了，吃饭没规律了，莫名哭闹了，本来不尿裤子的突然又尿裤子了，便秘了……遇到这些情况，如果我们站在孩子的角度想想，就会明白，这不是孩子的问题，而是环境的变化导致他们或兴奋，或紧张产生的影响。这个阶段过去，一切都会重获控制，我们根本就无须大惊小怪，尤其不需要去逼迫孩子，相反，我们若能顺应环境，试着变通一下，往往比死守条规要好得多。

条规需要变通，教育孩子的方式方法更需要变通。现在不少爸爸妈妈对孩子的教育非常重视，比如，他们经常会给孩子买一些针对性比较强的益智玩具，希望借此开发孩子的智力。这些玩具买回家了，问题跟着就来了。常常有妈妈问我："我给孩子买了串珠玩具，可他根本不穿，拿起那些珠子到处乱扔，该怎样引导孩子利用这些玩具锻炼他的精细动作呢？"

正如这个串珠子活动一样，这又是一个不是问题的问题。每个孩子的喜好不同，对游戏的需求自然也不同。有的孩子很喜欢串珠子游戏，但是也有一些孩子对这个游戏没有丝毫的兴趣。如果我们强求，他们会反抗，游戏变得缺乏乐趣，后果可想而知。此时，最好的方式不是坚持以固有的方式去要求孩子，而是变通。既然他喜欢扔珠子的游戏，那就让他扔好了。孩子捡珠子、扔珠子的过程，谁说不是锻炼他精细动作的好游戏呢？如果我们再加入更多大大小小、不同形状、不同材质的珠子，扔地上，鼓励孩子去捡拾，捡起来，然后塞入某个小瓶、某个小洞里，这样不就既满足了孩子扔扔捡捡的需求，又完美地达到了锻炼孩子精细动作的目的吗？

在养育孩子的过程中，很多事情，我们都无须跟孩子对抗，稍微变通一下，原本枯燥无味的活动就会变得充满乐趣，让孩子玩得投入，欲罢不能。不去逼迫孩子，学会变通，孩子就不会有压力，就会更享受与我们在一起的时光，何乐而不为呢？

当然，有的时候，我们确实会陷入与孩子发生冲突的境地。比如孩子想要我们陪他们玩，而我们偏偏分身乏术，那么，遇到这样的时刻，我们又该如何面对，如何找到变通之法呢？

在这里，我想跟大家分享一下我跟我干儿子的故事，或许会起到抛砖引玉的作用。

阿宝四岁的时候来我家，一眼就相中了客厅中的马鞍子。小家伙当即爬上去，邀我玩起了赶马车的游戏。那天就我们俩在家，中午吃完饭，小家伙碗一放就骑到了马鞍子上，急不可待地要求我陪他一起玩。可我还得收拾餐厅和厨房，不可能一整天都陷入他的赶马车游戏中。于是，发生了下面的故事：

我跟他讲明原因并给出承诺："干妈先收拾一下厨房和餐厅，很快就陪你玩。"

阿宝："干妈，你快点啊！我给你一分钟。"

"我会尽快的。"

"1,2,3……60，到时间了，干妈快过来。"

"哎呀，急死我了，这么多活儿，一分钟根本就干不完，你能帮我把时间拉长点吗？"

"啦啦……干妈，我又拉长了一分钟。1,2,3……又到时间了。干妈，快点！"

我知道，如果持续这样下去，孩子会起急，所以，我需要换一个思路。我突然灵光一现，感叹道："一分钟好快呀！哎呀，要是能把厨房搬到马车上就好了，我就不用那么着急了。"

"干妈，我来搬。"小家伙跳下马鞍，跑到厨房，双手对着厨房一抓，"拎"着厨房就放到了马车上。

"哎呀，太好了！我终于可以在马车上干活儿了。谢谢阿宝！"

接下来，他当马车夫兼导游，我当马车上的服务员，为马车上的乘客提供全方位的服务……当然，服务员的工作很多，要洗碗、刷盘子，要打扫车厢卫生……我的工作与他的游戏就不再是冲突的关系，而是一体的、互相关联的关系。之后，我该干吗干吗，他该干吗干吗，而我们虽然各自有分工，玩的却是同一个游戏——赶马车。于是，孩子没觉得我冷落了他，而我也没有放弃我该干的一切，我们便两两相安了。更好玩的是，那天，我们不仅把厨房搬上了马车，也把客厅、书房、卧室搬上了马车，最终把机场、火车站，甚至整个宇宙都搬上了马车。小家伙由衷地感叹："干妈，我们的马车好厉害啊，什么都能装下。"是啊，马车为什么不能装下整个宇宙呢？孩子的思维没那么多束缚，对他们来说，一切皆有可能！

当我们换一个思路，尝试去变通，一切都将不同。育儿如是，其他，莫不如是。

暗示的魔法

现在，请闭上双眼，全身放松，想象你的眼前放着一只盘子，盘子里码着一片片刚刚切开、水汪汪的柠檬。现在，请捏起一片，放进嘴里，慢慢咀嚼。一种酸酸的味道刺激着你的味蕾，立刻带给你口舌生津的感觉。不着急，再来一片。依旧是慢慢咀嚼，一片……一片……又一片……现在，你有什么感觉？腮帮子酸了吗？牙倒了吗？

这种感觉就叫暗示，孩子是很容易被催眠、被暗示的。与说教、批评、责罚等手段比较，不着痕迹的暗示有着更为神奇的魔力，能更快速地改变孩子的行为，引导孩子朝着更好的方向发展。当孩子出现某些令我们困扰的行为时，别着急，就像我们想象中正在咀嚼那一片片柠檬一样，不着痕迹地给予些暗示，口舌生津的感觉自然会来。

某天，自由活动时间。有个孩子拿起一个呼啦圈，正玩得高兴，另一个孩子看见了，立刻凑过去抓住呼啦圈的另一端，试图抢走呼啦圈。立时，双方剑拔弩张，一个喊，一个叫，一个涕泪横流，一个出手相搏，一场"战事"眼看就要爆发。我正好在旁边，赶紧抓住呼啦圈，笑眯眯地看着他们："你们俩玩拔河的游戏呢？我也要玩儿。"我一边说，一边把呼啦圈往我这边轻轻拉过来一点儿，随即假装拔不过他们俩，让呼啦圈再回去一点儿："你们俩好大的力气呀！看来我得使劲拔。"我假装很用力地往我这边拉。

两个小家伙之间即将燃起的战火就这样被熄灭了。不过，新的问题来了，越来越多的孩子加入进来，玩起了"拔河"的游戏。再不控制，恐怕就要人仰马翻了。我顺手抓起旁边的一只毛绒玩具，扔进了呼啦圈："看，我投篮了！哇，我投得好准啊！"这一声招呼，孩子们立刻松了手，四处寻找毛绒玩具，玩投篮游戏去了。

我们习惯了二元对立的思维模式，遇到问题，不是对抗，便是妥协。这种模式带来的结果只有两个，一个是放弃原则，被孩子牵着鼻子走；另一个是坚持原则，虽然有作为了，却让孩子很受伤。实际上，如果我们从这种二元对立的模式中跳出来，就会发现，眼前处处都是阳关道。不着痕迹的暗示，常常是最有效也最简便的方式。

有一次，跟几位朋友一起吃饭。其中一位朋友谈到她的孩子挑食，从来不吃蘑菇。只要餐桌上有小孩，我通常都会挨着他们坐。这次也不例外。我歪着头，对着小男孩左看右看，然后坚定地对他说："阿姨看得出来，你根本就不像个挑食的孩子。挑食的孩子怎么可能长得这么可爱，这么聪明，这么健壮？我才不信呢！我猜，你肯定不挑食对不对？"小男孩点点头，脸上露出了笑容。"这些蘑菇很好吃的。阿姨先帮你夹一小片，你尝尝，要是觉得好吃，阿姨再给你多夹点儿好不好？"小男孩开心地看着我，点了点头。我给他夹了一小片蘑菇。小男孩很快就把那片蘑菇干掉了。"还想要吗？""要！"这个从来不吃蘑菇的孩子，那天吃了很多蘑菇。这就是暗示的力量！

当然，小男孩之所以愿意听从我，是因为我们俩在饭前就已经走得很近了。那是我第一次见到这个小男孩。我们进入房间的时候，他们已经先到了。小男孩很腼腆，看到我们进去，悄悄地躲在了窗帘后面。"窗帘后面好像有一只小猫呃！我得去看看。"我走过去，隔着窗帘去摸那只"小猫"。当然，我假装找了很多次才找准位置，最终摸到了他的小脑袋："我猜这应该是一只白色的小猫。他应该喜欢钓鱼，不用鱼竿，用尾巴……"小男孩觉得好玩，开始在窗帘后面动来动去，显得很开心。"我要想办法把窗帘打开，看看这只小猫长啥样。我还想知道小猫在干什么。"我假装很笨拙地去撩窗帘，但总在最后关头失手。终于，小男孩自己笑眯眯地钻了出来。"啊？原来是个小孩呀！我还以为是一只小猫呢！"我很"惊讶"。他很开心。就这样，我们一遍遍玩着找小猫的游戏，把小男孩逗得咯咯地笑个不停。这个游戏拉近了我和他的距离，吃饭的时候，他主动提出要跟我坐在一起。这才有了后续的故事。

暗示有着神奇的魔力，我们要先成为孩子信服的喜爱的人，这样暗示的魔力就会成倍增加。这就是让孩子"乖巧听话"最大的秘密。

放大优点，才能正面管教

请大家跟随我，先来玩一个游戏：

请你闭上双眼，一遍又一遍地对自己说："不要想那只长着九条腿的花蜘蛛！绝对不要想那只长着九条腿的花蜘蛛！"说上十遍，每说一遍，对自己脑海中呈现的影像做一次统计。统计结果如何呢？是不是呈现了二十次长着九条腿的花蜘蛛的影像？为什么我们一再提醒自己不要做的事情，却偏偏一而再再而三地在做呢？那只九条腿的花蜘蛛何以在我们脑海盘桓，挥之不去呢？这跟我们潜意识运作的方式有极大的关系。潜意识更倾向于加深具有画面感的事物的印象，所以，它会自然地忽略掉"不要"两个字，牢牢记住"九条腿的花蜘蛛"这个画面。既然潜意识有这样的特点，那么下面的语言会带来什么样的后果也就可想而知了：

"不许打人！"

"别这么胆小！"

"别抢妹妹的玩具！"

"这孩子怎么这么挑食呢？蘑菇不吃，青菜也不吃，这样会生病的！"

"别碰电源插座！"

"天哪，不要再乱扔玩具了！"

……

当我们成天这样去批评、指责孩子的时候，他们获得的信息是什么？我们强化的又是什么呢？当然是：

打人！

胆小！

抢妹妹玩具！

挑食！

碰电源插座！

乱扔玩具！

……

既然如此，以这样的方式去教育孩子又怎么可能期待他们改变呢？

继续上面的实验。若想摆脱九条腿的花蜘蛛的影像，最行之有效的方式是什么？不是提醒自己不要去想，而是提醒自己去想一些与九条腿的花蜘蛛完全无关的事情："我看到五彩缤纷的花朵在风中摇曳，听到小鸟在宛转悠扬地歌唱，感觉到轻柔的春风拂过脸颊，触摸到粗糙的树皮肌理感十足……"当我们用另外一些画面替代"九条腿的花蜘蛛"的画面时，九条腿的花蜘蛛自然会奇迹般地从我们的脑海消失。

因此，当我们换一种方式来表达我们对孩子的期待时：

"你们俩握握手，拥抱一个吧！"

"我们会越来越勇敢！"

"我还没数到三，你肯定就已经把玩具还给妹妹了！嗯，我知道你动作快着呢！"

"我们什么都吃。蘑菇青菜都有营养，吃了就像大力水手一样力大

234

无比！不信？吃完跟爸爸掰个手腕看看，立马就长力气。我们肯定赢。"
（当然，家人要配合啦！）

"让电源插座自己玩，我们去玩投篮吧！"

"紧急集合！快！玩具们赶紧排好队，玩具国王要来检阅他的部队
了！"

……

试试看，哪种方式更能达成我们的目标呢？

抛开潜意识这个特点不说，单从孩子的角度来说，他们天性是期望获
得爸爸妈妈的关注的。如果我们的双眼盯着他们的长处，对其大加赏识，
他们会通过做更多自己擅长的事情来获得我们的赏识，于是，优点或长处
就被放大。相反，如果我们总盯着孩子的缺点，缺点一样会被放大。

接触那么多家庭之后，我发现一个奇怪、但又是必然的现象：越是那
些觉得自己家孩子哪儿都好的家长，他们的孩子就真的越来越好；越是那
些觉得自己家孩子这里不足、那里不够好的家长，他们的孩子也真的会越
来越问题多多。这就好比我们在广袤的田野行走，如果我们一心想的只是
拾麦穗，那么，我们眼里便只有麦穗，就算旁边一地碎金，也会被我们忽略。
而只有当我们放开眼界，我们才更有可能遇见那一地金子。

既然如此，如果我们改变一下对待孩子的方式，多关注他们的优点，
少关注他们的缺点，孩子不就发展得更好吗？也许有的爸爸妈妈要质疑了：
难道他们的缺点就听之任之吗？当然不是，我们可以尝试正面去管教，正
如前文提到的那样，从积极的正面的角度暗示孩子，那么，孩子就不再有
压力，他们自然就会朝着更好的方向发展，而我们与孩子的关系也得到改善，
于是，一切便都不同了。

对孩子如是，对配偶、家人、朋友、上司、下属乃至周围的环境亦复如是。

当我们能以欣赏的眼光看待周围一切人，看人所长，略人所短，看到环境中更多的美好，忽略环境中的不美好，我们的人生就会发生令人惊喜的变化。心是个奇怪的东西，心境改变了，多苦的环境，都可以甘之若饴。反之，多优越的环境，都如处地狱。地狱天堂，虽天壤之别，却只在一念间。

Part 6

好孩子来自好环境

好环境是传递爱的温床。环境的好坏不以物质多寡或档次高低为标准，也不以给予了孩子多少关注与陪伴来衡量，而以"关系"好坏为重心，以是否适合孩子为准绳。爱孩子，就要为他们营造一个温馨的环境。让家为孩子遮风挡雨，成为呵护孩子心灵成长的港湾。

爸爸和妈妈，在位却缺席

"小的时候只觉得'吃'是要紧的，只消嘴里有东西嚼，便觉天地之大，唯我独尊，逍遥自在，万事皆休。"梁实秋先生这段话是小孩"好吃"的经典写照。每次上厨艺课，孩子们对美食的热情总令人莞尔。他们常常是一边吃，一边做，极其兴奋。碰上不能生吃的食材，就算老师不断提醒，仍然会有孩子趁老师一转头的工夫，偷偷往嘴里塞。

这便是孩子，口腹之欲是他们最大的欲求之一。美食一诱惑，什么原则呀，底线呀，统统忘记了。时不时，我也会带些小食品去跟孩子们分享。时间长了，只要见到我，孩子们总是齐刷刷地问："林老师，你今天带分享物了吗？"

难以抵挡美食的诱惑是孩子的天性。接触那么多孩子，很少有例外，直到我遇见悠悠。也因此，当我了解到悠悠的状况时，我的心被刺痛了。

用外婆的话来说，悠悠简直是生活在"蜜罐"里。爸爸妈妈在欧洲工作多年，赚了第一桶金回国，早早就实现了财务自由，日子过得十分宽裕。二人均自由职业，除了偶尔应酬，几乎天天居家工作。因此，悠悠无须像别的孩子一样，忍受与爸爸妈妈分离之苦。不仅如此，自打有了悠悠之后，爸爸妈妈还特意请了两个保姆。一个负责家务，一个负责照顾孩子。妈妈只管喂奶，其他一概交由保姆承担。由于各种原因，保姆很难在一个家庭长久做下去。悠悠家也不例外。悠悠还不到三岁，保姆就已经换了好几拨了。不过，悠悠似乎已经习惯了，并不太在意谁来照顾他。新保姆一来，他立刻就把原来的保姆置之脑后，将依恋的重心转移到新人身上。

"这孩子，适应能力还挺强。多换几个保姆，看来也有好处啊！"爸爸妈妈看悠悠如此自如地转换了依恋对象，颇有些自得。"悠悠上幼儿园肯定适应快，不会有分离焦虑。"爸爸妈妈根据悠悠一贯的表现，很自信地得出了这样的结论。

果然，第一天上幼儿园，悠悠就表现得与众不同。班里最外向的孩子都多少还有些怯生生的时候，悠悠早已经跟在家一样自如了。不过，爸爸妈妈的高兴劲儿还没过，第二天，悠悠的反应就有了变化——偶尔，他会哭闹。好在大多数时候，他都被课程或者其他活动所吸引，因而忘了自己进入了一个陌生环境，正与陌生人相处。他的反应还算正常。第三天，悠悠的哭闹升级，并愈演愈烈，连课程与各项活动都不参与了，完全沉浸在自己焦虑的情绪里无法自拔。之后一个多月，小家伙天天如此。别的孩子早已适应了幼儿园的生活，悠悠还丝毫没有转变的迹象。唯一能让他止住哭闹的活动是为妈妈做手工，为妈妈画画……手工做好，画画好……他就捧着给妈妈制作的礼物，红了眼圈一遍又一遍地问老师："妈妈怎么还不来接我呢？""妈妈什么时候来接我呢？"一天天这样熬下来，对悠悠来说无疑是痛苦的。

悠悠不仅惦记着要给妈妈制作礼物，还惦记着要将好吃的留给妈妈。每天加餐，或者有小朋友分享美食，他立刻盯着手中的美食念叨："我要留给妈妈吃。"并且，他真的能抵挡住美食的诱惑，将手中的美食完整地带回家交到妈妈手里。一开始，老师以为悠悠天生对美食的欲求比较低，也就没有太在意，跟爸爸妈妈交流之后才发现，事实恰好相反——悠悠对美食的依赖程度远远高于同龄的小伙伴。

悠悠如此贴心，妈妈自然十分感动。她想都没去想，悠悠如此关注妈妈有什么值得质疑的地方。她唯一焦虑的是，悠悠入园那么长时间反应还如此激烈，而自己根本不知从何下手去帮助他尽快适应幼儿园的生活。

听了悠悠妈的倾诉，我最困惑的不是他为何迟迟适应不了幼儿园的生活，而是他何以有如此强大的自制力去抵制对美食的欲望。试想想看，一个不到三岁、对美食依赖程度那么高的孩子居然能够抵挡住诱惑，来博取妈妈的欢心，这背后究竟隐藏着怎样的心理动因呢？

跟悠悠妈聊得深了，问题便浮现出来。原来，爸爸妈妈虽然天天在家，但是照顾孩子起居，带孩子外出玩耍，全都是保姆的职责，爸爸妈妈基本不参与。这样的分工，致使爸爸妈妈的角色呈"在位性缺席"状态——即爸爸妈妈虽然在位，但实质上与悠悠互动很少，等同于缺席。爸爸妈妈"在位性缺席"，悠悠与爸爸妈妈的联结就无法很好地建立，他自然没有安全感。一个缺乏安全感的孩子是无法在离开爸爸妈妈之后安之若素的。悠悠之所以执着于为妈妈制作礼物，为妈妈留美食，目的都是为了获得妈妈的关注，向妈妈表达爱，以此跟妈妈发生联结。这才是悠悠这么长时间都难以适应幼儿园的根本原因。

当然，悠悠入园后反应如此强烈还有另一层原因，那就是，在悠悠家，保姆是育儿的主角，爸爸妈妈反而退居其次，而这个主角偏偏又更换过于频繁。所以，悠悠实际上没有一个在心理上可以长久依靠的人。让孩子与某个抚养人建立良好的稳定的依恋关系，对孩子心理发展有着极其重要的意义。只有与某人建立起深厚的依恋关系，他们才能从这种关系中获得足够的心理能量，找到安全感。频繁更换保姆带来的后果是，悠悠刚跟前一任保姆建立起比较好的依恋关系，对方就走了，下一位走马上任，他还来不及反应就失去了依靠。经验告诉他，只有快速转换依恋对象才能获得照顾，新人的状态也才更好，于是，他凭着自己的本能适应了这样的状况。快速转换依恋对象给了爸爸妈妈一个假象，让他们误以为悠悠适应能力很强。殊不知，他不过是不得已而为之罢了。不仅如此，频繁更换保姆的经验还让悠悠得出一个结论——旧人靠不住，只有新人才靠得住。也因此，他完全缺乏安全意识，具体表现是，与熟悉的人相比，他反而更信赖陌生人。

当他的要求没有及时得到满足时，他甚至会毫不犹豫地跟着陌生人走，不许抚养人靠近他。但是，上了幼儿园，环境与监护人同时转换带来的双层压力完全超出了悠悠能够承受的范围，这才是他如此焦虑的原因。

所幸，悠悠爸爸妈妈及早意识到问题的严重性，不再依赖保姆，而是尽可能多花时间陪伴悠悠游戏，并开始自己照顾他的生活起居，提高与他相处的质量。爸爸妈妈改变之后，悠悠也随之改变。最初，他的改变让爸爸妈妈深感困惑，因为他不像以往那么"大方"，跟谁都行，而是有所选择。实际上，这是悠悠开始转变的一个信号，也是必然要经历的一个阶段。他在通过这种方式弥补以往的缺失，同时也试探他与爸爸妈妈之间的这种关系能否长久。

与此同时，悠悠在幼儿园的状态快速好转。他不再整天哭闹，也不再执着于每天给妈妈制作礼物，给妈妈留美食，而是更多地表现出了他作为孩子该有的特性。每当得到小伙伴的分享物，他也会第一时间往自己的小嘴巴里塞，而不是留给妈妈。从表面看，悠悠不像以往那样"爱"妈妈了，而实际上，这才是一个孩子应该有的行为。悠悠从关注妈妈，转换到关注自己的需求，正是他从爸爸妈妈身上获得足够心理能量与爱的表现。因为有了足够的安全感，他自然无须讨好妈妈了。

接下来，悠悠发生了一系列的变化。最初，他似乎"变坏"了——变得黏人、自私，不再像以往那么关注妈妈了。有时候，他甚至还发脾气。当悠悠变成这样的时候，爸爸妈妈甚至有些怀疑这种改变是否有益。不过，好在他们坚持下来了。这样的状况延续了些日子，随后，新的变化又来了——成天游离在教室外的悠悠突然对课程产生了浓厚的兴趣，他也不再沉浸在自己的小世界，而是热衷于与小伙伴们游戏了。当然，他与爸爸妈妈的关系也日益亲密，他又像以往一样关心妈妈了。不过，他的这种关心跟以往不同。他的关心是发自内心的，不再有讨好的成分。这让妈妈觉得十分温暖。更让人欣慰的是，他小天使一样快乐满足的小模样感染了周围的每一个人，以致每个见到他的老师都不由自主地想抱抱他，亲亲他。

从悠悠的案例可以看出，爸爸妈妈"在位性缺席"尚且带给孩子如此深刻的影响，何况是真正的缺席呢？我很痛心地看到，不少爸爸妈妈将孩子留给老人，留给保姆，留给各种电子产品与玩具，甚至不少爸爸妈妈只有周末、长假的时候才能见到孩子。孩子在这样的环境下成长起来，他们的内心怎么可能没有伤痕呢？当然，如果有一个固定的抚养人陪伴他们，爱他们，以恰当的方式教育他们，他们也可能发展得很好。但是，绝大多数情形是，离开爸爸妈妈，孩子的内心是有缺失感的。这种缺失感会带来很多的问题，诸如让孩子变得胆小怕事；超乎寻常地黏人；缺乏安全感与安全意识；变得过于顽劣，试图以此来吸引爸爸妈妈的关注；过分懂事，懂事的程度与他们的年龄不相符……

即便将孩子交给充满智慧充满爱心的爷爷奶奶、姥姥姥爷，给他们非常好的教育，如果他们与父母之间的联结没有建立好，对他们未来的生活仍然是会产生影响的。这种影响，我们那个年代的很多人应该都深有感触。

记得我小的时候，父亲长年在外工作，母亲总在忙着农活。从我有记忆开始，我童年的所有愉悦经历都与爷爷奶奶相关。也因此，我对爷爷奶奶的感情非常深厚。即便爷爷奶奶去世多年，在我内心深处，他们从来就不曾离去。印象中，我没有父母与我游戏的记忆，与父母发生联系的记忆全在我生病的时候。每次一生病，父母亲就轮流背着我去几里外的镇上看医生。记忆中，被他们背着看病是很幸福的事情。也因此，我小时候格外体弱多病。生病对我来说，成了一种心理需求。成人后，我难得生一次病，似乎更是印证了我的这种猜测。

因为小时候有过这样的经历，琛琛出生后，我舍不得让他重复我的经历。因此，不管当年生活多艰难，多辛苦，我都坚持把他带在身边。我们住过阴暗潮湿的地下室，去洗手间需要跑出去半里地。寒冷的冬天，去一趟洗手间后，回到家半天都暖和不过来。婆婆曾经心疼地要求把孩子带回老家，但是我婉拒了。我很庆幸，我的坚持带给琛琛很多美好的童年记忆，也因此，他拥有更加健康的心理。

在孩子心目中，爸爸妈妈是天，是地，无人可以匹敌。老人再好，保姆再好，也不如爸爸妈妈好。并且，孩子越小，对爸爸妈妈的依赖程度越高，带有越多崇拜的成分。养育一个孩子，从某种意义上来说，跟刷一只锅子类似。把握好时机，趁热刷洗，几下就可以搞定。相反，如果我们一时懒惰，搁置一段时间再去刷那只已经冷却的锅子，就事倍功半了。在孩子成长的过程中，0～6岁，尤其三岁前，是孩子心灵成长最关键的时段。错过了这个阶段，一旦孩子的成长受到影响，我们就需要花费更多的时间与精力来帮助他们调整。因此，在孩子小的时候，多花点时间陪伴孩子，对他们心理成长是颇有助益的。就算我们再忙，每天二十分钟、十分钟的时间总还是有的。少上一会儿网，少打几分钟电话，少发几条短信，少玩一会儿微信，时间就有了。哪怕陪孩子的时间短一点儿，只要我们注重陪伴他们的质量，在陪伴他们的时段里全心全意享受那短暂的时刻，孩子的内心也会非常满足。于是，我们就可能带给他们很多美好而温暖的记忆，让这些陪伴滋养孩子的心灵。

当然，看到这里，有的爸爸妈妈可能要焦虑了："如果由于各种原因，我们不得不将孩子交给老人、保姆，那孩子岂不被毁了？"当然，问题不至于那么严重。只要孩子的主要抚养人相对稳定，并且充满爱意地对待他们，他们一样可以成长得很好。况且，我们也可以通过某些方式弥补，让孩子发展得更好。如果实在没有可能将孩子带在身边，我们也可以尝试通过以下的方式与孩子互动，将我们的爱传递给他们：

◉ 以乐观积极的心态面对生活。爸爸妈妈积极乐观的人生态度，会滋养孩子。相反，如果家长消极悲观，因为不能把孩子带在身边，产生愧疚心理，内心总因此纠结，正如前面提到的，孩子是天生的心灵感应大师，他们会感应到爸爸妈妈的这种心态，反而会对孩子产生更多负面的影响。

◎与孩子相聚的时候，要注意亲子互动的模式。科学的互动模式可以带给孩子更多助益。

◎利用业余时间，给孩子自制玩具、写信、画画……用手机录一些孩子感兴趣的视频，带回家给孩子看。爸爸妈妈的这份心意可以带给孩子温暖，让他们有强烈的被爱的感觉。这些礼物可以很简单，哪怕只是一只普普通通的纸飞机，也远胜于那些性价比不高的玩具。因为，这些自制的玩具凝聚了爱的能量，它们因此变得富有灵性。并且，当爸爸妈妈带着深深的爱意去做这些事情的时候，孩子是可以感应到的。

◎经常给孩子打个电话，聊一些趣事，给他们讲个好玩的故事，教他们有趣的童谣，拍一些工作生活照，与孩子的照片组合在一起，做成一本特殊的"书"，配上有趣的解说词，留给孩子看。

◎不要吝惜表达对孩子的爱——语言的、肢体的，各种亲昵温暖的表达方式都可以试试。

◎因为长年不在孩子身边，当孩子身上出现一些爸爸妈妈无法接受的行为时，不要以粗暴的态度去对待他们，也不要急于改造孩子，而要理解他们，用爱去温暖他们，在这个前提下再引导孩子改变。

◎每次与孩子分离，当孩子有情绪时，不要否定他们的感受，尤其不要以"怎么这么不听话"等语言去评价，或者偷偷地跑掉，这样虽然可能尽快阻止孩子哭闹，或者防止孩子哭闹，但对他们来说却是一种深深的伤害。此时，跟孩子共情，表示理解他们的感受，并且，让他们意识到，爸爸妈妈也舍不得离开，而且会经常回来看他们，给他们打电话……这对孩子很重要。即便分离会因此变得更纠结些，但这样处理可以让孩子感觉到爱，感觉到自己是有价值的，对孩子心理健康发展有着特殊的意义。

⚪当有机会跟孩子相处时，多陪伴他们，多跟他们游戏，带他们做一些有意思的事情，通过这些短暂的时光带给他们更多美好的回忆，让孩子充分地感受到我们的爱。

……

相信各位智慧的爸爸妈妈还可以想出更多、更好、更适合孩子的表达爱的方式。只要孩子感受到了爸爸妈妈的爱，他们的内心就会很满足，而这种满足就会通过孩子的行为很自然地表露出来。

倘若不幸的是，孩子就是在这样一个父母在位却缺席，甚至父母不在位的家庭长大，那么，即便孩子已经很大了，我们也需要给予他们更多的弥补。这里所谓的弥补并非物质意义上的弥补，而是情感上的弥补。进入青春期的孩子可能羞于接受父母那些亲昵的情感表达，那么，我们可以换之以孩子更能接受的表达方式，诸如给孩子一个慈爱的眼神，有机会像哥们儿一样拍拍他们的肩膀，表达对孩子的欣赏等。

我们都不是完美的父母，意识到问题，及时改变，一切皆有转机。

夫妻关系大于亲子关系

很多爸爸妈妈已经意识到给予孩子足够的爱的重要性，但是很少有人意识到，"家庭关系"（尤其夫妻关系）处理不好，给孩子再多的爱也无济于事。孩子会被卷进不良的"关系"中，深受影响，出现"问题"。相反，如果家庭"关系"处理好了，只要给予孩子适度的爱护与关注，他们就会朝着身心健康的方向发展。

家庭中所有"关系"都从爸爸妈妈的"关系"衍生而来。因此，爸爸妈妈的"关系"是根。夫妻关系处理不好，其他"关系"就会受到牵连，家庭"关系"就会变得混乱，最终受伤的就是我们的孩子。当爸爸妈妈彼此冲突时，孩子的内心往往十分恐慌，他们的第一反应就是把责任揽到自己头上，产生"我不好"的感觉。这会导致孩子自我价值感偏低，变得自卑、自暴自弃，缺乏安全感，或者通过一些貌似自信的行为来支撑自己那颗脆弱敏感的心。此时，即便我们给予他们很多关注，孩子也无法从我们的关注中获得足够的安全感。

不仅如此，成长在一个爸爸妈妈"关系"存在问题的家庭，孩子潜意识里会接受爸爸妈妈的模式，日后以同样的模式经营自己的家庭。于是，男孩很可能复制父亲，女孩则很可能复制母亲。如果没有机缘觉察到自身的问题，摆脱原生家庭对自身的影响，他们将来极有可能遭遇与父母同样的困扰，或者他们因为刻意避免出现与父母类似的问题，采取截然不同的方式去经营自己的家庭，但终归物极必反，会带来新的问题。更何况，父母的影响早已深入骨髓，就算我们刻意回避，它们依然处于临在状态。

一对离异夫妻试图复婚。复婚的提议由他们十几岁的女儿提出。女儿力呈利弊，试图劝说父母破镜重圆。夫妻俩在交流的过程中旧事重提，彼此都很激动。眼看爸爸妈妈就要谈崩，小姑娘伤心地哭了起来。哭着哭着，她竟然发起狠来："如果你们不复婚，我又要出点事给你们看看。"成绩一塌糊涂、逃学、离家出走，甚至自杀，这就是小姑娘对付父母最常用的手段。每次小姑娘一"出事"，爸爸妈妈就前嫌尽弃，联合起来一心处理她的问题。这让她尝到了"甜头"。只要能把爸爸妈妈都留在身边，维持一个完整的家，维持一个良好的家庭"关系"，小姑娘就算是忍受割腕之痛也在所不惜。"只要你们在一起，哪怕你们没工夫理我，我也开心。"这就是小姑娘的心愿。在她的内心深处，自己与父母的"关系"远不如父母双方的"关系"重要。爸爸妈妈的"关系"改善之后，小姑娘果然像变了一个人。她的脸上有了发自内心的笑容，成绩也稳步上升，与同学的关系得到改善，各方面也都有了起色。

不仅大孩子有这样的需求，小孩子也一样。即便他们看似"不懂事"，但是，对于爸爸妈妈的"关系"，他们天生就有敏锐的察觉力。一个耐人寻味的现象是：凡是夫妻恩爱，家庭成员相处和睦的家庭，他们的孩子往往更阳光，幸福指数更高，与小朋友相处更加融洽，能更自如地表达自己的需求，适应环境的能力也更强。即便遭遇不如意的事情，他们也能更快地重拾快乐的感觉。当然，他们也更富于探索精神，好奇心更强，学习能力与学习热情也很高。总之，这种家庭出来的孩子，各方面都表现得更出色一些。相反，那些夫妻冲突频繁的家庭，他们的孩子往往缺乏安全感，应对外部压力、排解不良情绪的能力也差很多。即便很小的孩子，也会有心事重重的表现，看着让人揪心。这些孩子大都将心思放在协调"关系"上，无心关注外部环境。总之，不良"夫妻关系"会让孩子深受其害。当然，也有特例，那也只有等孩子成人之后因某些特殊的经历而让这些伤害得到弥补了。

期待有个完整美满的家，是每个孩子最大的愿望。基于这样一个愿望，孩子会尽其所能去维护这个家的完整，哪怕这个家有缺憾。如果自己的努力付之东流，他们会把责任揽到自己头上，自贬、自责，甚至自我伤害。既然孩子如此在意爸爸妈妈的关系，万一夫妻关系无法调和，又该怎么办呢？此时，我们最需要告诉孩子的是，这是爸爸妈妈之间的事情，跟孩子没有关系，更不是孩子的错。

为了不影响孩子，当夫妻关系出现问题时，很多人都会选择凑合着过，力求给孩子一个"完整的家"。并且，夫妻双方往往配合默契，就算两人在一起纠结无比，但在孩子面前，双方都会强颜欢笑，装出一副若无其事的样子，以为这样就不会影响到孩子了。但事实上，孩子比我们想象的敏感得多，他们往往能准确地察觉到爸爸妈妈之间出现了问题，于是，孩子会通过各种方式去试探父母，印证自己的想法，并试图以自己的方式去改善爸爸妈妈之间的关系。因此，当夫妻关系实在无法维持时，与其拼命遮掩，不如如实地告知孩子真相，让他们明白爸爸妈妈之间确实出现了一些问题，但这不是孩子的错，也不会影响到爸爸妈妈对孩子的爱，爸爸妈妈自己会妥善解决。即便爸爸妈妈分手了，他们对孩子的爱依然不变。并且，除非夫妻双方已经百分之百确定要分手，最好不要轻易跟孩子谈论爸爸妈妈离婚的话题。倘若真有一天，夫妻俩不得不分道扬镳，若双方分手后没有爱，也没有恨，彼此能友好相处，并处理好与对方家庭成员的关系，孩子就会从爸爸妈妈这种新的友好的关系中获得力量。

当然，也有一些夫妻分手之后，无法维持友好的关系，而是彼此仇视。如果抚养孩子的一方能大度些，试着去接纳一切，允许并鼓励孩子与另一方有更多的接触，不在孩子面前说对方的坏话，认可对方的长处，就可以给孩子更好的影响。如果发现孩子受到严重影响，可以考虑寻求心理咨询师等专业人士的帮助。

当夫妻关系确实难以维系，与其向孩子示范一种不良的夫妻关系，不如好合好散，各自重新开始自己的美好生活，让孩子有机会学习新的夫妻相处模式。这对孩子未来的婚姻生活反而是有好处的。当然，前提是，父母再婚后能更好地处理夫妻关系。因此，夫妻离异后，先调整好自己，保证自己在已经成长的基础上再进入新的婚姻关系会比较好。这样可以避免重蹈覆辙。

发现爸爸妈妈关系出现问题后，有的孩子会遮遮掩掩，让父母误以为他什么都不知道。但是，只要我们多观察孩子，总是可以发现些端倪的。比如，孩子突然变得很黏人，看起来缺乏安全感；对他们惯常喜爱的活动没了兴致，显得萎靡不振；严重排斥双亲中的某一方……年龄稍大的孩子可能突然学习成绩下降，变得脾气暴躁，早恋，迷恋电子游戏，喜欢独自宅在家里，不与同龄人交往……当孩子出现"问题"或者表现得超乎寻常的懂事，完全不像个孩子时，也许就是他们在向我们传递这种信息。此时，我们就要引起注意了。

也有个别爸爸妈妈在夫妻关系出现问题时，喜欢向孩子倾倒苦水，或者试图挑起孩子仇视另一方。这种处理问题的方式是最糟糕的，这会逼迫孩子成为爸爸妈妈夫妻关系的协调者，或者导致孩子角色错位，要么试图去"保护"受伤害的一方，要么努力完善自己，让自己拥有爸爸／妈妈理想中配偶应该具备的特质，成为爸爸／妈妈的"精神伴侣"，而不再是他们自己，承担自己本不应该承担的责任。因此，当夫妻关系出现问题时，我们一定要警醒自己，这是成人的问题，与孩子无关。

我们生来是有缺憾的，孩子生来也是有缺憾的，正因为有缺憾，这个世界才丰富多彩。接纳不完美的自己，接纳不完美的家人，接纳不完美的孩子，也接纳各种不完美的"关系"，不再因此纠结，我们的孩子自然就会成为幸运的小天使。

"妈妈和奶奶，我究竟该爱谁"

毛毛，一个可爱的小家伙，才两岁八个月就已经"八面玲珑"，哄得身边的每个人都高高兴兴。毛毛妈因此深感欣慰，认定毛毛的社会交往能力发展得如此之好，一定会很快就适应幼儿园的生活。然而，毛毛入园后的表现却让她大跌眼镜。

毛毛入园一个多月，分离焦虑未见缓解，连老师都快被他折磨疯了。终于有一天，毛毛开始喜欢幼儿园的老师了。不过，这个孩子比较奇怪。他感兴趣的只有老师，对小朋友却完全是另一种态度。即便有小朋友主动向他示好，他也躲得远远的，唯恐小朋友接近他。并且，这个孩子的表现极不稳定，总是好一天，歹一天，令人费解。

经过深入调查才发现，毛毛状态不稳定竟然源于不良的婆媳关系。起因是这样的：毛毛出生之后，为了帮助照顾孩子，爷爷奶奶从老家搬到了毛毛家。奶奶心疼儿子，同时也希望儿子跟自己更贴近一些，不要"娶了媳妇忘了娘"。妈妈则渴望丈夫像以往一样关注自己。于是，两个女人之间发生了争夺一个男人的心理拉锯战，而孩子的教育问题则成了这场战事爆发的直接导火索。两个女人从此进入了非常尴尬的对峙期。虽然这种对峙并没有明朗化，但双方心知肚明。就这样，原本平静的生活被彻底打乱了。

毛毛妈盼着奶奶赶紧回老家，还她平静的生活。奶奶则觉得住在儿子家天经地义，自然也就心安理得地住了下来。尽管双方都觉得这样的家庭环境很压抑，但是谁也不肯让步。于是，这个家无形中产生了一种对抗的能量场。毛毛对妈妈和奶奶之间那种隐藏着对抗意味的语言、眼神和肢体动作逐渐敏感起来。

随着毛毛一天天长大，他懂点事儿了，开始意识到，只要对某个成员示好，这个成员就会发自内心地感到高兴。他的示好行为自然就因此得到鼓励，于是，到两岁多，小家伙学会了刻意去讨好每位长辈。看到毛毛跟奶奶那么贴近，毛毛妈的心里滋生出一种怪异的感觉。毕竟，为毛毛付出最多的是她，而不是奶奶。妈妈的情绪被聪明的毛毛准确地捕捉到了，为了让妈妈高兴，小家伙开始有意识地排斥爷爷奶奶了。每当毛毛"我不要爷爷奶奶，我要爷爷奶奶回去"的声音响起，妈妈的心里就有一种快慰无比的感觉。毛毛妈还一厢情愿地将孩子的这种行为解读为他不喜欢爷爷奶奶。不过，事实上，毛毛妈不在的时候，毛毛跟爷爷奶奶反而比以往更亲密。不到三岁的毛毛就这样周旋在几个成人之间，将关注的重心放在了体察每个人的情绪变化上，对孩子们关注的那些游戏与活动反倒没了兴趣。

毛毛上幼儿园之后，毛毛妈更是觉得爷爷奶奶没有理由再住下去了，因此，她和奶奶的冲突进一步加剧。毛毛则变得严重缺乏安全感，黏妈妈黏得越来越厉害。毛毛妈不去反思自己的行为，却将这一切归罪于奶奶落后的教育方式，心里更容不下奶奶了。就这样，毛毛成了妈妈个人情感的替罪羊。他不再是个孩子，而是一个刻意协调家庭关系的"小大人"。

自打毛毛说出那句"我不要爷爷奶奶，我要爷爷奶奶回去"的话之后，老人十分伤心。孩子小，不懂事，老人不会在意。他们不认为孩子能自己说出这样的话，自然将责任归咎到毛毛妈的身上。于是，双方的关系更别扭了。可实际上，毛毛妈很冤枉。她并没有跟毛毛表露过自己想要爷爷奶奶回去的想法。小家伙以自己独特的方式读懂了妈妈的心，替妈妈将这种想法表达了出来。连小孙子都说出这样的话，两位老人伤感之余，终于决定打点行囊回老家。

实际上，"要爷爷奶奶回去"并不是毛毛的真实想法。对孩子来说，凡是存在血缘关系的人，他都会给予深切的爱。当然，孩子的爱是有序位的。妈妈排第一（如果主要抚养人不是妈妈，排第一的可能是主要抚养人），爸爸次之，爷爷奶奶外公外婆再次之……在所有的关系中，他最看重的是跟妈妈的关系。因此，当他必须在妈妈和其他人之间做出抉择时，他会选择妈妈。尽管如此，他也不可能为了妈妈放弃对爷爷奶奶或者其他家人的爱。如果妈妈试图独享孩子的爱，为了迎合妈妈，他只好表现得更加依赖妈妈，对其他家人则比较抗拒。但是，这种抗拒只是一种表象。真相是，在他内心深处，他仍然深切地爱着其他家人，因此，妈妈不在场的时候，他会加倍地向其他家人示好。或者他虽然不向其他家人示好，他的内在也会激烈斗争。这样的家庭关系会导致孩子处于矛盾的中心，有不堪重负的感觉，并产生严重的不安全感。

在这种不安全感的影响下，孩子可能会出现一系列的问题，诸如过于谨慎胆小；固定地黏妈妈一个人，排斥其他家庭成员；对新鲜事物缺乏兴趣；小小年纪就八面玲珑，总想方设法讨好周围所有的人，生怕忽略了谁；学习热情降低，对孩子们都感兴趣的游戏、活动完全缺乏兴趣；只关注成人的世界，与小伙伴很少发生联系，甚至根本就没有与小伙伴游戏的兴致……

了解到孩子具有这样的特点之后，为了毛毛，毛毛妈决定改变自己，尽弃前嫌，接纳奶奶，然后静观其变。爷爷奶奶回去几个月之后，毛毛妈当着毛毛的面给婆婆打了电话，表达了感激之情，并且盛情邀请他们过来同住。自打那天之后，毛毛的状态来了个一百八十度大转弯。小家伙明显变得开心了。他还告诉老师："我爷爷奶奶很快就要来了。"从那天开始，一向不肯在幼儿园睡午觉的毛毛第一次主动提出要午睡，并且很安心地进入了梦乡。

妈妈和奶奶的关系好转之后，毛毛的状态彻底好了。他开始关注小朋友的游戏，有了与小伙伴交流的欲望，也开始关注课程，成了课堂上的活跃分子。当然，他融入小伙伴的圈子经历了一个渐进的过程——最初是内心有渴望，但是不敢主动融入小伙伴的活动，即便有小伙伴邀请他参与，他也表现得比较抗拒。可是回到家，他会"告状"："妈妈，小朋友不跟我玩儿。"他实际想表达的是，他渴望跟小伙伴一起玩儿，但是他还不敢或者缺乏技巧融入他们的小圈子，害怕被他们拒绝。因此，小朋友不跟他玩就成了一个合理的借口。之后，毛毛开始被动地接受小朋友的邀请，加入他们的游戏。又过了些日子，他开始主动发起游戏，邀请小朋友加入。到这个时候，毛毛已经完全是个小孩，而不再是那个懂事得让人揪心的"小大人"了。

毛毛的案例并不特殊，实际上，很多家庭都在上演类似的剧目，只是剧情略有差异而已。家庭是个庞大的系统，系统中每个成员都互相关联。一个良性的家庭关系对孩子的成长起着极其重要的作用。因为，那个看似"不懂事"的小家伙远比我们想象的要敏感得多。他们不仅可以敏锐地读懂每个家庭成员的内心，还有一个迅速察觉关系好坏的"神经系统"。

在所有关系中，最难处的无疑是婆媳关系。如果我们试着换一种方式来看问题，也许这种纠结就不会那么严重了。比如，婆婆很挑剔，动不动就批评儿媳这样不好，那样不好，如果我们换一种方式来思维，对婆婆的看法也许就变了。正因为她没有把我们当外人，所以才会如此吧？况且，一个口不择言的人，也一定是个非常直率的人。而直率的人，虽然有时候会让我们下不了台，但是她的一切都暴露在外，她是透明的，实际上反而好相处一些。如此一想，婆婆在我们心目中的形象或许就改变了。何况，人心都是肉长的。如果我们诚心对待婆婆，婆婆也是可以感觉到的。婆婆感觉到我们的诚心，她也会跟着改变的。

在与婆婆相处时，我们可以尝试以下的做法：

● 把婆婆当母亲看待。有什么好事，想着亲妈，也想着婆婆，不厚此薄彼。

◎ 跟婆婆一起外出，试着牵着她的手，搂着她的肩。这种肢体语言是拉近彼此距离最好的方式，前提是，你要很自然地去做这件事，而不是僵硬地去做这个事情。当我们这样对待婆婆的时候，就会让她在亲戚、朋友、邻居面前很有面子。

◎ 经常发自内心地夸夸婆婆，偶尔也可以跟婆婆要要赖、撒撒娇。如果婆婆说哪个事情做得不好，不要介怀，相反，可以虚心地去求教。

◎ 多看对方的长处，少挑对方的不是。

◎ 倘若怎么努力，都感化不了婆婆，我们唯一能做的就是接纳。接纳了对方，意味着平和地看待她几十年来形成的传统观念，也意味着你不必绞尽脑汁强求对方改变。当然你也不需要勉强自己，放弃自己的教育态度和立场去迎合婆婆，只是不必再煞费苦心强求一致。

◎ 若是无论如何都无法接纳婆婆，也别跟自己较劲，可以试着去静观自己的内心："婆婆这样的行为让我很生气，我接受不了婆婆这样对待我，这一切的根源在哪里呢？"当我们静观自心时，那些情绪也许就遁去了，甚至，我们还有可能发现很多我们从来没有意识到的问题，进而获得一个自我成长的机会。当我们暂时无法接纳婆婆时，可以试着和婆婆分开住，保持一定的距离，别让自己的情绪随着她起伏不定。

当然，处理好婆媳关系不是单方面努力就能做到的事情。作为婆婆，也需要多多用心：

◎ 把儿媳妇当闺女看，多夸奖，多关心，少挑剔。

◎ 处理好与儿子的关系。儿子不是我们的私有财产，成人后必然走向独立。接受这样的事实，并祝福他，就是作为母亲能给予儿子的最好的爱。

◎ 接受儿子疼儿媳妇的事实。儿子、儿媳妇的关系好了，儿子才会真幸福。而幸福与否与付出多少没关系，只要儿子愿意，他愿意怎么疼儿媳妇就让他怎么疼儿媳妇好了。

● 作为婆婆，我们也要有自己的生活。让自己的生活丰富多彩，而不是依赖子女来调剂生活，我们才可以活得更自在、更快乐、更受人尊敬。

● 生活成长于不同的年代，我们与年轻人之间存在代沟很正常，理解万岁。理解并接纳他们，不试图改变他们，关系自然融洽，而我们彼此也都会活得更轻松、更快乐。

● 养育孙子、孙女，主体是儿子、儿媳妇，我们不必越俎代庖。我们越是放得下，祖孙三代的关系越融洽，大家彼此也活得越自在，越轻松。

婆媳关系出现问题，不仅仅是婆婆和儿媳的事情，与儿子关系也很大。作为夹在两个女人之间、偶尔受点夹板气的男子汉，儿子也需要发挥更好的作用，在母亲与妻子之间斡旋，成为母亲与妻子之间的黏合剂、润滑剂。实际上，所有用在孩子身上的处理问题的技巧，用在婆媳身上同样是有效的。只要做儿子、丈夫的多点耐心、多点智慧、多花点时间，是可以调和好她们彼此的关系的。

丰子恺先生有句话："心小了，所有的小事就大了；心大了，所有的大事都小了；看淡世事沧桑，内心安然无恙。"在处理婆媳关系或者其他关系时，同样适用。

总之，无论哪种关系，要处理好，重点还是取决于我们的"心"。心量大了，什么都好办。

"亲子嫉妒"让孩子很受伤

看到这个词，你或许很气愤——我们爱自己的孩子，就像爱自己的生命，只要为了孩子好，我们什么都可以去做。既然如此，亲子之间怎么可能生出"嫉妒"来呢？我们爱孩子是事实，"亲子嫉妒"现象普遍存在也是事实。只是很多时候，它很隐蔽，常以别的方式显现，以致我们难以察觉罢了。一旦"亲子嫉妒"生起，一些不必要的矛盾就会随之产生，最终受影响的往往是孩子。

"亲子嫉妒"的表现形式多种多样，可能发生在任意两个或者多个家庭成员之间，以及我们与保姆之间。"亲子嫉妒"通常以隐隐的不快、失落、沮丧、带着醋意的"羡慕"等情绪呈现，这也是它具有隐蔽性的一个重要原因。当然，也有少数例外。一些自身心理成长不够的家庭成员可能会明确地向孩子或者其他家庭成员表明自己的立场，表达这种嫉妒情绪。诸如：

◎ 在管教孩子的事情上，妈妈尺度比较严，奶奶尺度比较松。于是，当妈妈管教孩子的时候，奶奶就可能出面阻挠，这时妈妈就会很不高兴地对奶奶说："这是我的孩子，我有教育他的责任，您别插手。"很显然，对妈妈来说，孩子"是她的"，与奶奶关系不大。当奶奶试图干预的时候，她觉得自己的"权益"受到了侵犯。

◎ 当儿子黏妈妈时，爸爸可能很强势地警告儿子："妈妈是我的，你不可以跟我争。"类似这种醋意大发的爸爸并不少见，只是他们的表达方法可能不至于如此偏执而已。

◎ 当妈妈把关注的重心放在孩子身上时，爸爸可能会抱怨妈妈："你的眼里只有孩子！"爸爸的潜台词很明显，他在埋怨妈妈关注他太少了。

◎ 奶奶辛辛苦苦带小孙子，而小家伙只要见到妈妈就赶奶奶走，看到这样的情形，妈妈往往窃喜，奶奶则可能抱怨："你这个小白眼狼，奶奶辛辛苦苦带你，妈妈一回家你就翻脸不认人。"两个女人之间的微妙关系暴露无遗。

◎ 爸爸几乎不带孩子，偶尔跟孩子玩一次，小家伙就很兴奋。并且，每当看到爸爸下班回家，小家伙那兴奋劲儿竟然比见到妈妈还强烈。每逢此时，妈妈很可能会充满醋意地来上一句："爸爸都不管你，你还对他那么好干吗？别理他！"妈妈一方面在埋怨爸爸没有管孩子，另一方面也是看不得孩子跟爸爸居然比跟自己还亲热，内心产生了严重的失落感。

……

也有些时候，我们会通过一些伪装的行为来表露"亲子嫉妒"。比如，有些家庭成员为了让孩子跟自己更亲近，会放弃原则去讨好孩子，无条件满足他们的要求。其他家庭成员一方面因为规则被破坏而气愤，另一方面也为孩子更加靠近对方而心生不快，这种不快就隐含了嫉妒的成分，但是会披上"对方的行为对孩子成长不利"的外衣。如果家里请了保姆，孩子跟保姆的关系比跟父母的关系还亲密，"亲子嫉妒"就可能表露得更加明显。

经常有家长向我提出如下的问题：

◎ 我的孩子平时都由奶奶带，晚上跟奶奶睡，跟我不亲近，做什么事情都要奶奶来，如果我去替代奶奶，他会表现得很排斥。我该怎样做，才能让孩子跟我更亲近呢?

◎ 孩子几个月开始就交给爷爷奶奶带,三岁后才回到我们的身边。现在孩子只认爷爷奶奶,跟我们很疏远,怎么办?

◎ 我家的保姆人很好,很爱孩子。孩子每天晚上都跟保姆睡,对保姆比对我还好。看到孩子这样,我心里真不是滋味。真希望孩子赶紧上幼儿园,不再需要保姆,我可以跟他更亲近些。

……

上述问题有一个共同点,那就是妈妈为孩子付出比较少,却又因为孩子与其他主要抚养人关系更亲近而心生妒意。

事实上,大多数与"亲子嫉妒"相关的问题都集中在我们与孩子身上,更多集中在妈妈与孩子身上。上班族妈妈因为必须将孩子交由其他人抚养,因而不得不承受孩子与其他抚养人关系更亲密带来的失落感(当然,这样的情形不多,大多数孩子还是跟妈妈关系更为密切,除非妈妈付出确实不够多)。那些不上班,全职看孩子的妈妈的情形未必更好。因为不工作,妈妈所有的心思都放在孩子身上,于是,从某种意义上来说,孩子成了妈妈的精神寄托。当孩子跟其他家人表现得很亲热,甚至有时候比跟自己还亲热的时候,妈妈的心里就更不是滋味。一些妈妈会把责任归咎到对方身上,去挑对方的"问题",诸如认为对方溺爱孩子,讨好孩子等。于是,育儿冲突就产生了。当然,溺爱一类的问题确实存在,但是我们评判的"溺爱"未必真的都是"溺爱"。由于妈妈心理上比较依赖孩子,生怕孩子对自己的爱与其他成员相比减了一分,少了一厘,而孩子又天生心灵敏感,这就会导致孩子为了满足妈妈的需求,变得越来越黏妈妈。出于理性的考虑,当看到孩子过于黏人的时候,妈妈会试图去改变孩子。这样一来,孩子会变得无所适从,更加焦躁。其他家人有"亲子嫉妒"行为时,孩子的反应也会如此。

总之，有了孩子后，一些家庭变得不那么平静了——夫妻之间少了恩爱，多了矛盾；婆媳关系越来越纠结，甚至难以调和；保姆换了一茬又一茬，永远找不到满意的……如果往深处探究，我们会惊讶地发现，之所以出现这样的状况，"亲子嫉妒"也是诱因之一。

　　"亲子嫉妒"看似寻常，但是，如果不能引起我们足够的重视，它一样会给孩子心理成长带来负面的影响。因为当孩子感觉来自妈妈或主要抚养人的爱被剥夺，孩子的内心会有一种恐慌感，他们会通过某些我们不理解的方式更加奋力地争夺这个人——紧紧地黏着他，不管做什么事情，都要这个人来帮忙，当这个人在场时，对其他家人表现得很排斥；如果这个人不在场，孩子就会撕心裂肺地寻找这个人……孩子的内心越是恐慌，他们的这种行为就越严重，而他们所爱的人有时候就会有不堪重负的感觉。与孩子争抢的对手当然也会滋生更多的抱怨，于是，很多的负面情绪就会通过各种方式不自觉地散发出来，被孩子"感应"到。甚至有的爸爸妈妈可能不顾孩子的感受，强行将孩子所爱的人从他们身边拉走，美其名曰"为了让孩子早日独立"。而孩子小，还没有走向独立的欲望与需求，他们需要依赖成人才能生存，没有能力与其他成人抗争，这会使他们内心更加恐慌，产生更严重的无助感。

　　当成人争抢孩子的爱，期待他们更依赖自己、跟自己更亲近时，一样会带给孩子压力，让他们有一种被撕扯的感觉。于是，为了讨好每一个人，有的孩子会在几个家庭成员之间斡旋，出现前文提到的毛毛那样的情形。有的孩子则不知所措。当他们发现不管怎么做，这些冲突都无可避免的时候，他们就可能选择封闭自己，或者让自己出现"问题"，将家人关注的目光吸引到自己身上，以平衡家庭成员之间彼此嫉妒的关系。

　　大多数"亲子嫉妒"产生的原因跟爸爸妈妈自身心理没有成长完善有关。因为我们没有从自己父母那里得到足够的关注与恰当的爱，我们就无法从父母身上学到爱孩子的正确方法，并且成人后，为了弥补小时候的缺憾，我们会在潜意识支配下去寻找一个"父亲"或"母亲"，而不是伴侣，于是，我们对配偶的感情不仅仅是两性之间的感情，还掺杂了其他的感情。以致孩子降生后，我们心理上并没有完全成熟，还处在"孩子"的状态，自然无法对孩子承担做父母的职责。相反，我们还会不自觉地跟孩子争抢"爸爸"或者"妈妈"，或者过于关注孩子，通过这种方式来变相地弥补我们小时候缺失的需求。

这些年，我接触过一些比较极端的案例，这些案例可能会给大家更多的启示。

某次工作坊，我遇见一位特别的爸爸，他出生在一个缺乏父母之爱的家庭。我们可以想见，成人后他注定要找一个母性十足的妻子。当然，他如愿以偿。虽然在外面，他看起来很阳刚，男子气十足，但那只是表象。实际上，在家里，他对妻子的依赖几乎让妻子窒息。孩子出生后，他根本就不知道怎样去爱自己的孩子。不仅如此，因为妻子需要照顾孩子，无法像以往那样关注自己了，这使他有了严重的失落感与被剥夺感。于是，孩子成了他的竞争对手，为了与孩子竞争，逼迫孩子独自玩耍，好让妻子更多地关注自己成了他最热衷的事情之一。每当妻子给予孩子的关注多了一点儿，他就会感觉自己受到忽视，非常不满意。发展到后来，他甚至会提出很多令人大跌眼镜的要求，比如要求妻子给孩子讲一个故事，也必须给他讲一个故事，给孩子一个拥抱，也必须给他一个拥抱……爸爸的"亲子嫉妒"剥夺了孩子本该拥有的权益，迫使孩子早熟，失去了一个孩子本该有的天真。这个三四岁的孩子甚至开始思考生死等哲学问题，经常为妈妈会累死、他自己会伤心死而担忧。当然，孩子对爸爸也充满了"敌意"。

孩子对其他成员的"敌意"往往来源于两点：第一，因为妈妈在孩子心目中有着特殊的地位，孩子与妈妈早期是一体的关系。因此，一旦有人对妈妈不那么好，甚至充满敌意，或者发现对方在跟他们抢妈妈，孩子就会不自觉地敌视对方。第二，如果妈妈厌恶对方，或者对对方充满敌意，孩子也会跟随妈妈以同样的方式对待对方。孩子表达的并非他们自己真实的敌意，而是妈妈的敌意。因此，当发现孩子对其他家庭成员不太友善，排除对方是否惹恼孩子，对孩子关注不够等问题外，我们也需要考虑是否是由于上述的两种原因。

值得庆幸的是，绝大多数的家庭不会出现错位如此离谱的"亲子嫉妒"现象。因此，"亲子嫉妒"虽然会给孩子带来一些影响，但不至于太严重。当然，如果我们能够避免"亲子嫉妒"，就可以给孩子提供一个更好的成长环境。想要做到"不嫉妒"，我们就需要自我成长，认识并摆脱童年经历带给我们的负面影响，从童年经历中吸取有益的养分，成为更成熟的男人、女人、父亲与母亲。

从另一个角度来看，爱孩子的人越多，孩子可以爱的人越多，对他们的成长越有益。一个获得足够多爱的孩子才会懂得爱，一个懂得爱的孩子又会获得更多的爱，将来也能拥有更幸福的人生，这是一个良性循环。并且，只要我们心中有爱，只要我们成长了，就能摆正与孩子及配偶的关系，我们就不会再为了争夺孩子的爱，或者与孩子争夺其他人的爱较劲，"亲子嫉妒"自然就不是问题。与此同时，我们也可以为孩子营造一个更适宜他们成长的心理环境，以更好的方式去爱我们的孩子。

当然，一些貌似"亲子嫉妒"的行为可能还隐含了更多深层次的原因，这里不展开细说。总之，作为父母，成长，是我们最重要的主题。当我们自身成长了，成为真正成熟的父母，很多问题自然而然就会迎刃而解。

家境好不好，与孩子优不优秀
没关系

我们总想给孩子最好的环境，最好的教育，最好的呵护……似乎唯其如此，我们的孩子才不会输在起跑线上。为了给孩子这些"最好的"，我们在育儿的路上走得很辛苦。村里的孩子往镇上送，镇上的孩子往县城送，县城的孩子往省城送，省城的孩子往北京上海送，北京上海的孩子往国外送……条件好的家庭，孩子出生要请月嫂，之后上最好的幼儿园，上最好的小学，把孩子送出国门……一环套一环，永远没有满足的时候。这一切都需要以良好的经济基础作为前提。家境不太好的父母很可能为不能给孩子提供这一切而深感遗憾。这样的体会，我也有过。

记得琛琛小的时候，为了方便他上幼儿园、上小学，我们在阴暗潮湿的地下室一住好几年。当年，看着别人家孩子上国际幼儿园、国际小学，报各种昂贵的课外班，穿名牌服饰，乘坐高级轿车，世界各地满天飞，孩子想要什么，父母眼睛不眨就可以买给他，我也羡慕过，遗憾过，也恨不得自己一夜之间暴富，可以为我的孩子提供最好的一切。而今，遗憾烟消云散。相反，我甚至有点小庆幸当年只能供他住地下室，上最普通的幼儿园和最普通的小学，给他买了图书，就买不了玩具，给他买了玩具，就得砍掉其他预算。从贫穷，到日子一天天好起来，琛琛看到了这个努力的全过程，这种经历本身对孩子来说不也是很好的教育吗？这比他从小就养尊处优要好得多。更重要的是，因为我们承担不了那些昂贵的开销，我只好多花时间陪孩子在家游戏，带他去户外发现各种有趣的事物，而这是花多少钱也买不来的收获。正是在我们共同享受这些游戏的过程中，他体验到了童年的快乐，获得足够的安全感，感受到父母深切的爱。而我在享受与他游戏的同时，将各种教育元素不着痕迹地融入其中，也对他产生了更多正面的影响。相反，如果我当初很富裕，我可能会盲目地把他扔给早教机构，或者其他什么机构什么人，以为如此就万事大吉，岂不反而会造成遗憾吗？

不少人本着"再穷不能穷孩子"的原则，付出了许多——这种心情是好的，但是，结果却未必如我们所愿。

当孩子成为家庭的重心，理所当然地享受一切的时候，他们反而看不到我们的付出，不懂得感恩，不懂得回馈，缺乏家庭责任感，这对孩子未必是一件好事。

我们最需要给予孩子的，不是一个所谓"好"的物质环境，而是爱与安全感，以及如何在早期尽可能以恰当的方式开启孩子本自具足的智慧。这些，不取决于给予孩子物质的多寡，而取决于我们花多少心力去读懂孩子，并顺应他们的天赋与发展需求，给予助力。

孩子是我们的，教育的责任是我们的，没有谁可以替代。不仅如此，一旦孩子没有跟父母之间建立起紧密的良好的联结，孩子心理成长就会遇到阻碍，而这才是影响孩子未来发展的大忌。除非他们未来有机会遇到某些人与事，启示他们转化。

某天，偶遇一对夫妻，带着一个三岁四个月的孩子及保姆一起郊游。孩子跟保姆关系密切，几乎寸步不离。一旦保姆从他的视线消失，即便爸爸妈妈陪伴在侧，小家伙也会反应激烈。与妈妈闲聊过才清楚，孩子之所以如此，跟他的成长经历有关。原来这对夫妻家境很好，生下孩子后，花重金请了一个家庭教师。他们相信高素质又专业对口的老师，比他们自己更懂孩子，更明白养育孩子的事。于是，从坐月子开始，妈妈除了白天喂几次母乳，其他时间便都把孩子交给家庭教师管。白天晚上，孩子都跟家庭教师在一起。这对夫妻以为，这样就是给了孩子最好的爱。

当然，这位专业的家庭教师确实给了孩子很多专业的引导，并且跟孩子之间建立起了很好的感情。孩子很喜欢她，也很依赖她，与家庭教师的关系十分亲密，相反，与爸爸妈妈之间的关系反而比较疏离。当爸爸妈妈想要抱孩子时，孩子常常是很敷衍地应付一下，然后急切地跑去找老师。于是，爸爸妈妈开始有了严重的失落感，可看到孩子其他方面都发展得很好，他们也算是痛并快乐着。

等到孩子三岁后，上了幼儿园，家庭教师退位，这对父母才开始自己带孩子。老师的离去让孩子非常难过。随即，孩子出现了很多反常的行为，诸如入睡困难，变得胆小黏人，情绪低落……这对父母完全不知如何应对，很长一段时间被孩子搞得焦头烂额。尽管他们为孩子的成长考虑非常"周到"，但是这个被"完美"养育的孩子并没有像他们期望的那样成长。入园后，孩子适应困难，安全感严重匮乏，以致入园都三四个月了，每天早上还哭天抢地。

正如这对夫妻一样，不少爸爸妈妈都错误地以为，只要舍得花钱，把"最好的"给予孩子，就可以为孩子提供最好的成长环境。殊不知，教育首先是我们与孩子之间心与心的交流，而不是物与物的堆积。

这个个案看似特别，实际也存在着普遍意义。类似的情况并不少见。诸如，孩子一生下来，很多家庭就将孩子交给月嫂，交给保姆，交给育儿机构……平时给孩子最好的美食、最好的环境、最好的用具……父母给予孩子很多，唯独少了用心的陪伴。

从长远来看，一个从小就养尊处优的孩子习惯了享受生活，完全没有缺失性体验，对他们的成长未必是一件好事。人生有诸多的变数，作为父母，我们没有可能呵护孩子一辈子。因此，让孩子懂得一切要靠自己，不依赖任何人，比给他们家财万贯与无微不至的呵护更有意义。一夜之间，千金可以散尽，千金散尽之后，就算囊空如洗、家徒四壁，只要我们拥有乐观的心、智慧的脑、勤俭的手，什么样的困境都可以度过。因此，与其给孩子富裕的物质生活，不如将他们培养成一个身心健康的"人"。而这一切，是我们可以在日常生活中一点点渗透，让他们逐渐去体会与领悟的。

把孩子带入生活，让孩子享受游戏，在这样的过程中完成培养一个"人"的目标，将作为"人"应该拥有的一切给予孩子，诸如健全的人格、强大的内心、进取精神、协作精神、爱与被爱的能力、积极的思维模式、抗挫折能力以及自主学习、自主管理、自主解决问题的能力……协助孩子成长，尽早开启孩子内在本自具足的智慧，是我们为人父母者的责任。养育孩子是个系统工程，在这个庞大的系统工程中，首当其冲的是关注孩子的心理成长与智慧的开启。心理成长出现问题，其他各方面都会连带出现问题。这是再优越的物质环境也无法代替的。智慧开启，孩子在未来自可以活得喜悦、自在、充满力量与创意。

当然，家境好也有家境好的益处，不可一概而论。家境好不好，不是重点，重点在我们给孩子提供什么样的亲子关系、成长环境，以什么样的方式、什么样的人生态度去影响孩子。孩子未来成才与否、幸福与否，是由诸多因素共同作用的结果，并非单一因素所能决定。明白这一点，我们就不必盲目攀比，而是可以根据各自家庭的状况为孩子创设切实可行的养育环境，协助孩子成长。条条道路通罗马，只要家长有心、用心，用智慧之心，人人可以培养出优秀的孩子。

后 记

完稿了，终于松了一口气。

我不清楚这本书会带来什么样的反响。世界是多元化的，人亦如是。每个人都有自己独特的视角与理解，所谓仁者见仁智者见智。希望有缘读到这本书的家长们抱持批判的态度，并多提宝贵意见。

自我成长，是人终其一生的任务。我尚行走在成长的途中，谨以我目前的见地，在本书中谈了我对育儿的一些理解与感悟，未必正确，期待大家多多指教。我非常期待与各位有缘的朋友联手创作——出书、创设课程……集大家的智慧利益大家。这是我的合作伙伴弘庆先生和我一直都在探讨的一件事，希望能在不久的将来成为现实。

在这样一个快餐文化盛行的时代，我们也许难得沉下心来阅读专业书籍，这是情有可原的。作为家长，虽然多了解专业知识是很好的一件事，但是，当时间与精力被过分牵扯，我们也许就没有可能深入地去探究这些。此时，把重心放在开启自身的育儿智慧上也许是更行得通也更轻松的一种方式。

好消息是，育儿的智慧人人具备，与生俱来。要让这种智慧显现，我们只要做到两点——心安及入心。心安指的是让我们那颗鼓噪的心安定下来。一旦这颗心安定下来，我们就可以排除那些噪声的干扰，听见我们内在的智慧之声，让育儿变成一件简单、轻松、愉悦之事。入心，则指的是进入孩子之心，而不是我们自己的那颗心。只有进入了孩子的心，在与孩子相处的时候，看到孩子的某种行为、某种现象，我们才会智慧显现，懂得如何去应对。当我们与孩子心意相通时，一切都简简单单，自自然然，不假造作。

鉴于此，养育孩子的过程，首先是一个自我完善——让我们的心安定下来的过程。

在初期，我们的心总在妄动。看到孩子某个行为，我们便认定那是问题，盯着的就只是那个问题，一心想的都是如何在孩子身上用力，改造孩子，解决问题。

到了中期，我们的心安宁许多，已经能够试着站在孩子的立场思考，读懂他们内在的需求，并反躬自省，调整自己，而不是盲目地改造孩子。

当我们的心最终归于平静，我们就不会再纠结于去改造孩子，而是试着去接纳孩子、理解孩子，而我们自己也变得淡定、平和、内心强大。于是，养孩子便如顺水行舟，轻轻松松。此时，我们会发现，爱孩子，其实很简单，我们根本就无须费尽心力去寻求应对的方法。方法就在那里，自自然然，如同水，放入不同的容器，就呈现不同的形状，千变万化。这种变化不是刻意的，只要顺应容器的造型，自然融入就好。

要达到这样的高度，首先要让我们的心安定下来。唯其如此，我们才有可能摒弃噪声，听到孩子的心声，进入孩子之心，以为人父母的智慧引领孩子的智慧，完成亲子共同成长的人生目标。

林 怡